目次

この問題集の特色と使い方

☆本書の特長

本書は、実際の入試に役立つ実戦力を身につけるための問題集です。いわゆる〝難関校〟の、近年の入学試験で実際に出題された問題を精査、分類、厳選し、全10回のテスト形式に編集しました。さらに、入試難易度によって、準難関校・難関校・最難関校と分類し、それぞれのレベルに応じて、『偏差値60』・『偏差値65』・『偏差値70』の3種類の問題集を用意しています。

この問題集は、問題編と解答・解説編からなり、第1回から第10回まで、回を重ねるごとに徐々に難しくなるような構成となっています。出題内容は、特におさえておきたい基本的な事柄や、近年の傾向として慣れておきたい出題形式・内容などに注目し、実戦力の向上につながるものにポイントを絞って選びました。さまざまな種類の問題に取り組むことによって、実際の高校入試の出題傾向に慣れてください。そして、繰り返し問題を解くことによって学力を定着させましょう。

解答・解説は全問に及んでいます。誤答した問題はもちろんのこと、それ以外の問題の解答・解説も確認することで、出題者の意図や入試の傾向を把握することができます。自分の苦手分野や知識が不足している分野を見つけ、それらを克服し、強化していきましょう。

実際の試験のつもりで取り組み、これからの学習の方向性を探るための目安として、あるいは高校入試のための学習の総仕上げとして活用してください。

高校入試実戦シリーズ

実力判定テスト10 改訂版

国語

偏差値60

※解答用紙はプリントアウトしてご利用いただけます。弊社HPの商品詳細ページよりダウンロードしてください。

☆問題集の使い方の例

①指定時間内に、問題を解く

時間を計り、各回に示されている試験時間内で問題を解いてみましょう。

②解答ページを見て、自己採点する

1回分を解き終えたら、本書後半の解答ページを見て、自分自身で採点をしましょう。

正解した問題は、問題ページの□欄に✔を入れましょう（自信がなかったものの正解できた問題には△を書き入れるなどして、区別してもよいでしょう）。

配点表を見て、合計点を算出し、記入しましょう。

③解説を読む

特に正解できなかった問題は、理解できるまで解説をよく読みましょう。

正解した問題でも、より確実な、あるいは効率的な解答の導き方があるかもしれませんので、解説には目を通しましょう。うろ覚えだったり知らなかったりした事柄は、ノートにまとめて、しっかり身につけましょう。

④復習する

問題ページの□欄に✔がつかなかった問題を解き直し、全ての□欄に✔が入るまで繰り返しましょう。

第10回まで全て終えたら、後日改めて第1回から全問解き直してみるのもよいでしょう。

☆問題を解くときのアドバイス

◎試験問題を解き始める前に全問をざっと確認し、指定時間内で解くための時間配分を考えることが大切です。一つの問題に長時間とらわれすぎないようにしましょう。

◎かならずしも大問①から順に解く必要はありません。見慣れた形式の問題や得意分野の問題から解くなど、自分なりの工夫をしましょう。

◎問題文を丁寧に読みましょう。「適切でないものを選びなさい」「全て書きなさい」など、重要な部分は線を引いたり○で囲んだりして、確認しましょう。

◎記述問題では、問われていることを過不足なく書くことが重要です。別の言葉で言い換えたり、短くまとめて書かれてある部分を使ったりして、字数以内（あるいは解答欄）に収まるようにまとめましょう。

◎時間が余ったら、必ず見直しをしましょう。

☆各問題形式のアドバイス

◎論説文では、筆者が意見をわかりやすく伝えるために具体例を挙げたり、対比をさせたりしながら、順序立てて説明をしています。具体例については、何を説明するための例なのか、対比においては共通点や相違点から伝えたい内容を読み取りましょう。

◎特定の語句を何度も用いたり、言い換え・比喩・具体例などが形を変えて出てきたりして、筆者の言いたいことが繰り返し述べられていることがあります。そういった箇所に線を引きながら、的確に読み進めましょう。

◎小説や随筆では、行動・表情・会話などの表現を手掛かりにして、場面の様子や登場人物の人物像・心情を正確に読み取ることが重要です。また、会話文だけでなく、地の文が登場人物の誰の目線を通した文になっているのかに着眼しましょう。

◎古文では、主語が省略されていることが多くあります。誰の動作か、誰を指しているのか、話の流れをしっかりとつかむことが重要です。

◎古文は、和歌の表現技法なども含めて知識を充実させましょう。古語の意味を知らないと答えにくい問題が出題されることもあるので、ふだんから意識して古語を覚えていくのと同時に、前後の文脈から推測する練習もしておきましょう。基本的な文法の知識を把握しておくことも、内容理解の助けになります。

◎知識問題は確実に得点しておきたいところです。読解問題の解答時間を確保するためにも、ふだんから意識して漢字・語句・文法・文学史などの国語の知識を身につけておきましょう。

☆過去問題集への取り組み

ひととおり学習が進んだら、志望校の過去問題集に取り組みましょう。国立・私立高校は、学校ごとに問題も出題傾向も異なります。また、公立高校においても、都道府県ごとの問題にそれぞれ特色があります。自分が受ける高校の入試問題を研究し、対策を練ることが重要です。

一方で、これらの学習は、高校入学後の学習の基にもなりますので、入試が終われば必要ないというものではありません。そのことも忘れずに、取り組んでください。

頑張りましょう！

60

第1回

出題の分類

一 論説文　二 小説
三 古文　四 知識問題

※特別な指示がない限り、句読点や記号も一字とする。

▼解答・解説は P.144

時　間：50分
目標点数：80点

1回目	／100
2回目	／100
3回目	／100

一　次の文章を読んで、あとの各問いに答えなさい。

贅沢《ぜいたく》とは何だろうか？　それは不必要なものと関わっている。必要の限界を超えて支出がおこなわれる時、人は贅沢を感じる。たとえば豪勢な食事を食べなくても人間は生きていける。キレイに彩《いろど》られた服がなくても人間は死にはしない。贅沢はしばしば非難されるが、そこには過度の支出に対する不同意の意味が込められている。必要の限界を超えた支出は無駄《むだ》ということだ。《　ア　》

だが、ここで少し立ち止まって考えていただきたい。人は必要なものを必要な分だけもっていれば、それで生きていけるのだろうか？　必要の限度を超えた支出は無駄であって、生活には生存に必要なものが十分にあればそれで事足りるのだろうか？《　イ　》

おそらく①そうではないだろう。必要なものが十分にある状態とは、必要なものが十分にしかないということだ。十分とは十二分ではない。必要なものが必要な分しかない状態、これは非常にあやうい状態である。日常生活のバランスを崩すアクシデントがすこしでもあれば、それまで通りには生活できなくなる。あらゆるアクシデントを排し、必死で現状を維持しなければならない。《　ウ　》必要を超えた支出があってはじめて人間は豊かさを感じられる。人間が豊かに生きていくためには、贅沢が必要である。つまり余分は無駄ではない。《　エ　》

この贅沢を浪費と言い換えることができるだろう。浪費とは必要の限界を超えてモノを受け取ることである。浪費は豊かさの条件に他ならない。人類はずっと浪費をおこなってきた。フランスの哲学者ジャン・ボードリヤールは次のように言っている。どんな社会も豊かさを求めたし、贅沢が許された時にはそれを(a)享受した。あらゆる時代において、人は買い、所有し、楽しみ、使った。「未開人」の祭り、*封建領主の浪費、一九世紀*ブルジョワの贅沢……他にもさまざまな例が挙げられるだろう（ジャン・ボードリヤール『物の体系——記号の消費』）。《　オ　》

浪費は満足をもたらす。[A]モノの受け取りには限界があるからである。[B]身体的な限界を超えてモノを食べることはできない。[C]浪費はどこかでストップする。

[D]人間は最近になって全く新しいことを始めた。ボードリヤールによれば、それが消費である。浪費はどこかでストップす

るのだった。浪費は必ずどこかで満足をもたらすからだ。しかし消費はストップしない。消費には限界がない。なぜだろうか？　消費の対象がモノではないからである。消費はモノではなくて、記号や観念を対象にしている。消費する時、人はモノではなくて、モノに付与された記号や観念を受け取っている。記号や観念の受け取りには限界がない。だから(ア)消費は終わらない。

記号を(イ)浪費するとはどういうことだろうか？　たとえばどんな食事でも食べられる量は限られている。しばしば腹八分が勧められるがたまには腹一杯、十二分に食べたいものだ。これが(ウ)浪費である。(エ)浪費は生活に豊かさをもたらし、そして必ずどこかでストップする。

では(オ)消費とは何か？　グルメブームというものを思い起こして欲しい。ある店が美味しいとか、有名人が利用しているなどと宣伝されると、その店に人が殺(i)トウする。もちろん「あの店、行ったことがあるよ」と他の人に言うためである。そして、もちろん、次に他の店が宣伝されれば、今度はそこに行かねばならないのだ。こうやって「おすすめ」の店を延々と回り続ける人々が受け取るのは、「その店に行ったことがある」という意味である。店は完全な記号になっている。そして、記号はいくらでも受け取ることができる。だから満足をもたらさない。記号の消費はいつまでも終わらない。

別の例を挙げよう。現代では基本的に商品はどんなにいいものであっても、モデルチェンジしないと売れない。②携帯電話がいい例である。数年前の機種が今でも使えないわけがない。しかし、半年もたたないうちに「新しい」モデルが発売される。なぜだろうか？　人々はモデルなどみていないからである。「チェンジ」という情報・意味だけを受け取っている。消費する人はモノ（＝モデル）を受け取っているのではない。意味や記号（＝「チェンジした」）を受け取っている。

消費と浪費の違いは明白である。浪費は目の前にあるモノを受け取る。消費はモノに付与された意味・観念を受け取る。このことは③消費社会の魔法そのものを説明してくれる。消費は満足をもたらさない。しかし消費者は満足を求めて消費している。消費しても満足が得られないから、更に消費を続ける。こうして、消費と不満足との悪循環が生まれる。二〇世紀に爆発的に広まった消費社会とはこの悪循環を利用したものである。消費しても満足が得られないから消費して……というサイクルをうまく利用することで、莫大《ばくだい》な量のモノを売ることができた。その結果、大量生産・大量消費・大量投(ii)キの経済が生まれた。

バブル崩壊後に雨後の X のように現れた「豊かさ」論、そしてまた、ほとんどの消費社会批判は、この大量生産・大量消費・大量投キの経済を眺めながら、その「贅沢」を(b)糾弾したものである。このような④贅沢批判の問題点は明らかである。消費社会の中に贅沢などない。逆だ。消費社会とは我々から贅沢を奪うものである。浪費家であろうとする我々を消費者に仕立て上げ、満足することが決してない消費のサイクルに投げこむのが消費社会である。我々は贅沢をしているからとめどない消費の渦に巻き込まれてしまうのではない。消費の渦に巻き込まれることで贅沢ができなくなっているのである。

(iii)ヨ談だが、この視点はいま注目を集めているエネルギー問題についても大きなヒントを与えてくれるはずである。贅沢をしているからエネルギー使用量が際限なく大きくなっていくのではない。贅沢から遠く離れ、終わりない、つまりは満足のない消費のゲームが必死で維持され続けているからこそ、エネルギー使用量が増え続けているのだ。⑤我々に必要なのは贅沢を取り戻すことなのである。

では贅沢を取り戻すにはどうすればよいのだろうか？　実はこれは容易なことではない。贅沢するためには、つまり浪費するためには、きちんとモノを享受し、楽しむことができるようにならなければならない。しかし、浪費家になるチャンスを奪われ続けた人間はなかなかそうならないのである。

もちろん道はある。その道について、バートランド・ラッセルという哲学者が⑥大変重要なことを述べている。ラッセルによれば、かつて教育は楽しむ能力を訓練することであった(『ラッセル幸福論』)。これは楽しむという行為が決して自然発生的なものではないということを意味している。楽しむとは、何らかの過程を経て(iv)カク得される能力であり、こう言ってよければ、一種の技術なのである。

ラッセル自身は実のところ上のように述べるにあたって、「教養」が必要とされる*ハイ・カルチャーの楽しみのことを念頭においている。たとえば文学的素養がなければ文学などつまらない。それを楽しむためには訓練が必要だ。

しかし、私はラッセルが述べていることは楽しみ一般について言えるものだと考えている。たとえば人との会話を楽しむためには会話術を幼い頃から学んでくる必要がある。子どもをみているとよく分かることだが、複数の人間が一緒に遊んで楽しむためには高度な技術が必要とされる。

更には身体的な楽しみにも同じことが言える。食べ物を楽しむためには一定の訓練が必要である。幼い頃から質の良い食事に触れていれば、繊細な味を楽しめるようになる。【中略】

訓練というと何か体得のための厳しい過程を思い描いてしまうかもしれないが、実は我々は日常的に様々な楽しむための訓練を行っているのである。逆に、いわゆる教育とは、意識的・組織的に行われる「楽しむ能力」の訓練であると考えることができるだろう。

⑦ところがこうした訓練の機会が日常生活から奪われている。消費社会は人が浪費家になることを許さないからである。消費社会としてはモノを楽しむ浪費家になられては困るのだ。それでは、

とめどない消費のゲームが始まらないからである。消費社会としては、モノを楽しむ訓練など受けていない人間が消費と不満足の悪循環の中で焦燥感に苛《さいな》まれながらただひたすら記号の受け取りを続けることこそ理想なのだ。

こう考えてみると、楽しむという行為がもつ社会的な意義、もしかしたら革命的と言ってもよいかもしれないその意義が見えてくる。楽しむというのは確かに個人的なものである。しかし、もしも我々がきちんと楽しみ、楽しむための訓練を積むことができれば、おそらくこの社会は変わるのだ。今のサイクルでは物事が回らなくなるからである。楽しむことには、そのようなすばらしい可能性が秘められている。

（國分功一郎「民主主義を直感するために」による　一部改変）

〈注〉封建領主――直轄領以外の土地を諸侯に分け与えて治めさせる封建制時代の領主。

ブルジョワ――都市の豊かな商工業者・市民。

ハイ・カルチャー――人類社会において高い達成度を示していると位置づけられた文化。学問、文学、美術、音楽など。

□問１　本文全体から見た冒頭の段落の役割として最も適当なものを次のうちから選び、記号で答えなさい。

ア　筆者の意見とほぼ同内容の意見を提示し、それが常識的な考え方だとすることで、自説の補強を図っている。

イ　筆者の意見の根拠となる具体的な事例を提示することで、筆者の意見の正当性を補うものとなっている。

ウ　筆者の意見とは無関係の話題をあえて提示してから、自説を展開することで、その正当性を強調している。

エ　筆者の意見の核心を冒頭に提示し、以後その根拠を述べることで読者にわかりやすく論理を展開している。

オ　筆者の意見と対立的でかつ常識的な考え方を提示することで、筆者自身の意見の独自性を際立たせている。

□問２　――部①「そうではない」とは、どういうことか。内容として最も適当なものを次のうちから選び、記号で答えなさい。

ア　贅沢は余計な出費であり意味がないのだということ。

イ　人が満足するには必要以上の出費が必要だということ。

ウ　人は生活に必要なものさえあれば十分なのだということ。

エ　人にとって贅沢は必ずしも無駄ではないということ。

オ　アクシデントをなくすと日常が維持できるということ。

□問３　本文中には次の一文が抜けている。補うのに最も適当な箇所を、本文中の《　ア　》～《　オ　》から選び、記号で答えなさい。

それは豊かさからはほど遠い生活だ。

□問４　――部(a)「享受」、(b)「糾弾」の本文中の意味として最も適当なものを次のうちから選び、記号で答えなさい。

□(a)　享受

ア　あるものを受け自分のものとすること。
イ　しかたなく受けいれること。
ウ　自分の身をささげること。
エ　つつましやかに受け取ること。
オ　懐かしいものとして思い出すこと。

□(b)　糾弾
ア　議論し考えを深めること。
イ　突き詰めて考えること。
ウ　問いただし非難すること。
エ　事態がもつれて乱れること。
オ　罪をあばき立てること。

□問５　空欄［A］～［D］に入れるのに最も適当な語を次のうちからそれぞれ選び、記号で答えなさい。
ア　たとえば　イ　ところが　ウ　なぜなら
エ　だから　オ　ところで

問６　――部(i)～(iv)のカタカナ部分と同じ漢字を使う熟語として最も適当なものを次のうちからそれぞれ選び、記号で答えなさい。

□(i)　殺トウ
ア　家屋がトウ壊する。　イ　最高点にトウ達する。
ウ　銀行のトウ取に就任する。　エ　舞トウ会が催される。
オ　過トウ競争を避ける。

□(ii)　大量投キ
ア　祖父の一周キを迎える。
イ　納入キ日に間に合わせる。
ウ　行進でキ手を務める。
エ　人体にキ害が及ぶ。
オ　選挙をキ権する。

□(iii)　ヨ談
ア　騎士は名ヨを重んじる。　イ　ヨ金通帳を作る。
ウ　ヨ裕を持って出発する。　エ　補正ヨ算を組む。
オ　参ヨの職を任される。

□(iv)　カク得
ア　国家の品カクが問われる。
イ　収カク祭で大いに楽しむ。
ウ　的カクな助言をもらう。
エ　マグロの乱カクを防ぐ。
オ　前列の人と間カクをあける。

□問７　～～部(ア)～(オ)〈消費・浪費〉の中には文脈に合わないよう意図的に変えた語がある。その語として最も適当なものを選び、記号で答えなさい。

□問８　――部②「携帯電話がいい例である」とあるが、ここで「携帯電話」はどのような例として扱われているか。最も適当なものを次のうちから選び、記号で答えなさい。

ア　人々が商品を手に入れると満足するので、ある時点で消費が限界を迎えてしまう例。
イ　人々が商品を買うよう宣伝に踊らされたため、かえって心の豊かさを失ってしまった例。
ウ　人々が反応しきれないほど商品開発のスピードが速くなった現代社会の状況を表す例。
エ　人々がモノに付与された記号や観念を受け取るゆえに、商品に満足することができない例。
オ　人々がモデルを変えなければ売れなくなるほど、物事に飽きっぽくなってしまった例。

□問9 ――部③「消費社会の魔法」とは、どういうことをたとえているのか。最も適当なものを次のうちから選び、記号で答えなさい。

ア　満足を求める消費者にあえて記号・観念を提供し満足を与えないことで、さらに消費をあおり、大量の生産・消費を生むこと。
イ　消費者に贅沢品の使用を戒め、安価な商品を大量に生産供給することで、贅沢品の生産よりもかえって多大な利益を生むこと。
ウ　消費者は安価なモノを消費することで物質的に満足するとともに、さらに高級な嗜好品《しこうひん》へと目が向き、消費が増加すること。
エ　消費者は満足を得るためにモノを浪費するが、結局得られるのは記号や観念ばかりで、モノ自体への満足は得られないこと。
オ　人々はモノを浪費することで物質的に豊かになるが、精神的には豊かになるわけではないので、消費に歯止めがかからないこと。

□問10 空欄 X に入れる語として最も適当なものを次のうちから選び、記号で答えなさい。

ア　陽炎《かげろう》　イ　蛙《かわず》　ウ　竹の子
エ　虹　オ　地虫

□問11 ――部④「贅沢批判の問題点」とは、具体的にどういうことか。最も適当なものを次のうちから選び、記号で答えなさい。

ア　浪費と消費の区別を明確にしつつ、両者をともに非難したこと。
イ　消費社会の成立は消費と浪費との組み合わせによると考えたこと。
ウ　浪費と消費の違いは明確にしたが、浪費しか批判しなかったこと。
エ　消費社会の問題点を消費のサイクルに原因があると論じ立てたこと。
オ　消費社会の中に本来存在し得ない浪費を消費と混同して論

じたこと。

□問12 ――部⑤「我々に必要なのは贅沢を取り戻すことなのである」とあるが、その理由として最も適当なものを次のうちから選び、記号で答えなさい。

ア 贅沢をすることでエネルギー使用量が増大し、多くの人々にそのあやうい状況が周知されるから。

イ 贅沢によって人々はモノを受けとるために満足し、エネルギー消費を抑える可能性が生じるから。

ウ 贅沢をすることで人々の消費ゲームが加速され、消費社会の問題点が誰の目にも明瞭になるから。

エ 人々が精神的な贅沢を取り戻すことによって、物質的に不足しても不満が生じないようになるから。

オ 多くの人々が浪費家になることによってエネルギー消費を競い合い、大量消費社会が発展するから。

□問13 ――部⑥「大変重要なこと」とは何か。最も適当なものを次のうちから選び、記号で答えなさい。

ア 楽しむためには訓練して楽しむ方法を得ることが必要だということ。

イ 教養を身につけることで高級文化を楽しめるようになるということ。

ウ 文学を楽しめるようになるには文学的素養が必要であるということ。

エ モノを浪費することで人は楽しめるようになっていくということ。

オ 感情の赴くままに楽しむことが人間の本性に合っているということ。

□問14 ――部⑦「ところがこうした訓練の機会が日常生活から奪われている」とあるが、ここで言う「訓練」の例として最も適当なものを次のうちから選び、記号で答えなさい。

ア 流行品を身につけることによって、ファッションセンスが磨かれていく。

イ 偉大な詩人となるために、友人との交わりを断ちひたすら詩を書き続ける。

ウ 運動靴の新製品が出ると、すでに運動靴を持っていても買ってためしてみる。

エ 一流の画家の作品の鑑賞を通じて、微妙なタッチを見分けられるようになる。

オ 剣道の試合に勝つことで、それまでの苦しい稽古が意味のあるものに変わる。

□問15 本文の内容に合致するものを次のうちから選び、記号で答えなさい。

ア 浪費家になる機会を断念することで、はじめて人は精神的な満足を得ることが出来るようになる。

イ 会話術も食べ物の楽しみ方も、人間の本能に基づいているという点で身につけやすいと言える。

ウ　一人一人が楽しむ能力を身につけることで、浪費の悪循環に歯止めをかけられるかもしれない。

エ　浪費家になる機会を奪われた人々は、消費できないために例外なく不幸な人生を送ることになる。

オ　日常の生活の中での訓練によって、はじめて人々のものごとを楽しむ能力は開発されていく。

二　次の文章を読んで、あとの各問いに答えなさい。

弥生がヒロミと知りあったのは二十代の頭、洋菓子職人をめざして製菓学校へ通っていた頃だった。卒業を目前にしながらも就職先を決めかねていた弥生に、学校の講師が「おもしろい女性がいる」と話を持ちかけてきたのだ。当時二十八歳だったヒロミは、パリの某有名洋菓子店で五年間の修業を積んだ経歴と、自由が丘に自分の店をかまえる資金を持ちあわせていた。つまりは大変なお嬢様で、指定された日時に南青山の自宅マンションを訪ねた弥生は、生活臭のかけらもないその３ＬＤＫにヒロミがたった一人で暮らしていることにまずは仰天させられたものだった。

「アンテナショップっていうのかしら、まずは手始めに自由が丘で勝負をかけてみようと思ってるの。私の味がどこまで通用するのか、ア小手調べっていうのかしらね。小さな店舗だし、スタッフはアルバイトで十分だけど、一人か二人は信頼できる社員も採りたくて、いい人いないかしらって沢口さんに相談したのよ。そうしたら、優秀な生徒さんとして真っ先にあなたのお名前があがってね」

「そんな、優秀だなんて……」

「でもあなた、学校の紹介する就職先をのきなみ蹴ってきたそうじゃない。理想の高いこだわり屋だって、沢口さんがおっしゃってたわ。私の店がお眼鏡にかなうかどうか、よかったらその理想っていうのを聞かせてもらえるかしら」

会話をはじめた瞬間から、驚くべき握力で主導権をさらっていくのがイヒロミのやり方だ。相手の思惑や困惑など無視し、力業《ちからわざ》で自らのペースへ引きずりこんでしまう。

「理想だなんて……ただ、学校の紹介してくれるところは全国的なチェーン店とか、有名なホテルとか、大きなところばかりだったので。私、できればそういう企業ではなくて、小さな、でも本当においしいお菓子だけを提供するお店で働きたいんです。手作り感のある温かいお店。そこにしかない味を求めて遠くからお客さんが集まってくるような、一番大事な誰かに贈りたくなるような、そんなお菓子を作りたいんです」

いかにも二十歳そこそこの娘が口にしそうな抱負だが、弥生は本気で、しかも必死だった。ヒロミの発する強烈なパワーに圧倒され、しゃべればしゃべるほどに自分が弱くてつまらないものになっていくような焦燥と闘っていた。

そんな思いを知ってか知らずか、ヒロミは温めたカップにアールグレイをそそぎ、弥生の話が一段落するのを待って、苺《いちご》のショートケーキとともにさしだした。

小ぶりのスポンジとクリームを幾層にも積みあげた円柱形のケーキ。繊細なフリル状のクリームをあしらったその頂《いただき》では、べつの果実と見紛《みまが》うほどに大きな苺が完璧なシルエットを象《かたど》っている。視界が一気に華やいだ。［ウ］テーブルを照らすキャンドルのようだった。緊張で口のからからだった弥生でさえ、アールグレイに手を伸ばすよりも早く、エ気がつくとフォークを握っていた。

一口含んで、泣きたくなった。昔から、あまりにもおいしいものと出会うと弥生は泣きたくなる。生まれてきてよかった。そうつぶやくと周囲は大袈裟《おおげさ》と笑うけれど、「食」とは人類に最も手近な、そして平等な満足と幸福をもたらす賜《たまわ》りものであると信じている。

目の前のケーキは極上の賜りものだった。なによりもその軽さが弥生の舌を驚かせた。クリームはもとより、スポンジまでもが軽い。素材のすべてが一瞬のうちにとろけて絡みあい、ぽわんと頭を惚《ほう》けさせるような甘味で口いっぱいをうるおす。そしてまた一瞬のうちに消えるから、今のは一体なんだったのかと、すぐにまたフォークをさしのべずにはいられない。幾度それをくりかえしても、依然としてそれはつかみどころのない、正体の知れない味のままだった。夢や幻のようだった。

「これは、どちらでお求めになったんですか」

思わず声にした弥生は、すぐに自分の失言に気づいてオ顔をほてらせた。

「ごめんなさい、あんまり綺麗で、おいしかったものですから。その、市販のケーキみたいっていうか、いえ、市販のケーキにも全然劣らないっていうか……」

言えば言うほど深みにはまっていく。

萎縮《いしゅく》しきった弥生を、しかしカヒロミは愉快そうにながめながら微笑んだ。

「ねえ、お客さんが遠くからこの味を求めて集まってくると思う？」

弥生は［キ］うなずいた。確信があった。この味は人を*誑《たら》す。無数の舌を酔わせて虜《とりこ》にさせる。二十数年間を生きてきた中で、これほど強い確信を抱いたのは初めてだった。

「もちろんです。きっと想像もつかないほど大勢のお客さんが集まってきます」

「一番大事な誰かに贈ってくれると思う？」

「もちろんです」

「私と一緒にお店を支えてくれる？」

よろしくね、と弥生の返事を待たずに右手をさしだしたヒロミは、クすでに頼もしいボスの顔をしていた。

その翌月にオープンした自由が丘のケーキショップ「ラ・リュ

ミエール」は弥生の理想通りの小所帯で、常時四人もスタッフがいれば切りもりしていける店舗サイズでありながらも、ヒロミは開店三ヶ月後に早くも厨房スタッフを増員する必要に迫られた。スイーツ特集のさかんな雑誌やTV番組でとりあげられたこともあり、ヒロミの生みだす摩訶《まか》不思議な味は瞬く間に全国の甘党を魅了、店先につらなる人々の列は日増しに延びていき、ついには商品の製造が追いつかなくなったのだ。あげく、長蛇の列が近隣商店の不興を買って、ラ・リュミエールは二年と経たずに青山へ店舗を移すことになった。ヒロミの小手調べは期待以上の成果とともに幕を閉じたのだ。

　子供服ブランドの持ちビルを買い取って改築した青山の新店舗は、自由が丘時代のそれとは比較にならない規模を誇り、三階建てのビルにはケーキショップのみならず、イートイン用のティールーム、応接室、事務室、休憩室、バスルーム付き店長室――と、あればあったで便利なすべてがそなわっていた。無論、なければないで自由が丘時代はなんとかやってこられたわけであり、すでにそこは弥生の理想とする「小さくて温かみのあるお店」ではなくなっていた。それでも弥生が店を去らずに留まっていたのは、もはや完全にヒロミの生みだすケーキの虜になっていたせいだろう。

　弥生はヒロミのケーキを信奉した。信者が布教に労するように、この良きものを一人でも多くに届けたいと願った。そのために店の拡大が必要ならば致しかたない。

ケ ここにたしかな幸福がある。手を伸ばせば誰もが簡単に触れられる。努力も我慢もいらない。投資も貯蓄もいらない。学歴も資格もキャリアも関係ない。このわかりやすい幸福を弥生は信奉した。

　ヒロミから新店舗の主任の冠を与えられ、大幅な昇給を約束されたことも、弥生をラ・リュミエールに留まらせる一因であったことは否《いな》めない。青山の新店舗には二十人以上のスタッフが常勤し、中にはヒロミと同年代のベテラン組もいたけれど、ヒロミは二十三歳の弥生を片腕として抜擢《ばってき》したのだ。

　が、しかしそれはヒロミの味の後継者としてではなく、あくまでも与《くみ》しやすい便利屋としてだった。日々の仕入れや売りあげの管理。店内の備品チェック。新人スタッフの教育。ヒロミの苦手な雑事はなにもかも弥生にまわってきた。自由が丘時代は厨房《ちゅうぼう》を担っていた弥生にとって、一度もオーブンをのぞけないままに暮れていく日が増えていくのはむなしくもあったが、ヒロミのケーキを世に広めるという使命を前にして、そんな個人的感傷はとるにたらないものだと自分に言いきかせた。

　ヒロミと出会った時点で、弥生はすでに自分個人の夢など放棄していたのだ。将来は自分の店を持ちたい。オリジナルのケーキを流行《はや》らせたい。学生時代に抱いていたそんな野心は、ヒロミの絶対的な才能を前に打ち砕かれていた。

コ 人にはそれぞれの持ち分がある。そう割りきって以降、弥生はひどくせいせいした境地にまで至り、ヒロミの黒子《くろこ》として店を支えていくことに彼女なりの自負を見いだしていたのだった。

（森絵都「器を探して」による）

〈注〉誑す――誘惑する。

□問１ ――部ア「小手調べ」の意味として最も適当なものを次のうちから選び、番号で答えなさい。

① 考えてみること。 ② 試してみること。
② 競ってみること。 ④ 行ってみること。

□問２ ――部イ「ヒロミのやり方」とあるが、そのやり方に対し、弥生はどのような気持ちを抱いているか。最も適当なものを次のうちから選び、番号で答えなさい。

① 自分が弱々しいものに感じられ、強い焦りを感じている。
② 自分が無意味な存在に思われ、無視されたように感じている。
③ 自分を見失い、何を言っても無駄だという気分に陥っている。
④ 自分の話を聞いてもらえず、見下された気分になっている。

□問３ ウ に入ることばとして最も適当なものを次のうちから選び、番号で答えなさい。

① そして ② やはり ③ しかし ④ まるで

□問４ ――部エ「気がつくとフォークを握っていた」とあるが、このときの弥生の気持ちとして最も適当なものを次のうちから選び、番号で答えなさい。

① ヒロミに圧倒されて、目の前に出されたケーキをぐちゃぐちゃにしたい気持ち。
② 目の前に出されたケーキがすばらしく、はやく食べたいという気持ち。
③ ケーキの上にのっている大きな苺を、大事にとっておきたいという気持ち。
④ ヒロミの面接が終わってほっとし、泣きたくなるのを必死にこらえている気持ち。

□問５ ――部オ「顔をほてらせた」とあるが、このときの弥生の気持ちとして最も適当なものを次のうちから選び、番号で答えなさい。

① ヒロミに謝るべきだったと気づき、ケーキに夢中だった自分を情けなく思っている。
② ヒロミの話を聞いていなかったことに気づき、ごまかそうと思っている。
③ ヒロミへの質問が的外れだったと気づき、自分のうかつさをふがいなく思っている。
④ ヒロミに失礼なことを言ってしまったことに気づき、恥ずかしく思っている。

□問６ ――部カ「ヒロミは愉快そうにながめながら微笑んだ」とあるが、このときの弥生に対するヒロミの気持ちとして最も適当なものを次のうちから選び、番号で答えなさい。

① 恥ずかしがる弥生の様子を気づかっている。

② 何が何でも弥生をごまかそうとしている。
③ 余裕を持って弥生の反応を楽しんでいる。
④ 穏やかな表情で弥生を安心させようとしている。

□問7 キ に入ることばとして最も適当なものを次のうちから選び、番号で答えなさい。
① 迷わず　② 無理やり
③ あいまいに　④ えらそうに

□問8 ――部ク「すでに頼もしいボスの顔をしていた」とあるが、このときのヒロミの気持ちとして最も適当なものを次のうちから選び、番号で答えなさい。
① ケーキ職人の弥生と手を組んだことで、自分は店の経営に専念できると喜んでいる。
② 弥生の作る魅力的なケーキを提供することで、店がうまくいくだろうと確信している。
③ 弥生は何があっても自分を裏切らないだろうと思い、安心しきっている。
④ 店のオーナーとして弥生という有能な部下を得て、自信をみなぎらせている。

□問9 ――部ケ「ここにたしかな幸福がある」とはどういうことか。最も適当なものを次のうちから選び、番号で答えなさい。
① ヒロミの店には、弥生をはじめケーキ職人たちの愛があふれているということ。
② ヒロミのケーキに満足して、買って帰っていく多くの客がいるということ。
③ ヒロミのケーキには、すべての人に公平な満足を与えるおいしさがあるということ。
④ ヒロミの店には、客が満足するだけの豊富な種類のケーキがあるということ。

□問10 ――部コ「人にはそれぞれの持ち分がある」とあるが、ヒロミと弥生の「持ち分」についての説明として最も適当なものを次のうちから選び、番号で答えなさい。
① ヒロミにはケーキの種類・素材を選び、味を決めるケーキ職人としての役割があり、弥生にはヒロミが決める味の後継者としてケーキショップで働く従業員をまとめるという役割があるということ。
② ヒロミにはヒロミにしか出せない味をつくり出すケーキ職人としての役割があり、弥生にはヒロミのケーキを多くの人に知ってもらうためにヒロミを助けていくという役割があるということ。
③ ヒロミにはケーキ職人であると同時に、ケーキショップのオーナーとしての役割があり、弥生にもケーキ職人であると同時に、ケーキショップの副店長という役割があるということ。
④ ヒロミには極上のスポンジを無我夢中でつくり出すケーキ職人としての役割があり、弥生にはヒロミのケーキのデコレー

ション担当として腕を振るうという役割があるということ。

三 次の文章を読んで、あとの各問いに答えなさい。（なお、本文の一部を改めてある）

或《あ》る時、示して云はく、仏照禅師の*会下《ゑげ》に、一僧、病患《びやうげん》の時、A肉食《にくじき》を思ふ。照《せう》、Bこれを許して、C食《じき》せしむ。ある夜、照、自ら、*延寿堂《えんじゆだう》に行《ゆ》ひてD見給へば、灯幽《ともしびかす》かにして、病僧また肉を食する時、一つの鬼、病僧の頭《かうべ》の上に乗りゐて、件《くだん》の肉を食す。僧は我が口に入ると思へども、僧は食せずして、頭上の鬼が食するなり。然しより後《のち》は、病僧の肉食を好むをば鬼に領《れう》ぜられたりと知つて、これを許しき、と。

これについて思ふに、許すべきか、許すべからざるか、斟酌《しんしゃく》[ア]べし。*五祖《ごそ》の演《えん》の会《ゑ》にも、肉食の事[イ]。許すも、E制するも、F古人の心、皆、その意趣あるべきなり。

（「正法眼蔵随聞記《しょうほうげんぞうずいもんき》」による）

〈注〉会下――禅宗などで、師の僧について修行すること。
延寿堂――老人や病人のための保養所。また、病僧の療養所。
五祖の演――ここでは中国、宋代の臨済宗の僧、法演を指す。

□問1 ――部A「肉食を思ふ」とあるが、なぜですか。最も適当なものを次のうちから選び、番号で答えなさい。

① 熱で幻覚を見たから。 ② 病気を治したいから。
③ 肉が好きだから ④ 禁止されていたから。

□問2 ――部B「これ」が指す内容として最も適当なものを次のうちから選び、番号で答えなさい。

① 鬼 ② 病患 ③ 肉食 ④ 照

問3 ――部C・Fの訳として最も適当なものを次のうちからそれぞれ選び、番号で答えなさい。

□ C「食せしむ」

① 食べた ② 食べさせようとした
③ 食べることができた ④ 食べさせた

□ F「古人の心、皆、その意趣あるべきなり」

① 古人に恨みを持ってはいけない
② 古人が僧である以上戒律は守るべきである
③ 古人はみな肉食をしたいと思っていた
④ 古人の考えはそれなりの理由があるはずである

□問4 ――部D「見給へ」の主語として最も適当なものを次のうちから選び、番号で答えなさい。

① 仏照禅師 ② 鬼 ③ 古人 ④ 病僧

□問5 空欄[ア]・[イ]に入る語として最も適当なものをそれぞれ次のうちから選び、番号で答えなさい。

① あら ② あり ③ ある ④ あれ

□問6 ――部E「制する」の意味として最も適当なものを次のうちから選び、番号で答えなさい。

① 隠す ② 押しとどめる

③ 支配する　④ 罰する

□問7 本文の内容に合致するものを次のうちから一つ選び、番号で答えなさい。

① 仏照禅師が延寿堂をのぞくと、僧になりすました鬼が肉を食べていた。

② 仏照禅師は鬼によって肉食を求めるようになった病僧を哀れに思い許した。

③ どんな事情があったにせよ、僧の肉食は基本的に許されないことだ。

④ 僧が肉食する事実はあったが、昔の人はその時々の事情を考慮して判断していた。

四 次の各問いに答えなさい。

□問1 次の1～6のそれぞれの熟語の組み立てと同じものを、あとからそれぞれ二つずつ選び、記号で答えなさい。

1 除雪	2 公私	3 日没
4 劣化	5 豊富	6 未熟

ア 客席　イ 貧富　ウ 悪性　エ 道路
オ 着席　カ 非常　キ 国営　ク 乗車
ケ 強敵　コ 美女　サ 無害　シ 突然
ス 巧拙　セ 歓喜　ソ 炎上　タ 新雪

□問2 次の1～4の三字熟語と構成が同じものを、あとからそれぞれ選び、記号で答えなさい。

1 飛行場	2 雪月花	3 新記録	4 合理化

ア 心技体　イ 文化祭　ウ 歴史的　エ 好人物

第2回

出題の分類

一 知識問題　二 論説文
三 小説　四 古文

※特別な指示がない限り、句読点や記号も一字とする。

▼解答・解説はP.149

時　間：50分
目標点数：80点

1回目	／100
2回目	／100
3回目	／100

一 次の各問いに答えなさい。

□問1 「ショウ敗」の「ショウ」の漢字と部首が同じものを次のうちから一つ選び、記号で答えなさい。

ア 加湿　イ 服装　ウ 背中　エ 発券

□問2 対義語の組み合わせとして誤っているものを次のうちから一つ選び、記号で答えなさい。

ア 部分―全体　イ 罪悪―正義
ウ 充実―空虚　エ 連続―断続

□問3 読み方の誤っているものを次のうちから一つ選び、記号で答えなさい。

ア 葵(あおい)　イ 蓮(はす)
ウ 栗(あわ)　エ 椿(つばき)

□問4 「イ師の診断を受ける」の「イ」の漢字の総画を次のうちから一つ選び、記号で答えなさい。

ア 六画　イ 七画　ウ 八画　エ 九画

□問5 言葉と意味の組み合わせとして誤っているものを次のうちから一つ選び、記号で答えなさい。

ア コンセプト…概念　イ コスモス…秩序
ウ アンビバレンス…両向性　エ ディテール…設計

□問6 接続語とその用法の組み合わせとして誤っているものを次のうちから一つ選び、記号で答えなさい。

ア つまり―換言　イ すると―順接
ウ ところが―逆接　エ あるいは―添加

□問7 呼応する表現として誤っているものを次のうちから一つ選び、記号で答えなさい。

ア たぶん―だろう　イ あたかも―ようだ
ウ ぜひ―か　エ あながち―ない

□問8 「飾り気がなく真面目で、心が強くしっかりしていること」という意味の四字熟語を次のうちから一つ選び、記号で答えなさい。

ア 質実剛健　イ 新進気鋭
ウ 清廉潔白　エ 石心鉄腸

□問9 春の季語を次のうちから一つ選び、記号で答えなさい。

ア 名月　イ 八十八夜　ウ 梅雨寒　エ 小春

□問10　井伏鱒二の作品として適当でないものを次のうちから一つ選び、記号で答えなさい。

ア　山椒魚　　イ　黒い雨

ウ　冬の蠅　　エ　屋根の上のサワン

二　次の文章を読んで、あとの各問いに答えなさい。

[1]近代社会は、一八世紀のフランス革命から始まったと言われているが、簡単に言うとここにいる皆さん、中学一年生から先生まで、すべてが同じ「一」である、ということなのだ。あらゆる人は「一」であって、それ以上でもそれ以下でもない。一番わかりやすい例は、投票の構造だ。総理大臣も一票だしフリーターも一票。人はすべて同じだ、という捉え方をする。〈Ⅰ〉

しかし、近代社会が成立するまでは、全員が「一」ではない、現代からすればいわば不平等な社会だった。身分制度があったので、生まれたとき既に人生の軌道が描かれていた。どの階層に生まれるかによって職業はほぼ自動的に決まったし、家庭をつくるにしても、相手は自分と同じ階層で周辺の地域に住んでいる人に限られた。つまり自分の生涯のかたちはおおよそ見えていたのだ。自分で　a　に職業やパートナーを選ぶなど考えられない世の中だったから、わざわざ自分の存在する理由を問う必要もなかった。その社会を、その共同体を、その家族を維持するためには、その人がいなければならない。あらかじめ役割が与えられて生まれてきたから、自らの役割を果たすことが人生の目的だったのだ。

ところが、近代社会は「生まれ」、つまり階層、地域、言葉、性別、といった本人が選びようのない条件はすべて無視しようという考えを基本に成り立っている。生まれは関係なく、みんな同じスタートラインに立ち、同じ条件で勉強を始め、　b　に扱われる。その代わりあとは自分で選びなさい、と放り出される社会だ。そうするとどうなるか。今ある自分は自らが選択した結果なのだからすべて自分の責任だ、ということになる。

近代社会は理念として全員が同じ重さだという思想に基づいている。ほんとうに全員が一票を持つことができたのは二〇世紀に入ってからであるし、いまだに差別はなくなっていないが、この理念を守り続けようとしている。

確かにたいせつな考え方だが、だれもが、自分はどういう存在でありそれを意味のあるものとして肯定できるか、という問いに向き合わざるをえない。〈Ⅱ〉

そんな大きい責任を課せられている今の時代であるにもかかわらず、若い人に限らず、すべての世代が、どんどん無力になっていると私は感じている。大げさな言い方だと思うかもしれないが、では、この中に、お産のときに赤ちゃんを取り上げることができる人はいるだろうか。恐らく皆無だろう。へその緒はどの辺りで切るか、とか、産声《うぶごえ》を上げさせるにはどうすればいいかと

か、まったく知らないはずだ。昔は、こういったことは女性であれば全部できたのだ。〈Ⅲ〉

また、私の親の世代くらいまでは、生涯一度も病院に行ったことがない人がかなりいた。大抵の病気であれば、自分で治す総合*医療という文化があったからだ。例えば、胃が痛いときに飲む薬草や痛みを和らげるツボといったようなことは知っていたし、応急処置はだれでもできた。〈Ⅳ〉

人にものを教えることも、うまくできなくなっている。教育は学校の責任になった。どうやって排泄物《はいせつぶつ》が処理されているか、だれも知らない。下水道が勝手に流してくれるからだ。人が死んだときの処理はどうだろうか。体中からあふれてくる体液を、昔はそれぞれの家庭できれいにして、葬式を出していたが、今では病院と葬儀屋にお任せだ。最低なのは、隣近所とのもめ事が起こったとき、それを解決する能力すらない。すぐに役所に電話したり、何かというと弁護士に頼んだりする。

出産、調理、排泄物の処理、治療、看護、教育、子育て、交渉など、生きるうえで欠かせない事柄を、私たちは知らないうちにすべて、他人に任せるようになった。少しでも安心で安全に暮らせるように、とそれぞれの「プロ」を育ててきたのだ。普段の生活のことは行政やサービス会社に任せておけば安心、安全だし、病気になればしっかりとした治療を受けられる。子どもは学校で勉強するようになったし、めんどうなもめ事は弁護士に頼めば損はない。排泄物はペダルを踏むだけできれいになるし、介護が必要なら電話をすればいい。

生活のあらゆる面でそれぞれのプロがいるから、なんの不安もないし健康でいられる。寿命が延びたことからうかがえるように、プロを育てたことは社会にとって間違いなくプラスになった。（　A　）、プラスは必ずマイナスを含んでいるもので、プラスの分何を失ったかというと、われわれ自身の能力だ。一人では何もできない無能、disable*の状態になってしまった。〈Ⅴ〉

2 そんな私たちが今の社会でできること、それはクレームをつけることだけ。行政にも会社にも、少しでも不満があれば文句を言う。これだけは自信を持ってできる。なぜか？　お金を払っている、義務を果たしている、と主張できるからだ。払った金額に見合うサービスを受けるべきで、かなわなければ文句を言えばいい。しかもそれを当然のように言う。皆さんも、授業がつまらなかったり成績が下がったときに、ちゃんと授業料を払っているのにこの頃の先生はサービスが低下している、などと言っていなければよいのだが……。

近代社会は、全員が責任を持った「一」である市民社会をつくろうとしていたはずなのに、結局私たちは「市民」ではなく「顧客」になってしまった。市民とは、自分たちの大事な問題は自分で判断し自ら担う主体を意味する。私たちは、自分たちの安心と安全のためにプロを育て、「委託」するという道を開拓してきた。

しかしその制度の中で暮らすうちに、自分が持つ技や能力を磨くことを忘れてしまった。自分で物事を決めて担うことができる市民ではなくなり、ただのサービスの顧客に成り下がったのだ。

この暮らしは、私たちをだめにする。すべて他人任せで、自分にはなんの責任もなく、お前が悪いんだと言うだけ。それは確かに楽だ。

皆さんに限らずどんな世代の人も、なぜ自分はいつもこうなんだろう、なぜ自分はいつもうまくいかないんだろう、といった、イ釈然としないふさいだ気持ちを抱えていると思う。そんなとき、この世の中はちゃんと理由をつけてくれるようになった。それが怖い。例えば最近カウンセラーたちが、「トラウマ*」や「アダルトチルドレン*」「うつ」などといった言葉を使う。これらは本来［ c ］に扱うべき言葉なのだが、安易に使われている。人生は、そのようなひと言で言い当てられるほどシンプルではないはずだ。

今や日常会話でも使われる「トラウマ」は、とてもありがたい。「あなたがこのような性格になったのは、あるいはがんばっても自分を変えることができないのは、実は忘れたつもりになっているつらい思い出があり、それがどうしても影響を与えてしまうからだ」ということらしい。こんなストーリーはとてもわかりやすいから、人は［ d ］に飛びついてしまう。しかし、人が抱えているふさぎは決してそんなものではない。

あるとき、精神科医の香山リカさんがおもしろいことを言っていた。「あなたはうつ的な状態です」と診断しても、今の患者さんは受け入れず、「違います、私はうつ病なんです」と、言い張るそうだ。（　B　）病気にしてもらわないと困る、というわけだ。理由は簡単だ。病気であれば、「私のせいではない」からだ。病気なのだから、自分は治療されるべき対象になり、困難な状態を引き受ける必要がなくなるわけだ。

ふさぎ*やしんどいことには、自分で真正面から格闘しなければどうしようもない。だからますますつらくなる。「うつ病」と「うつ的」では、決定的に違う。「病気である」とラベルを付ければ、自分がしんどい思いをせずにその状況から抜け出すことができるから、「私のせいではないんだ」とほっとする。しかし、これは単に逃げているだけ。一番してはいけないことだ。3そういう思考回路に陥ると、次第にものの考え方がロ短絡的になっていってしまうのだ。

自分のことに限らず、現代のあらゆる問題に言えることだ。社会や時代の問題は、キーワードだけで説明し尽くせるものではない。（　C　）、私たちは「ちっとは賢く」ならなければいけない。「賢い」というのはつまり「簡単な思考法に逃げない」ということだ。物事の理由は簡単にはわからない。それを知り、受け入れようとすることが賢くなる第一歩なのだ。

（鷲田清一「『賢くある』ということ」による）

〈注〉総合医療——臓器別の医療ではなく、体全体を診ていく医療。

disable —— 無力（無能）にする。
トラウマ —— 恐怖・ショック・異常経験などにより精神に受けた傷。
アダルトチルドレン —— 子どもの頃の家族関係などが原因で、精神的に不安定な状況で育ち、成人後も生き方に悩んでいる人。
ふさぎ —— 元気を失ってうっとうしい気分になること。ひどく憂鬱になること。

□問1 本文から次の一文が脱落している。この一文が本来入るべき箇所を本文中の〈Ⅰ〉～〈Ⅴ〉から一つ選び、番号で答えなさい。

［近代社会は、ものすごく重いことを一人ひとりに要求しているのだ。］

① 〈Ⅰ〉　② 〈Ⅱ〉　③ 〈Ⅲ〉
④ 〈Ⅳ〉　⑤ 〈Ⅴ〉

□問2 ――部1について、筆者の述べる、「近代社会」が成立する前の社会を説明したものを次のうちからすべて選び、番号で答えなさい。

① 全員が平等であることを理念としている社会
② 生きるために不可欠なことを他人に任せる社会
③ 与えられた役割の遂行が生きる目的となる社会
④ 本人が選べない条件は除くことを当然とする社会
⑤ 階層や地域が結婚相手までも左右する社会
⑥ 一人では何もできない状態になっている社会
⑦ 自分の生涯を最初からある程度見通せる社会

□問3 [a]～[d]に入る語の組み合わせとして最も適当なものを次のうちから選び、番号で答えなさい。

	a	b	c	d
①	簡単	平等	慎重	自由
②	簡単	慎重	平等	自由
③	自由	慎重	平等	簡単
④	自由	平等	慎重	簡単
⑤	自由	平等	簡単	慎重

□問4 （ A ）～（ C ）に入る語として最も適当なものを次のうちからそれぞれ選び、番号で答えなさい。

① または　② だから　③ たとえば
④ つまり　⑤ ただ

□問5 ――部2のように筆者が述べた理由として最も適当なものを次のうちから選び、番号で答えなさい。

① 生活のあらゆる面にプロが存在するため、生きていく上で人々が担うべき役割が少なくなってしまった現状をふまえ、最低限果たさなければならない義務の一つとして「クレームをつける」という行動を挙げようと考えたから。
② 少しでも安心で安全に暮らせるように、それぞれの分野の「プロ」を育てる必要性があるため、サービスの受け手としてどのように「プロ」を育てればよいか、指針として「クレームをつける」という行動を挙げようと考えたから。

③ サービスの顧客という立場をとってすべてを他人に任せ、自分には責任がないと考えると人間がだめになるため、そんな暮らし方に対する不満の表明の仕方の例として「クレームをつける」という行動を挙げようと考えたから。

④ なんの不安もないし健康でいられるものの、今の社会で生きていくにあたり自分たちにできることがほとんどなくなってしまったという、無力感を印象づけるものとして「クレームをつける」という行動を挙げようと考えたから。

⑤ 生きていく上で必要不可欠なことを他人任せにするという、サービスを受ける立場の感覚に慣れてしまい、自身の責任を意識していない近代社会の生活の象徴として「クレームをつける」という行動を挙げようと考えたから。

□問6 ――部イ・ロの意味として最も適当なものを次のうちからそれぞれ選び、番号で答えなさい。

□ イ「釈然としない」

① 疑いや迷いが消えずに、すっきりしないこと
② 問題が難しく、解釈することができないこと
③ 相手に対して同情する余地がまるでないこと
④ 自分の立場や考えをうまく説明できないこと
⑤ 自信にあふれ、恐れや不安が少しもないこと

□ ロ「短絡的」

① すばらしい考えやイメージなどが瞬間的に思い浮かんでくる様子
② 目先のことばかり考えていて、将来のことに思いが至らない様子
③ 鋭い洞察力で、素早く原因と結果を結びつけることができる様子
④ 辛抱ができずに、すぐに怒ったりいらいらしたりしてしまう様子
⑤ 物事の本質や筋道を深く考えないで、すぐに結論を導き出す様子

□問7 ――部3の説明として最も適当なものを次のうちから選び、番号で答えなさい。

① 困難な状態にいるときに、しんどい思いをせずにその状況から抜け出そうとすることについて、逃げているだけで一番してはいけないことだと否定的に考えること。

② 自分で真正面から格闘しなければどうしようもないときに、その状況から抜け出せたらしんどい思いをせずに済むと考えることで安心し、逃げるのをやめること。

③ 問題に直面した際に、その問題としっかりと向き合おうとするのではなく、自分ではどうすることもできない種類のものに分類して精神の安定を保とうとすること。

④ 治療されるべき対象で困難な状態を引き受ける必要がないはずなのに、その事実を受け入れようとせずに、真正面から

格闘しなければどうしようもないと思うこと。

⑤　あるラベルを付けることによってしんどい思いをせずに悪い状況から抜け出すことができるのに、一番してはいけないことをして抜け出せなくなってしまうこと。

□問8　次の①～⑥は、本文を読んだ中学三年生のコメントである。――部が本文の内容として適当ではないものを一つ選び、番号で答えなさい（――部以外は問わないものとする）。

①　A君「〝すべてが同じ『一』である〟必要性がよくわからないな。人はそれぞれ個性があって、同じじゃないと思うんだけど。」

②　B君「その個性を発揮するために、〝すべてが同じ『一』である〟べきなんだよ。近代社会は、本人が選びようもない条件を無視することで、人の重さを平等に扱うべきだという考え方なんだよ。」

③　C子「近代社会になる前は身分制度があって、誰もが自由にやりたいことをできるわけではなかったんだよね。生まれた階層でできることが限られていたら個性なんて発揮できないじゃない。」

④　A君「そうか。人の個性を無視するわけではなく、生まれたときの状況を無視することがすべてを『一』にすることなんだね。」

⑤　D君「そう、全員が同じ重さという責任があるんだから、自分たちの大事な問題は自分で判断していくことが近代社会の理想なんだよ。」

⑥　B君「でも、今は生活のあらゆる面にプロがいるから、すべての責任を負わずに済んでいるよね。昔はそれぞれ個人でできていたことなのに、今はそれをどんどん他人に任せるようになってしまっている。」

⑤　C子「他人任せだと自分が持つ技や能力を磨くことができなくなる点がよくないよね。プロに委託するのをやめて、何もかも自分で判断して責任をとる生活が求められているよ。」

⑥　B君「全員が同じ『一』という責任ある社会をつくるためにも、簡単な思考に逃げないことからはじめるべきだね。」

三　次の文章を読んで、あとの各問いに答えなさい。

眞家早馬《まいえそうま》は陸上部の長距離のランナーだったが、ひざの怪我《けが》で手術をして練習からは外れている。そんな中、担任の計らいで井坂都《いさかみやこ》に料理を習うようになり、弁当づくりの準備のために二人で出かけたところ、陸上部のメンバーに遭遇する。後日、陸上部の練習中に、キャプテンの助川《すけがわ》にその時のことを尋ねられる。

「お前、この間、一組の井坂と一緒に自転車でどっか行ってただろ」

助川が都の名前を出したことに、早馬は動揺した。過去にクラスが一緒だったことがあるのだろうか。都のことも、よく知っているふうな言い方だった。

「そういえば、擦れ違ったな」

「どこ行ってたんだよ」

早馬が都と自転車を二人乗りして走り去ったのを[a]モクゲキした知り合いは多かった。お前達は付き合っているのか、二人でどこへ行ったんだ。そう聞いてくる奴もいた。けれど助川の声は、野次馬じみた好奇心旺盛《おうせい》なものとは違った。

違ったから、厄介だった。

「部活に来ない日は、真木クリニックにリハビリに行ってるんじゃなかったのか」

①そんなの、もう公然の秘密ではないか。少なくとも三年生の間では。

眞家早馬は、週何日かは部活を休んでリハビリのために病院に行っている。授業終わりと病院の時間の合間で、調理実習室で[1]彼女と二人で料理をしている。そういうことになっている。なっているだけだ。

「助川だってわかってるだろ。手術から半年もたったのに、週に何回も病院でリハビリなんてしないって」

当たり前のこと。けれど、自分も助川も、*春馬《はるま》も父親もみんな見ないようにしていた事実を、早馬は自ら助川に突きつけた。

「何してたんだよ」

「ちょっと、弁当箱買いに行ってた」

「弁当箱？」

「本格的に自炊始めたんだよ、最近。昼も弁当を作って持ってきてる」

「へえ」

興味なさそうに助川が言う。スポーツドリンクに口をつけて、走る春馬や他の部員を見やった。口の端っこに、苛々や不信感がこびりついているようだった。

「お前、体重増えただろ」

春馬と、同じことを言いやがる。

「そう見える？」

「改めて見ると、怪我する前よりずっと肉がついてる」

何キロ増えたんだ？

そう問われ、思わず笑ってしまった。

「失礼だなぁ、そういうこと直接聞く？」

そんなことで勘弁してもらえるとは、思えなかったけれど。

「八キロ、増えたよ」

「はちぃ？」

助川自身が想像していた数値より、ずっと多かったようだ。[b]トタンに彼の顔が[c]ケワしくなった。

「お前、ちゃんとトレーニングしてるのか」

「してたら、八キロも太らないだろうな」
②助川の鋭い目が、すうっと見開かれる。彼が傷ついたのがわかった。素直に「ごめん、最近サボってるんだ」と言えば、彼は怒るだけで済んだのに。③嫌な言い方をしたばっかりに、彼を傷つけてしまった。
「井坂にも聞いた。お前は陸上部の練習が終わる直前まで、調理実習室にいるって」

陸上部の連中が帰宅する前に、逃げるように下校するって。そう付け加える助川の目に、再び怒りの炎が宿ったのがわかる。伝わってくる。

なんだ、知ってるのか。助川と都は、案外仲がいいのかもしれない。

そう思うと、肩から力が抜けた。体が軽くなって、心にヨユウ(d)が生まれた。

「やめるのか」

何を、とは助川は言わない。早馬も聞かない。

助川亮介とは、陸上部に入部したときからずっと一緒に練習してきた。相手の不調も一緒に走っていればわかるし、体調を崩していれば走り方で察することができる。

早馬の異変を最初に見抜いたのも、彼だった。彼がいなかったら、自分は駅伝の関東大会へも出場していただろう。膝《ひざ》がどんなに痛くとも、走ることにすがりついていただろう。その道を閉ざしてくれたのは、助川だった。手術しろと言ってくれた。リハビリして戻ってこいと言ってくれた。

その言葉がまるで、自分に引導を渡しているように聞こえた。

だから、「《　A　》」と思った。

「春馬も、お前が部活をサボってるんじゃないかって心配してた」

「お前も春馬も、考えすぎだよ」

大体、助川と春馬は［2］が合わないのに、どうしてそういう情報は共有しているんだ。ストイックで自分にも他人にも厳しい助川と、マイペースで末っ子体質な春馬は、どうしてもわかり合えないと思っていたのに。

「戻ってくるんだろ？」

どこに、とは言わない。

「こうやって、部活には出てきてるだろ」

「夏は無理かもしれないけど、駅伝は間に合うんじゃないのか？」

夏のインターハイが終わって涼しくなれば(I)、秋と冬は駅伝のシーズンだ。去年の暮れに怪我をして、手術をして、それからちゃんとリハビリして、筋力トレーニングも体重管理も念入りにしていたら、間に合ったかもしれない。

ははは、と笑って、ちょうどジョッグを終えた(II)春馬を見た。

「一、二年が結構頑張っちゃってるし、復帰しても俺の出番はないんじゃないかな」

「だから、井坂と料理なんてしてるのか」

「うち、野郎ばっかりだから。春馬なんて放っておくとコンビニ弁当とかカップラーメンばっかり食うし。下手したら、次はあいつが故障しちゃうよ」

「それは確かに、否定できないけど」

「俺なんかよりずっと将来有望なんだし、助川だってあいつに故障されたら困るだろ？」

助川が何かⅢ言おうと、恐らく「《　B　》」とか、そんなことを言おうと口を開きかけた。

「早馬って名前は、あいつにあげたかったよ」

助川が言いかけた言葉を飲み込むのがわかる。それが喉の奥で形を変えて、再び彼の口から放たれるのも。

「よくわかった」

今日の練習メニューを全員が終え、長距離チームの面々が助川のもとにやってくる。春馬ももちろん、その中に混じっている。彼らに構うことなく、助川は早馬の目を真正面から見つめて言った。

「お前はもう、陸上部にはいらない」

助川は、eイキドオっても苛《いら》ついてもいなかった。

彼の言葉に、誰よりも先に、④春馬が足を止めて目を見開いた。

リハビリをサボりだした頃から、体重の管理をⅣ蔑《ないがし》ろにし出した頃から、いつか、助川からこう言われるときが来ると思っていた。

そしてそのときは、もっと怒ってほしかったのに。裏切り者と罵《ののし》ってほしかったのに。

「⑤ありがとう、助川」

そう言った早馬に、春馬が駆け寄る素振りを見せた。それを遮るように、助川が「今日もお疲れさん。片づけして上がるぞ」と号令をかけた。

（額賀澪「タスキメシ」による）

〈注〉春馬――早馬の弟。早馬と同じく陸上部で長距離を走っていて、兄の復帰を願っている。

□問1 〰〰部a～eのカタカナを漢字に直しなさい。

□問2 ‖部Ⅰ～Ⅲの活用形を答えなさい。

□問3 ‖部Ⅳ「蔑ろに(する)」の意味として最も適当なものを次のうちから選び、記号で答えなさい。

ア さげすむ　イ 軽んじる

ウ 二の次にする　エ 全くしない

問4 [1]・[2]について

□(1) [1]に入る最も適当な言葉を次のうちから選び、記号で答えなさい。

ア ひたひたと　イ しずしずと

ウ こそこそと　エ ひそひそと

□(2) [2]に入る、適当な漢字一字を答えなさい。

□問5 《　A　》・《　B　》にあてはまるセリフとして最も適当な

□ものを次のうちからそれぞれ選び、記号で答えなさい。

□《A》
ア　自分はもう終わりなんだ
イ　リハビリをして早く戻ろう
ウ　こいつの信頼に応えたい
エ　俺はまだ走れるのだろうか

□《B》
ア　やる気がないなら退部しろ
イ　お前だってまだまだやれる
ウ　確かにお前の言う通りだ
エ　お前も故障したら困る

□問6　――部①「そんなの、もう公然の秘密ではないか。少なくとも三年生の間では」とあるが、

□(1)「公然の秘密」の意味として最も適当なものを次のうちから選び、記号で答えなさい。
ア　みんなが知っているが明言しないこと。
イ　全員が秘密にしなければならないこと。
ウ　皆が知りたくても知る機会がないこと。
エ　だれも知らないと勘違いしていること。

□(2)「公然の秘密」が指しているのはどういうことか。「三年生の間では」に続く形で、十五字以内で具体的に答えなさい。

□問7　――部②「助川の鋭い目が、すうっと見開かれる」とあるが、ここからわかる「助川」の気持ちとして最も適当なものを次のうちから選び、記号で答えなさい。
ア　早馬の誠意のない答えに対する激しい怒りに満ちた気持ち。
イ　真剣な質問へのそっけない答えに衝撃を受けている気持ち。
ウ　予想した以上の早馬の体重の増加に呆然としている気持ち。
エ　怪我の後、自暴自棄になっている早馬を心配する気持ち。

□問8　――部③「嫌な言い方をしたばっかりに、彼を傷つけてしまった」とあるが、「嫌な言い方」以外に「彼」が傷ついたと思われる理由を四十字以内で答えなさい。

□問9　――部④「春馬が足を止めて目を見開いた」からわかる心情として、最も適当なものを次のうちから選び、記号で答えなさい。
ア　動揺　イ　失望　ウ　不信　エ　疑念

□問10　――部⑤「ありがとう、助川」とあるが、ここでの「早馬」の気持ちとして最も適当なものを次のうちから選び、記号で答えなさい。
ア　怪我で走れない早馬のことを理解した助川が、重大な決断を後押ししてくれたことに感謝する気持ち。
イ　怒られることを予想して退部を言い出せなかったが、助川から何も言われなくて安心する気持ち。
ウ　後輩たちの前でわざときつい言い方をして、場をおさめようとした助川の友情を尊重する気持ち。

エ　助川の突き放した返事に距離は感じたが、中途半端な状況を変えることができて安堵する気持ち。

□問11　本文からわかる「助川」の人物像として、最も適当なものを次のうちから選び、記号で答えなさい。

ア　キャプテンとして責任感があり、強くなるためにチーム内の規律や上下関係を重んじる人物。

イ　周囲に高いレベルを要求し平然と冷たいことを言う、誰よりもチームの勝利にこだわる人物。

ウ　リーダーシップと思いやりを持っているが、チームへの思いゆえに厳しい対応もする人物。

エ　早馬の秘密を知っていても口にしない優しさがあり、チームのために気配りもできる人物。

四　次の文章は、『伊曾保物語《いそほものがたり》』の一節である。これを読んで、あとの各問いに答えなさい。

ある人、狗《えのこ》*を[1]いと、[2]いたはりけるにや、その主人、外《ほか》より帰りし時、ほかの狗、その膝に上り、胸に手を上げ、口の辺《ほとり》をねぶり廻《まわ》る。これによつて、主人[3]愛する事、いやまし*なり。

馬、ほのかにこの[4]由《よし》を見て、羨《うらや》ましくや思ひけむ、「[5]天晴《あっぱれ》、我もかやうにこそし侍《はべ》らめ」と[6]思ひ定めて、ある時、主人、外より帰りける時、馬、主人の胸に飛びかかり、顔をねぶり、尾を振りなどしければ、主人、[7]これを見て、甚だ怒りをなして、棒をおつ取りて、本《もと》の馬屋に[8]押し入れける。

その如《ごと》く、人の親疎を[9]わきまへず、我が方より馳走《ちそう》顔*こそ、甚だもつて、おかしき事なれ。我が程々に従つて、その挨拶*をなすべし。

〈注〉狗 ―― 狗犬。子犬のこと。
いやまし ―― ますますもっと。さらにいっそう。
馳走顔 ―― ちやほや顔。
挨拶 ―― 他人との応対。交際。

問1　――部1・4の本文中の意味として最も適当なものを次のうちからそれぞれ選び、記号で答えなさい。

□　1「いと」
ア　非常に　イ　たいして　ウ　まったく
エ　少し　オ　意外にも

□　4「由」
ア　理由　イ　口実　ウ　由来
エ　手段　オ　様子

□問2　――部2「いたはりけるにや」のあとに省略されていると考えられる言葉を次のうちから一つ選び、記号で答えなさい。

ア　あろう　イ　あろふ　ウ　あらむ
エ　あらぬ　オ　あらめ

□問3　――部3「愛する」の前に助詞を補う場合、最も適当なものを次のうちから選び、記号で答えなさい。

ア を　イ が　ウ と　エ へ　オ に

□問4 ——部5の口語訳として最も適当なものを次のうちから選び、記号で答えなさい。

ア 自分は狗のようにはできはしない
イ 自分は狗のようにかわいがられないだろう
ウ 自分も狗のおこなったようにしよう
エ 自分も狗のようにかわいがられたいものだ
オ 自分も狗のおこなったことはやってみた

□問5 ——部6の主語として最も適当なものを、次のうちから選び、記号で答えなさい。

ア 狗　イ 世間の人々　ウ 主人
エ 作者　オ 馬

□問6 ——部7が指している事柄として最も適当なものを次のうちから選び、記号で答えなさい。

ア 外出から帰ってきた馬が、主人の胸にとびかかり、顔をなめ、しっぽを振るなどといった行動をとったこと。
イ 外出から帰った主人に向かって、馬が胸にとびかかり、顔をなめ、しっぽを振るなどといった行動をとったこと。
ウ 外出から帰ろうとしていたときに馬が、主人の胸にとびかかり、顔をなめ、しっぽを振るなどといった行動をとったこと。
エ 外出から帰る途中で主人が馬をしつけようとしたときに、馬が主人の胸にとびかかり、顔をなめ、しっぽを振るなどといった行動をとったこと。
オ 外出から帰ってきた主人が馬をかわいがろうとしたところ、馬が主人の胸にとびかかり、顔をなめ、しっぽを振るなどといった行動をとったこと。

□問7 ——部8について、何を「押し入れ」たのか。最も適当なものを次のうちから選び、記号で答えなさい。

ア 狗　イ 主人　ウ 怒り　エ 馬　オ 棒

□問8 ——部9は現代の仮名遣いになっている。これを歴史的仮名遣いにする場合、最も適当なものを次のうちから選び、記号で答えなさい。

ア はきまゐず　イ はきまへず　ウ わきまへず
エ わきまゐず　オ わきまゐづ

□問9 本文から読み取れる教訓として最も適当なものを次のうちから選び、記号で答えなさい。

ア 狗のことをうらやましく思って失敗した馬のように、他人をうらやむ者は自分自身のことが見えなくなって、ついつい相手の気持ちを無視した態度でつき合おうとして失敗してしまうことが多い。
イ 主人が狗のことをかわいがっていたからといって、馬も同じようにかわいがらなければならないという道理はなく、人の好みを変えようという発想自体に無理があるものだといえる。
ウ 主人に応対した馬のように、親しさを考えずに、自分から親しみを込めた振る舞いをすることはおかしなことであるから、自分と相手との関係にふさわしい応対をしたほうがよい。

エ　馬は狗と同じような態度で接したにもかかわらず、狗が主人にかわいがられて馬がかわいがられなかったように、人の気分はその日によって変わるものだから、常に挨拶をして機嫌をうかがうべきだ。

オ　狗が主人にかわいがられたからといって、馬も同じようにかわいがられるとは限らないので、相手と自分の身分の違いをきちんと見極めた上で、応対の仕方を選ばなければならない。

第3回

出題の分類

一 知識問題　二 論説文
三 小説　四 古文

※特別な指示がない限り、句読点や記号も一字とする。

▼解答・解説はP.154

時間	50分
目標点数	80点

1回目	／100
2回目	／100
3回目	／100

一 次の各問いに答えなさい。

□問1 次の各漢字の部首名として最も適切なものをあとのア～コからそれぞれ選び、記号で答えなさい。

(1) 被　(2) 刑　(3) 宙

ア にんべん　イ にくづき　ウ しめすへん
エ ころもへん　オ もんがまえ　カ なべぶた
キ うかんむり　ク しんにょう　ケ やまいだれ
コ りっとう

問2 次の各ことわざの意味として最も適切なものをあとのア～オからそれぞれ選び、記号で答えなさい。

□(1) どんぐりの背比べ

ア 他人のことばかり気にして反省しないこと。
イ 一見しただけでは価値が分からないもののこと。
ウ 無理なことと分かっていながら願うこと。
エ 努力してもかなわないこともあるということ。
オ どれもこれも平凡であまり差がないこと。

□(2) 三つ子の魂百まで

ア 兄弟や姉妹が多いと人生が豊かになるということ。
イ 子どもが三人いれば頼りになるということ。
ウ 性質の似通った者は自然と集まるということ。
エ 幼いとき身についた性格は一生変わらないこと。
オ たくさんの子どもにかこまれて生活すること。

□問3 時を表す言葉とその意味の組み合わせとして誤っているものを次のうちから一つ選び、記号で答えなさい。

ア 暁《あかつき》――太陽が昇る前のほの暗いころ。
イ 有明《ありあけ》――月がまだ空に残っていながら夜が明けようとするころ。
ウ 薄暮《はくぼ》――正午を過ぎてすぐの日差しが強いころ。
エ 黄昏《たそがれ》――夕方の薄暗くなってきたころ。
オ 宵《よい》の口――夜になってまだ間もないころ。

問4 次の和歌の――部について、

□(1) 単語に分けた場合の単語の数をあとのア～オから一つ選び、記号で答えなさい。

□(2) 文節に分けた場合の文節の数をあとのア～オから一つ選

び、記号で答えなさい。

見渡せば柳桜をこきまぜて都ぞ春の錦《にしき》なりける

ア 3　イ 4　ウ 5　エ 6　オ 7

□問5 作品名と作者名の組み合わせとして誤っているものを次のうちから一つ選び、記号で答えなさい。

ア『土佐日記』——紀貫之
イ『枕草子』——紫式部
ウ『方丈記』——鴨長明
エ『奥の細道』——松尾芭蕉
オ『南総里見八犬伝』——滝沢馬琴

二 次の文章を読んで、あとの各問いに答えなさい。

世界の中に複数の言語が存在するという状況が、人間の体験の総体をいかに分断化してしまうかということ自体は言い尽くされているのかもしれない。しかし、言語という世界認識の方式が、その体系の複数化を通して人間精神に対して仕掛けている罠《わな》については、私たちは今よりも自覚的になる必要があるのではないか。

ある言語体系の中での表現の可能性を追求していく努力は、さまざまな偉大な果実を人類にもたらしてきた、誇るべき伝統である。小説家が文体を工夫して今までにないニュアンスを表出しようとしたり、あるいは落語家が一生を絶え間なく続く修業の連続としてとらえ、言葉のセンスを磨くために苦闘する姿は尊い。名人と讃《たた》えられた二代目*広沢虎造《ひろさわとらぞう》の浪曲は、日本語の持つ豊かなニュアンスの宝庫である。このような日本語表現の成果は、少なくとも、日本語という言語圏の内部にいる人間にとっては、誇るべき、そして後世に伝えていくべき偉大な財産だということができるだろう。

その一方で、ある言語圏の中にいる人間にとっては確かな手触りを感じられるような豊かな世界に没入することが、ときに、言語が私たちに仕掛けた罠にはまることを意味するのにも自覚的でなければならない。カタコトの日常会話くらいならば、他の言語圏に属する人たちにも十分通じさせることができる。しかし、*志《し》ん生《しょう》の落語の微妙なニュアンスを(ア)キョウジュすることは、ある程度日本語に通暁《つうぎょう》することなしに不可能である。

日本人にとっては、*円生《えんしょう》と志ん生の落語には明らかな違いがあり、どちらを好むかという嗜好《しこう》を通して、その人の美意識や世界観を判定する縁とすることができるかもしれない。しかし、日本語圏の外にいる人にとっては、両者の違いはブラックボックスの中の不可視のもの、下手をすれば何らの*アクチュアリティも持たない「非存在」にすぎない。

「人類」という概念は、数千の言語を喋《しゃべ》る世界中の人に普遍的に適用されるべきものであろう。だとすれば、志ん生の落語の味わいに涙するとき、その思いはそのままでは「人類」普遍のものにはなりえないという事実を直視する覚悟がいる。もちろん、志ん生の魅力を私秘的な体験として［X］大事に抱え込んでいることもできる。しかし、ヒンドゥー語圏にも、スペイン語圏にも、志ん生に相当する何ものかがおそらくはあることを思うとき、*バベルの塔以降の多言語の世界で私たちが(イ)センザイ的に見失っているものの大きさに戦慄《せんりつ》せざるをえない。

表現として高度の洗練と達成を求めるほど、言語圏の奥へと入り込んでいき、他の言語圏の人には不可視な場所に取り込まれていってしまう。そのような言語の仕掛ける罠を思うとき、私は他のどのような事態からも受けないたぐいの打撃を受け、深い絶望を感じる。英語という「勝ち馬」に乗っかって、日本語で表現するよりこっちのほうがグローバルで上等だと信じているおっちょこちょいは、まだ微笑《ほほえ》ましい。およそ言語という制度の上に乗っかっている限り、それがどのような言語であれ、このような「言語の罠」からは逃れようがないという真実を直視するとき、胸の底から込み上げてくる不安は、ホモ・サピエンスとしての私たちの存在自体に内在する脆弱《ぜいじゃく》性へとまっすぐにつながっている。

［Ⅰ］、異なる言語の間にはある程度の「翻訳」が可能である。日本語圏の住人にとっての志ん生の味わいを、英語圏の言葉で表現することが全く不可能であると決めつけられるわけではない。ときには、ある言語圏における体験の蓄積が、翻訳を通して他の言語圏に重大な影響を与えることもある。実際、明治維新以降に日本で花開いた西欧の翻訳文化は、日本語の姿を変化させ、日本語圏の住人の世界の見え方をかなりの程度変えた。

その一方で、翻訳可能性を議論すること自体が、ときにさらに別種の言語の罠に私たちを導きかねないことにも、敏感であるべきだろう。

私たちは、「普遍」という概念を、しばしば安易に前提とする。［Ⅱ］、複数の言語の壁を超えて普遍性を立てることを志向するとき、そこにはおのずから原理的な困難がある。たとえば「クネクネ」や「ピカピカ」や「ほかほか」といった日本語のオノマトペの持っている語感を、そのまま英語に翻訳することは難しい。

厳密にいえば、ある概念の普遍性は、その概念の翻訳可能性と一致するとは限らない。［Ⅲ］、世界の中のある言語圏だけが到達し、把握している普遍性が存在するということはありうる。それでも、私たちは往々にして翻訳可能なものだけを普遍項として立てることを当然だとみなす。流通性と普遍性を安易に等式で結んでしまいがちなのである。

世界のさまざまに異なる言語圏の間の結びつきが強まり、双方向の行き来が盛んになるにつれて、翻訳可能なものだけが事実上の普遍性を帯びていくということは実際的な意味で不可避の*ダイナミクスだといってよい。村上春樹の作品が、最初から翻訳可能な文体で書かれていることは、意識されたものであるかどうかは別として高度に戦略的である。

（茂木健一郎「思考の補助線」による　ただし一部変更した箇所がある）

〈注〉広沢虎造——二代目広沢虎造。1899～1964。東京の浪曲師。

志ん生——五代目古今亭志ん生。1890～1973。東京の落語家。

円生——六代目三遊亭円生。1900～1979。東京の落語家。

アクチュアリティ——現実性。現実味。現実。

バベルの塔——旧約聖書創世記にある伝説の巨大な塔。人々は天に達する塔の建設を計画したが、完成前に神の怒りに触れ、崩れた。このとき神は、二度とこのような行為をしないように人々のことばを乱し、通じないようにしたと言われている。

ダイナミクス——力学。活動力。原動力。エネルギー。

□問1 ＝＝部(ア)・(イ)と同じ漢字を含むものを、それぞれ次のうちから一つずつ選び、番号で答えなさい。

□(ア) キョウジュ

① 恵まれたキョウグウ
② 大学キョウジュの父
③ 犯行をジキョウする
④ 祖父はキョウネン百歳
⑤ ボウエンキョウをのぞく

□(イ) センザイ

① 学級委員にスイセンする
② センオウなふるまい
③ その分野のセンクシャである
④ この人事はサセンだ
⑤ センプク中の犯人

□問2 空欄 Ⅰ ～ Ⅲ にあてはまる言葉として最も適当なものをそれぞれ次のうちから選び、番号で答えなさい。ただし、同じ言葉を二回以上選んではいけない。

① そこで ② もちろん ③ もし ④ しかし ⑤ たとえば

□問3 空欄 X に入る語句として最も適当なものを次のうちから選び、番号で答えなさい。

① 無上 ② 後生 ③ 小事 ④ 後世 ⑤ 必定

問4 本文は言語が人間精神に対して仕掛けている二つの罠について述べたものである。その罠とは何か。その説明として最も適当なものを【Ⅰ】・【Ⅱ】の①～⑤のうちからそれぞれ一つずつ選び、番号で答えなさい。

□【Ⅰ】

① ある言語体系の中で、表現の可能性を追求していけばいくほどそれは一部の専門家にしかわからないものとなり、一般の人々には理解できないものになってしまうこと。
② ある言語体系の中で表現として高度の洗練と達成を求めれば求めるほど、他の言語圏の人にはブラックボックスの中の不可視なものと捉えられ、人類の普遍性が一体何であ

るかわからなくなってしまうこと。

③　特定の言語の持つ微妙なニュアンスは他の言語圏の人々にも理解できると錯覚してしまい、相手の美意識や世界観に対する誤解が生まれてしまうこと。

④　ある言語によって豊かな世界を構築しようとして表現の可能性を追求すればするほど、その表現は他の言語圏の人々にとって現実味のないものになってしまうこと。

⑤　特定の言語の持つ表現の可能性を追求することに固執するあまり、他の言語圏の人々がその表現を理解できないことに対して優越感を持ってしまうこと。

□【Ⅱ】

①　ある言語を他の言語に翻訳することによって、他の言語から影響を受け、世界の見方や考え方まで変えられてしまうこと。

②　異なる言語圏の結びつきが強まるにつれて最初から翻訳可能なものだけが扱われ、その言語圏特有の表現が忘れられてしまうこと。

③　異なる言語圏で意思疎通を行う際、普遍性と流通性は比例していると考え、最初から安易に翻訳可能な表現をしようとすること。

④　ある言語の概念自体が普遍性を有している場合でも、その翻訳の難しさから異なる言語圏の人々に通じる概念とはみなされなくなること。

⑤　日本語のオノマトペのように原理的に翻訳困難な語があるにも関わらず、その概念の普遍性を信じるあまり何とか翻訳しようとすること。

三　次の文章を読んで、あとの各問いに答えなさい。

高校三年生の鴻山《こうやま》真郷《まさと》は、母親との二人暮らし。父は、真郷が七歳のときに事故で亡くなっている。妙に不安定なところがあり突然怒りを爆発させる父を、幼い真郷はうとましく思い恐れていた。生前に父が教えてくれた野球を、真郷はずっと続けてきた。中学校ではエースで四番、誰にも負けないという自負があった。いくつもの高校から誘いもあったが、それらを蹴ってチームメイトの麓水律《ろくすいりつ》とともに地元の采女《うねめ》高校に進学した。

真郷と律は性格は正反対のようだが、不思議と気があった。律は、優しく物静かな少年で、闘争心をむき出しにするようなことはなかった。それでも、律は「好きだから」と高校でも野球を続けてきた。

甲子園への地区予選の準決勝。九回表で采女高校は二点のリードを許している。マウンドに立っているのは律。控えの選手としてベンチにいた真郷は、監督に「準備しておけ、次の回、行くぞ」と告げられ、ベンチ裏で素振りを始めた。バットを振りながら、これまでのことに思いをはせている。

①野球というものがどれほど広いか、深いか、惨《むご》いものか何一つ知らなかった。思い知ったのは、高校二年の夏、地区予選のマウンドで滅多《めった》打ちにあったときだ。準決勝でも、決勝でもない。初戦、練習試合では圧勝していた相手チームに、バッティングピッチャーのような打たれ方をした。三回ももたず降板。それが[A]の始まりだった。②以前から張りと鈍痛のあった肩はなかなか完治せず、焦る真郷を嘲笑《あざわら》うように、季節だけが過ぎていく。監督から野手への転向を言い渡されたのは、三年になって初めての練習日だった。③校庭の桜はまだ満開にもなっていなくて、風が吹く度にざわざわと艶《つや》やかに揺れる花枝で、メジロが数羽、遊んでいた。

「おまえの肩のこと、早く見抜けなかった、おれの責任だ」

監督が[B]の表情で呟《つぶや》く。

「すまんかったな、真郷」

そうではない。

④違うでしょう、監督。肩を壊したからマウンドを諦《あきら》めろと、それは……違うでしょう。

労《いたわ》りだろうか、憐《あわ》れみだろうか、責任感だろうか。どれにしても、すまなかったと頭を下げる監督の配慮が苦しかった。自分の限界は自分が一番、よくわかっている。わかってしまうということは、時に痛覚を刺激する。生身に突き刺さる[C]だ。深く、容赦なく突き刺さる。生まれて初めて味わう残酷な痛みだ。

おれは、マウンドに立ち続けられるほどのピッチャーではなかったんだ。

肩は治っている。だけど投げられない。投げても無残に打たれるだけだ。中学時代とは桁《けた》違いの力と技術を持った打者に通用するだけの球を……投げられない。

それが、おれの実力だ。

自分の限界を自覚することの恐怖と惨めさ。まだ、野球という世界のとば口に立っているだけなのに、⑤その底知れなさに圧倒される。

ああ惨めだと、心底思った。こんな惨めさを味わうために、おれは野球にしがみついていたのかと、自己を嘲《あざけ》りたくなる。いっそ、やめてしまうかと、⑥自棄の声がした。惨めな思い出ごと野球を棄ててしまえるなら、それが一番、楽じゃないか。

律がマウンドから投げる姿を見る度に、自棄の声は強くなる。

もういい。棄ててしまえ。

投げられない自分より、律に嫉妬《しっと》している自分が嫌だった。憎むほどに嫌いだった。羨み、嫉妬、嫌悪、焦り……どろりと重い感情だけが溜《た》まっていく。

「あんた、このごろ……」

夕食の席で、母が口ごもる。

「なんだよ」

「いや……べつに」

「言えよ。途中でやめるんなら、最初から何も言うなや」

テーブルを叩いていた。尖《とが》った感情は否応《いやおう》なくたった一人の肉親に向いてしまう。母は顔を歪《ゆが》め、一息に言葉を吐き出した。

「このごろ、お父さんに似てきたような気がする」

茶碗を床に投げつけていた。瀬戸物の茶碗が白い飯ごと床に砕け散る。母が苦痛に唸《うな》るように、さらに顔を歪める。同じだ。父もこうやって、⑦理不尽な怒りを家族にぶつけていた。同じことをしている。

その夜、鏡に、しみじみと自分の顔を映してみた。

親父……。

あの人も胸に重く沈む思いを抱えていたのだろうか。息をする度に胸が塞《ふさ》がるような息苦しさを味わっていたのだろうか。閉じた眼裏《まなうら》に浮かんだのは、初冬の風景でも父の顔でもなく、何層にも色分かれした夕焼けの空だった。

次の日、休日返上の練習があった。

もうやめよう。これ以上野球にしがみつくのは、もうおしまいにしよう。

決めて退部届を忍ばせてグラウンドに来た。練習の始まる前に監督に手渡し、去る。決めていたのだ。

「律？」

何気なく部室を覗《のぞ》いたとき、律の背中が見えた。背番号のない練習用のユニフォームが部室の隅でもぞもぞと動いている。真郷の気配に気づき、振り向く。中学時代そのままの気弱な笑みが浮かんだ。

「何しとるんや？」

「うん……ちょっと」

律の手には薄汚れたボールが握られていた。

「なんや、練習球やないか」

「うん」

使い古された練習用のボールは、糸目もわからぬほど汚れ、表皮には無数の傷ができていた。新品のときあれほど鮮やかだった縫い目は色褪《あ》せ、解《ほつ》れ、もとが何色だったのか俄《にわか》には判別できない。部の予算は限られている。少しでも節約しようと部員たちは、一球一球解れを繕い、表皮を磨き、使い続けていた。それでも使用に耐えないほど傷んでしまったものは、捨てるしかない。律が屈《かが》みこんでいたのは、部員たちが昨日選《よ》り分けたばかりの廃棄用ボールを収めた段ボール箱だった。中身はゴミとして処分することになっている。空になったペットボトルや紙くずも入っている。律はその中から、ボールを一つ選び出していたらしい。

「別に、盗もうとかしてたわけやないで……あの……一つぐらいもろうてもええよな？」

わずかに目を伏せて、律が肩をすくめる。悪戯《いたずら》を見つけられた子どもの仕草だった。

「そりゃあ、かまわんやろ。どうせ捨ててしまうボールなんやから。けど、そんなぼろぼろになったのもう使えんやろ。そんなん、持って帰ってどうするんや？」

「一緒に連れて行ったろて思うて」

「どこへ？」

「甲子園」

⑧口がぽかりと開いた。返す言葉が出てこない。律は、耳元まで赤くなりボールをポケットに押し込んだ。

「だって、ほら目標は大きい方がええやないか。おれら、そのために練習してるんやし……ボールがこんなになるまで練習しとるわけやし……何が起こるかわからんのが野球やろ」

「うん、まあ……で、そのボール、持って行くわけか」

「そうや。ぼろぼろになった練習球だって、一つぐらい連れて行ってやらんと、かわいそうやないか」

一息にそう言って、律が目を伏せる。

「おまえ……」

そんなこと考えてたのかと続く言葉を呑《の》み込んだ。伏せた目の端に、意思を秘めた光が宿っていたのだ。どこへと問われ、甲子園と答えた口調に、微塵《みじん》の躊躇《ためら》いもなかったではないか。律の視線の先には、あの甲子園がある。光を弾《はじ》く銀傘が、踏みしめる土が、真夏の青空が、蔦《つた》の青葉に埋まる外壁が、確かにある。

こいつ、ちゃんと捉《とら》えてやがる。

夢でも幻でもない。現実の射程内にあの場所を捉えているのだ。⑨知らぬ間に、奥歯を噛《か》み締めていた。

律が顔を上げ、いつも通りの口調で尋ねてきた。

「投げてやろうか？」

「うん？」

「トス、上げてやろうか。バッティングの練習するんやろ」

真郷は大きく一つ息をつく。箱の中に転がる練習球は、どれもみな哀れなほどぼろぼろになっていた。律に視線を向け、⑩ゆっくりと頷《うなず》く。

「ああ……頼むわ」

バットを振る。ただひたすらバットを振り続けた数ヶ月を清算するように、ダッグアウトの裏で素振りを繰り返す。ドアが開いて、律が覗いた。

「真郷、出てこいって」

視線が合う。頬《ほほ》に血の気がなかった。

「打たれちゃって……二点、追加点入れられた……」

そうか、あのどよめきは相手の歓喜とこちらの失望の混じった音だったのか。強張《こわば》った律の頬から顎《あご》にかけて、細かな震えが走った。

問うてみる。

「持ってきてるんか？」

「え？ 何を？」

答えず、無言のまま律の傍らを通り過ぎる。

白球が高く上がる。上がり過ぎた打球は、フェンスの手前で力尽き、ライトの守備範囲内に落ちていく。一塁側のスタンドをため息と悲鳴が覆う。九回の裏、ツーアウト、ランナー無し。点差は四。監督が立ち上がり、選手交代の指示を出す。控えの選手が代打の名を告げるために、ベンチから駆け出していった。

真郷はヘルメットをかぶり、深く静かに息を吸い込んだ。吸い込んだ空気と血が、体内を巡る。

「真郷」

律がボールを掴《つか》んだ右手を軽く持ち上げる。ぼろぼろの練習球は九回を投げきったピッチャーの手の中で、くるりと回った。

そうか……。

空を見上げる。

風の凪《な》いだ空は、雲がさらに厚くなり、蒸してきたようだ。しかし、眩《まぶ》しい。晴れていようが曇っていようが、球場の上に広がる空はいつだって眩しいのだ。

おれはまだ打席に立てるんだ。

そう思った。思ったとたん、歓喜の衝動がわきあがる。一瞬、目を閉じたほどの強い衝動だった。

棄てなかった。諦めなかった。留《とど》まった。そして、この一打席がおれには、まだ残っている。

もう一度、大きく息を吸い込む。代打指名が監督の温情であろうが、諦めであろうが、期待であろうが、勝利への執着であろうが関係ない。

⑪何一つ関係ないのだ。監督の思惑にも、スタンドの声援にも、どこかにいるはずの母の存在にも思いを巡らせたりしない。

グリップを強く握る。

打席に立つと、凪いでいた風が微《かす》かに動き出した。微風が汗ばんだ首筋を撫《な》でていく。

九回の裏、ツーアウト、ランナー無し。点差は四。

塁上のどこにも味方のユニフォームは見えない。バッターボックスに立ち、足を踏みしめる。ピッチャーが大きく振りかぶった。

この一打席、これはおれのものだ。おれだけのものだ。

インコースに真っ直ぐな球が入ってきた。白く発光したように見えた。身体は動き、バットは球に食らいついていく。手のひらに衝撃がきた。それはそのまま、⑫真郷の奥深い場所を貫いて過ぎた。

「真郷！」

律の叫びが聞こえた気がした。三遊間を抜けたボールにショートが飛びつこうとしている。

終わっていない。まだ、終わりはしない。

真郷は一塁ベースの上を真っ直ぐに、走り抜けた。

（あさのあつこ「晩夏のプレイボール」より「練習球」による）

□問1 ――部①「野球というものがどれほど……惨いものか」とあるが、真郷にとって野球が「惨いもの」であるのはなぜか。その理由として適切なものを次のうちから一つ選び、記号で答えなさい。

ア 一度身体に故障をすると、その後はどんなに努力をしても元のとおりの力が発揮できるようにはならないから。
イ 真郷の実力が、高校野球のレベルでは通用しないものであることを、真郷自身に容赦なく思い知らせたから。
ウ 真郷自身が力を発揮できない状態になることで、監督をはじめとする周囲の人たちまで苦しめることになるから。
エ 野球の魅力に取りつかれてしまうと、それをやめるにしろ続けるにしろ、大きな苦しみを味わわなければならないから。

□問2 A に入る「どんなに努力しても抜け出すことのできない悪い状態」を表す慣用的な表現として適切なものを次のうちから一つ選び、記号で答えなさい。

ア 激流　イ 深淵　ウ 洞穴　エ 泥沼

□問3 ――部②「嘲笑う」の意味として適切なものを次のうちから一つ選び、記号で答えなさい。

ア 得意げに笑う　イ ひっそりと笑う
ウ ばかにして笑う　エ うっすらと笑う

□問4 ――部③「校庭の桜は……遊んでいた」とあるが、この情景描写の表現上の効果の説明として、適切なものを次のうちから一つ選び、記号で答えなさい。

ア これから満開を迎える桜のように、やがては真郷が困難に打ち克つことを暗示している。
イ 春の明るい風景を描写することで、真郷が感じている惨めな気持ちを際立たせている。
ウ 風にざわめき揺れる桜の枝のように、真郷の心がひどく動揺していることを示している。
エ 枝に遊ぶメジロを描写することで、部員たちは野球を楽しんでいることを暗示している。

□問5 B に入る語句として適切なものを次のうちから一つ選び、記号で答えなさい。

ア 嫌悪　イ 苦渋　ウ 驚愕《がく》　エ 不快

□問6 ――部④「違うでしょう、監督」とあるが、「違う」とはどういうことか。適切なものを次のうちから一つ選び、記号で答えなさい。

ア 監督が真郷の肩のことを見抜けなかったのは、監督の責任ではないということ。
イ 肩を壊したくらいで自分にマウンドを諦めろと言うのは間違っているということ。
ウ 肩を壊した責任は自分にあるのだから監督が謝るのは間違っているということ。
エ 監督がマウンドを諦めろという理由は真郷が肩を壊したか

らではないということ。

□問7 [C]に入る「痛覚を刺激する」ものを表すのにふさわしい慣用的な表現として適切なものを次のうちから一つ選び、記号で答えなさい。

ア　針　イ　矢　ウ　棘《とげ》　エ　銛《もり》

□問8 ——部⑤「その底知れなさに圧倒される」とはどういうことか。適切なものを次のうちから一つ選び、記号で答えなさい。

ア　自分の限界を知るということがどれほど人を惨めな気持ちにするものか、量り知れないものがある、ということ。

イ　野球の世界で認められるようになるためにはどれほどの実力が必要なのか、量り知れないものがある、ということ。

ウ　野球の世界では野球の実力だけでなく人間としての精神力までも求められるのだとは考えたことも無かった、ということ。

エ　野球という世界がどれだけ人に恐怖や惨めさを味わわせるものであるのか、考えたことも無かった、ということ。

□問9 ——部⑥「自棄」の意味として適切なものを次のうちから一つ選び、記号で答えなさい。

ア　そそのかし　イ　あきらめ

ウ　無気力　　　エ　やけくそ

□問10 ——部⑦「理不尽な怒り」とはどういうことか。適切なものを次のうちから一つ選び、記号で答えなさい。

ア　なぜ腹が立つのか自分でもわからない怒り

イ　本当は向けるべきものでないものに向ける怒り

ウ　自分でコントロールのできない激しい怒り

エ　心の底からふつふつと湧いてくる不気味な怒り

□問11 ——部⑧「口がぽかりと開いた。返す言葉が出てこない」とあるが、このときの真郷の気持ちの説明として適切なものを次のうちから一つ選び、記号で答えなさい。

ア　気弱そうな律が大それたことをためらいもなく口にしたことに驚いている。

イ　自分たちの実力もわきまえずに大それたことを口にする律にあきれている。

ウ　ぼろぼろになってしまった練習球に思いやりを示す律の優しさに感動している。

エ　律の一言で自分が大事な夢を忘れていたことに気づかされ茫然《ぼうぜん》としている。

□問12 ——部⑨「知らぬ間に、奥歯を噛み締めていた」とあるが、このときの真郷の様子の説明として適切なものを次のうちから一つ選び、記号で答えなさい。

ア　苦しさに懸命に耐えている。

イ　強い憎悪を感じている。

ウ　落ち着いて考えを巡らせている。

エ　心が強く揺さぶられている。

□問13 ——部⑩「ゆっくりと頷く」とあるが、真郷はなぜ練習する気になったのか。その理由として適切なものを次のうちから一つ選び、記号で答えなさい。

ア　ぼろぼろになるまで使われて捨てられていく練習球を見て、大きな目標を実現するためにはチームのために犠牲となる存在が必要であると知り、自分も、自分の活躍の場を求めるのではなくチームのために尽くす選手になろうと決意したから。

イ　甲子園のことなど考えていないだろうと思っていた律が、実はそれを目標としてしっかり持っていた。そのことに気づいて、律をはじめとするチームメイトと目標を共有して力を合わせて努力すれば、大きな目標も実現できるはずだと確信したから。

ウ　それほど実力のある投手とも思われていない律が、甲子園を目標としてしっかり見据えている。その姿を見て、自分の力量に対する疑いや他者への嫉妬などの心の迷いを持たずに、淡々と努力を重ねることにこそ価値があるのだと気づかされたから。

エ　ぼろぼろになるまで使われたたくさんの練習球を見て、自分たちがこれまで続けてきた努力の大きさに気づき、ここで自分が辞めてしまえばこれまで律やチームのみんなが重ねてきた努力までも水の泡にしてしまうことになると気づかされたから。

□問14　――部⑪「何一つ関係ないのだ」とあるが、このときの真郷の気持ちの説明として適切なものを次のうちから一つ選び、記号で答えなさい。

ア　周囲の人々が今どのような思いで自分を見ているかということは気にかけまいという気持ち。

イ　相手のピッチャーの球を自分が打てるかどうかということなど心配するまいという気持ち。

ウ　自分がヒットを打っても結局は負けてしまうかもしれないということは考えまいという気持ち。

エ　ずっと一緒にやってきた律が甲子園に行きたいと思っていることは今は忘れようという気持ち。

□問15　――部⑫「真郷の奥深い場所を貫いて過ぎた」とあるが、このとき真郷が感じていることの説明として適切なものを次のうちから一つ選び、記号で答えなさい。

ア　投げられた球に身体が自然に反応して打ち返せたことに対する驚き。

イ　投げられた球をただ無心に打ち返すことがもたらす純粋な喜び。

ウ　難しいコースの球をねらいどおりに打ち返すことのできた喜び。

エ　自分の打った球が捕られずに抜けていってほしいという強い願い。

四 次の文章を読んで、あとの各問いに答えなさい。

*博雅三位の家に、盗人入りたりけり。三位、板敷《いたじ》きの下にかくれにけり。盗人帰り、さて後、はひ a出でて家の中を見るに、残りたる①ものなく、みなとりてけり。*篳篥《ひちりき》一つを*置物厨子《ずし》に残したりけるを、三位とりて吹かれたりけるを、b出でてさりぬる盗人、②はるかにこれを聞きて、［Ⅰ］おさへがたくして、［Ⅱ］きたりて言ふやう、ただ今の御篳篥の音をうけたまはるに、あはれに③たふとく候《さぶら》ひて、悪心みなあらたまりぬ。とる所の④ものども⑤ことごとくにかへしたてまつるべし。と言ひて、みな置きて c出でにけり。むかしの盗人は、又かく⑥いうなる心もありけり。

（「古今著聞集」による）

〈注〉博雅三位――広く物事を知っている位の高い知識人。
篳篥――雅楽の楽器であり日本古来の楽舞などの歌曲の伴奏に用いられる。
置物厨子――調度品や書籍などを載せる置き戸棚であり、両開きの扉がついている。

□問1 〜〜〜部a～c「出で」の中で主語の異なるものが一つある。その記号と主語を文中の言葉を使って答えなさい。

□問2 ――部①・④「もの」を漢字に改めた場合、それぞれどのような漢字にすべきか。次のうちから適当なものを一つ選び、記号で答えなさい。
ア ①者 ④者　イ ①者 ④物
ウ ①物 ④者　エ ①物 ④物

問3 ――線部②「はるかにこれを聞きて」・⑤「ことごとくにかへしたてまつるべし」の現代語訳として適当なものを、次のうちからそれぞれ一つずつ選び、記号で答えなさい。

□②
ア 盗人が三位の吹く篳篥の音を聞いて生活をあらためて
イ 昔のある時期に聞いた三位が吹く篳篥の音を思い出して
ウ 遠く離れた場所で三位が吹く篳篥の音を聞いて心を打たれて
エ 遠くの場所で誰かが篳篥を吹く音色を聞いて反省して

□⑤
ア すっかり全部お返し申し上げましょう。
イ 別々に分けて返してあげてください。
ウ あらゆる場所にお分けいたしましょう。
エ すべてのものを小分けにしてお返ししよう。

□問4 空欄［Ⅰ］にはどのような言葉が入るか、次のうちから適当なものを一つ選び、記号で答えなさい。
ア 後悔　イ 同情　ウ 感情　エ 不満

□問5 空欄［Ⅱ］にはどのような言葉が入るか、次のうちから適当なものを一つ選び、記号で答えなさい。
ア 嘆き　イ 奪ひ　ウ 取り　エ 帰り

□問6 ――部③「たふとく」・⑥「いうなる」を現代仮名遣いに改めて答えなさい。

□問7 文章中には盗人の会話文が一つある。その会話文の最初と最後の三字を答えなさい。

□問8『古今著聞集』は鎌倉時代に書かれた説話である。次のうちから同ジャンルの作品を二つ選び、記号で答えなさい。(成立時代は問わない)

ア　平家物語　　イ　宇治拾遺物語　　ウ　方丈記

エ　今昔物語集　　オ　徒然草

60

第4回

出題の分類

一 漢字の読み書き　二 論説文
三 小説　四 古文

※特別な指示がない限り、句読点や記号も一字とする。

▼解答・解説は P.158

時間：50分
目標点数：80点

1回目	／100
2回目	／100
3回目	／100

一 次の1～5のカタカナを漢字に直し、6～10の漢字の読みをひらがなで書きなさい。

□ 1 チメイ的な打撃を受ける。
□ 2 演技がタクみだ。
□ 3 就職をケイキに引っ越しをする。
□ 4 勝利のためのヒッス条件。
□ 5 単なる文字のラレツ。
□ 6 相手を慈しむ心を持つ。
□ 7 相手の顔を凝視する。
□ 8 敵を駆逐する。
□ 9 相手を翻弄する。
□ 10 注意を促す。

二 次の文章を読んで、あとの各問いに答えなさい。

私が民主主義というものに対して、[1]強い違和感をもつのは、それがあまりに「参加」を強調するからです。「公共的な討議」などというものがあまりに強調されるからです。

戦後日本は民主化され、民主主義は戦後教育の大きな課題になりました。戦後の小学校ではいわゆる「学級民主主義」などといわれるものが行われました。先生が「クラスはみんなのものですね。みんなで物事を決めましょう。学級委員もみんなで選挙で選びましょう。何か意見のある人は自由に発言してください。これが民主主義ですよ」という。

こういう話を聞くと、特別に[a]天邪鬼《あまのじゃく》というわけではない私でさえも、ついこう思ってしまいます。よくいうよ。みんなで物事を決めましょう、なんていいながら、実際には、授業科目も授業時間もみんな決まっているじゃあないか。そんなことをいうのなら、みんなの決定で算数は廃止にできるのですか。それに、自由に発言してくださいといったって、発言するだけでほとんど無視されてしまうだけじゃないの。だいたい、みんなで、みんなで、というのが何だかインチキ臭いなあ――というような次第です。

要するに、さして参加もしたくない学級会や討論会などというものに、無理やり参加させられているようなものなのです。おまけに、そういう場では、いかにももっともらしいことをいう者や、いかにも賢くて何でも知っていそうな者や、あるいは、口からでまかせにうまいことをペラペラしゃべる者の意見がいつも通るのです。

ということは、そもそも、こういう「公共的空間」に参加したくない者の意思は最初から無視されていることになります。そして、「ボクはこんな議論に参加したくない」などというわけにはいきません。これでは「民主主義」が成り立ちません。この「参加拒否」は反・民主主義なのです。

しかし、いくら自由に発言してくださいといわれても、「今度、学級委員になったあいつはアホと違うのか」などと、まさか公共の場で「本心」をしゃべるわけにはいかないのです。別に「あいつはアホだ」ということが「哲学的真理」だなどというつもりはありませんが、もしかしたら、ささやかな「真理」かもしれません。しかし、「そもそも学級委員とは何なのか、どういう人物がその任務にふさわしいのか、そしてアホとはどういうことか」といった話は公共の討議の場ではできません。しかし、もう少し[A]な空間では可能です。こういう空間では、このささやかな「真理」を検討することは可能なのです。

学級会民主主義はいささか素朴過ぎる例でしょうが、これは民主政治の本質を示しているともいえる。もう少し一般的にいえば、哲学的な真理を求めるような空間の存在が、[2]相対主義の政治を乗り越える一つの方法であるということなのです。これこそ私がずっと述べてきたことです。ではそれは具体的にはどんなことを言っているのでしょうか。

かつては、学校がそういう場だと思われていました。特に大学は、です。しかし、今日、大学にそれを期待するのは難しい。とすればやはり、ソクラテス*が言ったように、対話を通じて、お互いを了解していくことが可能なような場を意図的に確保しておくしかないでしょう。人間は、少人数の対話を通じてこそ、初めて自分の言いたいことが言え、相手の言葉を理解できます。しかし、それは非常に時間のかかることです。相互の信頼がなければ、人は本当のことを話せません。少人数で対話を重ね、それを地道に積み重ねていくしかありません。対話は相手を説得するためにあるのではなく、自分をよりよく了解し、自分自身も変えていくためにある。こうした[b]プロセスが、人間を多少は真理へと近づけていくだろうということです。

[3]対話自体に意味があると思えることが大事なのです。だから、この意味での対話は、必ずしも「理性的」というものではありません。それよりも「倫理的」といった方がよいかもしれません。「対話のエートス*」とでもいいたいものです。対話によって、人格的に少しはましになってゆく、昨日よりは少しはましな人間になれるという思いを共有した対話ということなのです。

ところが、実は、まともな対話が成立するためには、他者も必要ですが、「孤独」も必要なのです。対話には他者とともにすごす時間が必要です。しかし、人間は一人にならないと、ものを考えません。

ところが、個人主義の時代などといいながら、実は現代社会において、人間が孤独になることはものすごく難しいのです。テレビ、インターネット、スマートフォンなどによって、つねにわれわれは情報のなかにおかれ、情報は常に、われわれを社会につなげ、誰かとつないでしまっている。情報機器や情報の渦《うず》から自由であることはたいへんに難しい。このなかで本当に一人になることはたいへんに難しい。4だけれど不可欠なことです。

ところが、あろうことか、今日の民主主義は「情報民主主義」になってしまっていて、可能な限り情報に接し、情報的に社会や他人とつながっていることが要求されるのです。中には、ツイッターなどのＳＮＳこそが、今日の社会で民主主義を実現するなどというトンデモナイことをいう人もでてきます。情報機器を通せば、「みんなが参加」が可能となるからです。テレビの報道番組なども、ニュースと同時進行的にツイッターの書き込みなどが紹介されて、いかにも「参加」している風情になっていますが、本当に必要なのは、この種の「参加」から一度身を引く「脱参加」の方ではないでしょうか。

（佐伯啓思「さらば、民主主義」による）

〈注〉ソクラテス ―― ギリシア時代の哲学者。
エートス ―― 社会に浸透している道徳的習慣や行動の規範。

問１ 〰〰部ａ「天邪鬼」、ｂ「プロセス」のここでの意味として、最も適当なものをそれぞれ選び、記号で答えなさい。

□ ａ
ア 大方の考えとは異なる考えを持つ人
イ 何事にもいちいち自分の意見を言う人
ウ さりげなく相手の欠点を補強する人
エ あえて他人の意見や行動にさからう人
オ 意味深長な物言いで周りを惑わせる人

□ ｂ
ア 方法　イ 過程　ウ 見方
エ 処理　オ 条件

□問２ 文中の A に入る語句として、最も適当なものを次のうちから選び、記号で答えなさい。
ア 私的　イ 家庭的　ウ 理性的
エ 社会的　オ 知的

□問３ ――部１「強い違和感」についての説明として、最も適当なものを次のうちから選び、記号で答えなさい。
ア みんなで物事を決めるはずが口が達者な者の意見だけが常に通ることへの不公平感。
イ 「学級民主主義」においてうわべだけの民主主義が強調されることへの不満。
ウ 戦後民主主義が「学級民主主義」のみにおいて実現したことへの不本意な思い。
エ 自由に発言が許されているのに自分だけが発言できないこ

とへのもどかしさ。

オ　形式的な「参加」が求められ、「不参加」という意思が尊重されないことへの不信。

□問４　――部２「相対主義の政治」とはどのようなものと考えられるか。最も適当なものを次のうちから選び、記号で答えなさい。

ア　一定の基準がなく、どの意見もそれなりに尊重されるが全員の納得は得られない政治。

イ　他人の意見と自分の意見を比較し、より優れている方が権力を握るという政治。

ウ　人民一人一人に対し為政者が直接対話して妥協点を見いだすという非効率な政治。

エ　相手を論破することばかりを考えている政治家による口先だけの政治。

オ　哲学的な真理に頼らなくても国民が選ぶ代表によって統治は可能だとする政治。

□問５　――部３「対話自体に意味がある」とあるが、「対話」のもつ「意味」として最も適当なものを次のうちから選び、記号で答えなさい。

ア　自分自身が相手と手を携えて、善悪の正しい判断という理想の境地へと歩みを進めていくことができる。

イ　自分自身の人柄をよりよくしていくという自覚により、人間性をより深く掘り下げる第一歩を踏み出せる。

ウ　自分自身を理想の人間像にまで高めていくことを目的とすることで、相手からの信頼が得られる。

エ　自分自身も相手も人間的に成長する過程を歩んでいる、という思いを分かち合うことができる。

オ　自分自身をよりよく理解し、みなが正しいと判断する法則を必ずつかむことができる。

□問６　――部４「だけれど不可欠なことです」とあるが、なぜか。最も適当なものを次のうちから選び、記号で答えなさい。

ア　現代社会では、情報で社会につながれた人間が孤独になることは困難だから。

イ　情報化社会の中では、他人との対話よりも孤独の方がよりよいアイディアを生み出すから。

ウ　情報機器や情報の波の中で一人になることの重要性が見失われがちだから。

エ　人間は孤独な状況に置かれることで、深い思索《しさく》が可能となり、対話も意義深くなるから。

オ　一人の時間を重視することは、情報民主主義の中で個人主義を守ることとなるから。

□問７　本文の内容に合うものとして、最も適当なものを次のうちから選び、記号で答えなさい。

ア　学校民主主義は清掃活動やクラブ活動にまで参加を強制するので、生徒の自発的なやる気をなくしてしまった。

イ　学級委員の本質的な意義やどのような人が適任かといった議論は、学校内で学級会とは別に行われるのがよい。

ウ　本来学校が担っていた、物事の真実に迫る役割は、お互いに理解を深める少数での対話が担うのが望ましい。

エ　少人数での対話は相互の信頼の上に成り立ち、自説を相手に理解してもらうことを第一の目的とする。

オ　脱参加を人々に求める民主主義の傾向は、今日の情報化の時代においてますます重要性を帯びている。

三　次の文章を読んで、あとの各問いに答えなさい。

運慶が護国寺の山門で仁王を刻んでいると云う評判だから、散歩ながら行って見ると、自分より先にもう大勢集まって、しきりに(ア)下馬評をやっていた。

山門の前五六間の所には、大きな赤松があって、その幹が斜めに山門の甍《いらか》を隠して、遠い青空まで伸びている。松の緑と朱塗《しゅぬり》の門が互いに照り合って美事に見える。その上松の位地が好い。門の左の端を眼障《めざわり》にならない様に、斜《はす》に切って行って、上になる程幅を広く屋根まで突出《つきだ》しているのが何となく古風である。鎌倉時代とも思われる。

ところが見ているものは、Aみんな自分と同じく、明治の人間である。その中でも車夫が一番多い。辻待をして退屈だから立っているに相違《そうい》ない。

「大きなもんだなあ」と云っている。

「人間を拵《こしら》えるよりも余っ程(イ)骨が折れるだろう」とも云っている。

そうかと思うと、「へえ仁王だね。今でも仁王を彫るのかね。へえそうかね。私《わっし》ゃ又仁王はみんな古いのばかりかと思ってた」と云った男がある。

「どうも強そうですね。なんだってえますぜ。昔から誰が強いって、仁王程強い人あ無いって云いますぜ。何でも［X］よりも強いんだってえからね」と話しかけた男もある。この男は尻を端《は》折《しょ》って、帽子を被らずにいた。余程無教育な男と見える。

運慶は見物人の評判には委細頓着なく鑿《のみ》と槌《つち》を動かしている。一向振り向きもしない。高い所に乗って、仁王の顔の辺をしきりに彫り抜いて行く。

運慶は頭に小さい烏帽子《えぼし》の様なものを乗せて、素袍《すおう》だか何だか別《わか》らない大きな袖を背中で括《くく》っている。その様子が如何にも古くさい。Bわいわい云ってる見物人とはまるで釣り合が取れない様である。自分はどうして今時分まで運慶が生きているのかなと思った。どうも不思議な事があるものだと考えながら、やはり立って見ていた。

然《しか》し運慶の方では不思議とも奇体とも(ウ)頓と感じ得ない様子で一生懸命に彫ている。仰向《あおむ》いてCこの態度を眺めていた一人の若い男が、自分の方を振り向いて、

「さすがは運慶だな。眼中に我々なしだ。天下の英雄はただ仁王

と我れとあるのみと云う態度だ。天晴《あっぱ》れだ」と云って賞め出した。

自分はこの言葉を面白いと思った。それで一寸《ちょっと》若い男の方を見ると、D若い男は、すかさず、

「あの鑿と槌の使い方を見給え。大自在の妙境《みょうきょう》に達している」と云った。

運慶は今太い眉を一寸の高さに横へ彫り抜いて、鑿の歯を竪《たて》に返すや否や斜《は》すに、上から槌を打ち下した。堅い木を一と刻みに削って、厚い木屑《きくず》が槌の声に応じて飛んだと思ったら、小鼻のおっ開いた怒り[Y]の側面が忽ち浮き上がって来た。その[Z]の入れ方が如何にも無遠慮であった。そうして少しも疑念を挟《さしはさ》んでおらん様に見えた。

「能《よ》くああ無造作に鑿を使って、思う様な眉《まみえ》や鼻が出来るものだな」と自分はあんまり感心したから独言のように言った。するとさっきの若い男が、

「なに、あれは眉や鼻を鑿で作るんじゃない。あの通りの眉や鼻が木の中に埋っているのを、鑿と槌の力で掘り出すまでだ。まるで土の中から石を掘り出す様なものだから決して間違う筈《はず》がない」と云った。

自分はこの時始めて彫刻とはそんなものかと思い出した。果してそうならE誰にでも出来る事だと思い出した。それで急に自分も仁王が彫ってみたくなったから見物をやめて早速家へ帰った。

道具箱から鑿と金槌を持ち出して、裏へ出てみると、先達《せんだっ》ての暴風《あらし》で倒れた樫《かし》を、薪《まき》にする積りで、木挽《こびき》に挽かせた手頃な奴が、沢山積んであった。

自分は一番大きいのを選んで、勢いよく彫り始めてみたが、不幸にして、仁王は見当らなかった。その次のにも運悪く掘り当る事が出来なかった。三番目のにも仁王は居なかった。自分は積んである薪を片っ端から彫ってみたが、どれもこれも仁王を蔵《かく》しているのはなかった。遂《つい》に明治の木には到底仁王は埋っていないものだと悟った。それでF運慶が今日まで生きている理由も略解《ほぼわか》った。

（夏目漱石「夢十夜」による）

問１　――部(ア)～(ウ)の語句の本文中での意味として最も適当なものをそれぞれ選び、番号で答えなさい。

□ (ア) 下馬評
① 適切な指示　② 正当な不平不満
③ 興味本位の噂　④ 無責任な擁護
⑤ 頼りない支援

□ (イ) 骨が折れる
① 怪我をする　② 退屈する
③ 関心がなくなる　④ あきあきする
⑤ 苦労する

□ (ウ) 頓と
① まったく　② かなり　③ 少し
④ 細かく　⑤ 当然

□問２ ――部Ａ「みんな自分と同じく、明治の人間である」とはどういうことか。その説明として最も適当なものを次のうちから選び、番号で答えなさい。

① 鎌倉時代に生きた運慶が、明治時代の服装で彫刻をしているということ。

② 周囲の者は明治時代の人間であるが、運慶を含む環境は、次第に近代化しているということ。

③ 鎌倉時代を知っている人間は誰もおらず、鎌倉時代から歴史の荒波に揉まれ続けた護国寺に感心しているということ。

④ 周囲の者は皆、自分も含めて明治時代の人間であり、運慶は明治時代の中にいる鎌倉時代の人間であることを再確認しているということ。

⑤ 明治時代であるにもかかわらず、運慶が鎌倉時代から来たことによって、周囲に鎌倉時代風の建物が増えたということ。

□問３ 空欄 X には、日本の神話における伝説的英雄の名が入る。最も適当なものを次のうちから選び、番号で答えなさい。

① 恵比須　② 天照大神　③ 阿修羅
④ 日本武尊　⑤ 坂上田村麻呂

□問４ ――部Ｂ「わいわい云ってる見物人とはまるで釣り合が取れない様である」とはどういうことか。その説明として最も適当なものを次のうちから選び、番号で答えなさい。

① 周囲との距離感がでるのは、鎌倉時代の芸術家だけであるということ。

② 周囲の人に興味を持てず、自身の創作活動に歓声を上げる民衆を蔑視しているということ。

③ 周囲の人に興味を示せず、自分自身にしか興味を持てない孤独な人間であるということ。

④ 周囲の賑わいから隔絶し、彫刻の世界に運慶が没頭しているということ。

⑤ 周囲の人の意見を無視する運慶に対して、聴衆が不満そうであるということ。

□問５ ――部Ｃ「この態度」とはどのような態度のことか。その説明として最も適当なものを次のうちから選び、番号で答えなさい。

① 時代の違いを気にせず芸術に集中する態度。

② 民衆をあざ笑うような芸術家特有の態度。

③ 時代ごとの流行によって作品の質を変える態度。

④ 周囲を気にする様子を悟られまいとする態度。

⑤ 民衆の意見を無視し、己を貫く態度。

□問６ ――部Ｄ「若い男」は作中でどのような役割を果たしているか。その説明として最も適当なものを次のうちから選び、番号で答えなさい。

① 「自分」の疑問に答えを与え、真理を明示する役割。

② 人々を集め、運慶の周囲を賑やかにする役割。

③ 民衆を代表し、運慶に人々の気持ちを伝達する役割。
④ 語り手である「自分」の視点や行動を誘導する役割。
⑤ 運慶の創作行為を解説し、読者に正しく伝える役割。

□問7 空欄[Y]、[Z]に入る語句の組み合わせとして最も適当なものを次のうちから選び、番号で答えなさい。
① [Y]眼 [Z]水　② [Y]眼 [Z]鑿　③ [Y]鼻 [Z]槌
④ [Y]鼻 [Z]眼　⑤ [Y]鼻 [Z]刀

問8 ――部E「誰にでも出来る事だと思い出した」について、次の(1)・(2)の問いに答えなさい。

□ (1) 語り手はなぜそのように思ったのか。その説明として最も適当なものを次のうちから選び、番号で答えなさい。
① 聴衆を賑わす運慶に憧れ、自身も芸術家になりたいと願い、弟子入りをしようと考えたから。
② 運慶の作品から発せられる魅力に刺激され、彫刻をすることに魅了されたから。
③ 運慶の創作姿勢に感化され、自身も彫刻家になろうと決心したから。
④ まるで土の中から掘り出すかのように、簡単に作品を彫れるという男の言葉を信じたから。
⑤ 男の言葉にだまされて、土であれば、木に比べて創作活動をしやすいと思ったから。

□ (2) なぜ、語り手は仁王を木から掘り出すことができなかったのか。その説明として最も適当なものを次のうちから選び、番号で答えなさい。
① 明治時代には、彫刻は廃れて、技術が後退したから。
② 明治時代の材木は、貴重で手に入らなかったから。
③ 明治時代の人間では、細かい彫刻をすることができないから。
④ 明治時代の人間には、木の中の仁王の存在を見出せないから。
⑤ 明治時代の材木は、仁王を作るための強度をもっていないから。

□問9 ――部F「運慶が今日まで生きている理由も略解った」とあるが、運慶が明治時代の今日まで生きていると語り手が考えた理由として最も適当なものを次のうちから選び、番号で答えなさい。
① 明治時代には医術が発達し、長生きをすることができるようになったから。
② 明治時代の木材でしか作ることの出来ない作品があると運慶が信じているから。
③ 彫刻に対する未練が明治時代になってもまだ残っているから。
④ 明治時代には、仁王を彫るような偉大な芸術家が誕生していないから。
⑤ 木の中に仁王があることを、明治時代の誰かに伝えたかっ

たから。

□問10 本文の作者は夏目漱石である。漱石と同じ慶応三年生まれで、「五重塔」を執筆した作家は誰か。最も適当なものを次のうちから選び、番号で答えなさい。

① 森鷗外　② 幸田露伴　③ 尾崎紅葉
④ 正岡子規　⑤ 田山花袋

四 次の文章を読んで、あとの各問いに答えなさい。(なお、本文の一部を改めてある)

＊故相州禅門《こそうしゅうぜんもん》の中《うち》に＊祇候《しこう》の女房有りけり。腹悪《あ》しく、たてたてしかりけるが、ある時、成長の子息の同じく仕へしけるを、聊《いささ》かの事に依《よ》りて、腹を立てて打たんとしける程に、物にけつまづきていたく倒れて、弥々《いよいよ》腹を据《す》ゑかねて、禅門に、「子息某《それがし》、わら《私》はを打ちて侍るなり」と訴へ申しければ、「A不思議の事なり」とて、「Bかの俗を召せ」とて「実《まこと》に母を打ちたるにや。母Cしかしか申すなり」と問はる。「D実に打ちて侍る」と申す。禅門、「返々《かえすがえす》希怪《トンデモナイ》なり、不当なり」と叱りて、所領を召し、流罪に定まりにけり。

事苦々しく成りける上、腹も漸《よう》く癒《い》て、E浅ましく覚えければ、母また禅門に申しけるは、「腹の立つままに、この子を、打ちたると申し上げて侍りつれども、実にはさる事候はず。大人気なく彼を打たんとして、倒れて侍りつるを、ねたさに[　]訴へ申し候ひつれ。まめやか《本当ニ》に御勘当《処罰》候はん事はF浅ましく候ふ。許させ給へ」とて、けしからぬ程《異様ナホド》にまたうち泣きなど申しければ、「さらば召せ」とて、召して、事の子細を尋ねられけるに、「実には争《いか》で打ち候ふべき」と申す時、「さては、など始めより、有りのままに申さざりける」と、禅門申されければ、「母が打ちたりと申し候はん上には、我が身[　]如何《いか》なる咎《とが》にも沈み候はめ。母を虚誕《きょたん》の者には、如何《いかが》成し候ふべき」と申しければ、「いみじき至孝の志深き者なり」とて、大きに感じて、別の所領を副《そ》へて給ひて、殊《こと》にG不便の者に思はれけり。

末代の人には、有り難く、珍しく[　]覚ゆれ。

(「沙石集」による)

〈注〉故相州禅門——北条時頼。鎌倉幕府執権。
祇候——そば近くで仕えること。

□問1 ——部A「不思議の事なり」と言ったのは誰か。最も適当なものを次のうちから選び、記号で答えなさい。

ア 禅門　イ 女房　ウ 子息　エ 作者

□問2 ——部B「かの俗を召せ」の現代語訳として最も適当なものを次のうちから選び、記号で答えなさい。

ア 女房をお招きなさい
イ 女房に乗らせなさい
ウ 子息をお呼びなさい
エ 子息にお与えなさい

□問3 ——部C「しかしか」とはどのようなことを指しているか。

最も適当なものを次のうちから選び、記号で答えなさい。

ア　子息に領地を与えてほしい

イ　子息に罰を与えてほしい

ウ　私のことをねたむのだ

エ　私のことをたたくのだ

□問４　――部Ｄ「実に打ちて侍る」と子息が言った理由として、最も適当なものを次のうちから選び、記号で答えなさい。

ア　母親に恩返しをしたくないと思ったため

イ　母親を嘘つきにさせたくないと思ったため

ウ　親子の関係を隠したいと思ったため

エ　親子の縁を切りたいと思ったため

問５　――部Ｅ・Ｆ「浅ましく」の意味として、最も適当なものをそれぞれ次のうちから選び、記号で答えなさい。

□Ｅ　ア　驚きあきれるばかりだ

イ　みじめで見るに堪えない

ウ　全く面白くない

エ　怒りで興奮が収まらない

□Ｆ　ア　何となく物足りない

イ　嘆かわしいことだ

ウ　気味が悪くおそろしい

エ　身分が低くつり合わない

□問６　文中の□にはすべて同じ語が入る。入る語として、最も適当なものを次のうちから選び、記号で答えなさい。

ア　ぞ　　イ　なむ　　ウ　や　　エ　こそ

□問７　――部Ｇ「不便の者」とはどのような者のことか。最も適当なものを次のうちから選び、記号で答えなさい。

ア　大切にするべき者　　イ　かわいそうな者

ウ　常識のない困り者　　エ　才能のある者

□問８　本文の内容に合致するものを次のうちから一つ選び、記号で答えなさい。

ア　はじめは意地の悪い母親であったが、禅門に仕えることによって穏やかな人間性を身に付けた。

イ　真実を知った禅門は、子息をこの上ない孝行者であると評価し、さらに別の領地を与えた。

ウ　子息を救おうとする母親の姿に感動した禅門は、母親の意見を受け入れて子息を助け、さらに領地を与えた。

エ　怒りっぽく気性の激しい母親に育てられる子息を心配し、禅門は母親に処罰を与え二人の仲を離した。

□問９　本文は鎌倉時代に書かれた説話集である。この作品と同じ時代に書かれた作品を次のうちから一つ選び、記号で答えなさい。

ア　雨月物語　　イ　伊勢物語

ウ　源氏物語　　エ　平家物語

第5回

出題の分類

一 漢字の読み書き　二 論説文
三 小説　四 古文

※特別な指示がない限り、句読点や記号も一字とする。

▼解答・解説は P.162

時　間：50分
目標点数：80点

1回目	／100
2回目	／100
3回目	／100

一 次の1～5の――部と同じ漢字を使うものを、あとのア～オの――部からそれぞれ一つずつ選び、記号で答えなさい。

□ 1 刑をシッコウする。
ア 新入社員をトる。
イ 帽子をトる。
ウ ネズミをトる。
エ 記念写真をトる。
オ 指揮をトる。

□ 2 六十五歳以上の人はノゾく。
ア 責任感がケツジョしている。
イ 調査対象からジョガイする。
ウ 途上国に経済エンジョする。
エ ジュンジョよく述べる。
オ ジョコウ運転をする。

□ 3 観光資源で町をオコす。
ア 忘年会のヨキョウを考える。
イ 家の名義をヘンコウする。
ウ 犯行をジキョウする。
エ 視力をキョウセイする。
オ 漢方薬のコウノウを調べる。

□ 4 見事な芸にカンタンする。
ア 重責を双肩にニナう。
イ スミレのアワい香り。
ウ モラルの低下をナゲく。
エ 鉄をキタえて鋼にする。
オ 小林秀雄の初版本をサガす。

□ 5 パイのキジを作る。
ア アンショウに乗り上げる。
イ ショウリョク化を図る。
ウ コウショウがまとまる。
エ 博士のショウゴウをもつ。
オ イッショウの宝物を得る。

二 次の文章を読んで、あとの各問いに答えなさい。

a世の中の人々が悩むものは、そのほとんどが人間関係だという。自分と他者との間に起こる問題の総称である。自分は周囲からどう見られているか、あるいは、何故自分は誤解されるのか、と大勢が悩む。とにかく、「嫌な思いを少しでもしないで生きていきたい」という願望を、誰もが持っている。これは、おそらく社会に生きるほとんどの人に共通する心理だろう。

お金なんかいらない、ただ自由気ままに生きていきたい、と言う人もいるが、お金を儲《もう》けることに拘《こだわ》る人は、自由気ままに振る舞うためには金が必要だと考えているか、あるいは、その人の自由気ままな行為自体に金がかかる、ということであって、結局のところ、お金どうこうではなく、「自由に生きたい」ということには変わりはない。抽象的に見てb両者は同じだといえる。また、自由気ままというのは、つまり、嫌な思いをしない状態のことであるから、「楽しい思いだけをして過ごしたい」というほぼ一致した願望になるだろう。

しかし、いろいろな現実を経験するうちに、この「楽しい思い」というのは、ある程度の苦労のさきにあるものだということがわかってくる。ここが人間の複雑なところである。たとえば、負けるよりも勝つ方が楽しく望ましいことだが、では、苦労もなく簡単に勝つことと、工夫や努力の末に勝つことのどちらが良い気持ちになるかといえば、だいたいの人が後者だと感じるはずだ。

こういった経験を重ねると、法則として導けるほどになる。cすなわち抽象すると、「楽しさというのは、苦労を重ねて勝ち取るものだ」というような感じになるだろうか。そのうち、勝ち取れる未来を見越して、その苦労の最中であっても楽しめるようになる。これなどは、明らかに想像力が見せる幻想といえるもので、d人間というのは、幻想によって元気を出している、といっても良いかもしれない。

人間関係というのは、多くの場合、他者との協力関係と言い換えることができる。お互いに得るものがあって、交換したり、分かち合ったりしている。仕事であっても、また趣味や近所づき合い、友人、恋人、あるいは家族であっても、抽象するとだいたい同じである。逆にいえば、協力関係ではないものは、既に人間関係ではない。いがみ合っているだけのような場合は、その関係から離れれば済むことである。離れられない理由がどちらかにあるから、関係というものができる。

人間関係においても、「楽しさ」には、ある程度の苦労が必要となる。我慢《がまん》をして初めて得られる、という関係だ。得られるものがわかっているから我慢ができることもあれば、また、我慢をしていたら、思いのほか素晴らしいものが得られることもある。さらには、そういった損得を考えず、我慢をするだけで(尽くすだけで)満足できるという心境に至るような場合だって少なくない。

さて、「我慢をする」と簡単に言っても、そこにはやはり最低限の「理解」が必要になる。「ああ、この人はきっとこんなふうに考えて、こんな態度を取っているのだな、まあ、このくらいのことはしかたがないか」というように、自分で納得するから、人を許すことができるようになる。「どうしてこんな馬鹿なことをするんだ？」と怒ってしまう人は多いが、少なくとも「どうしてか」が理解できないから腹が立つのだ。それが理解できれば、「そんな理由があれば無理もないか」と考えられるし、「それならばこうしてはどうか」という手が打てることも、あるいは、「少し待てば、好転するかもしれない」としばらく時間を置くような対処もできる。冷静さに必要なのは、この「理解」なのである。

人を理解するというのは、その人との対話によっても可能だが、会話があってもわからないときもあるし、また、会話がなくても、想像によって理解することもできる。

多くの人は、自分がどんな感情を抱いているか、ということを明確に捉え(自覚し)ていないので、対話をして、その本人の口から言葉を引き出しても、その人の気持ちの本当のところはなかなかわからない。本人もわからないのだから、適切に表現ができる道理がない。

それよりも、その人の行動、過去の履歴などに基づいて、仮説を立て、「きっとこう考えているのだろう」と想像することで、理解ができる場合の方が多い。「そんなの勝手な理解だ」と言われるかもしれないが、そのとおり勝手な思い込みである。もしかしたら、まったくの誤解かもしれない。でも、「まあ、良い方に考えて、ここは引き下がろう」といったジェントルな選択だってできる。[e]たとえ誤解だったとしても、それで自分が納得できれば良い、と僕は考えることにしている。

（森博嗣「人間はいろいろな問題についてどう考えていけば良いのか」による）

□問1 ――部a「世の中の人々が悩むものは、そのほとんどが人間関係だという」とあるが、なぜ「世の中の人々」は「人間関係」に悩むのか。その理由の説明として最も適切なものを次のうちから選び、記号で答えなさい。

ア 社会に生きる大多数の人が、自分と他者の間に生ずる誤解や価値観の相違を解消したいと切実に願っているから。

イ 人間関係の構築には他者との協力が不可欠であるが、その協力関係を結ぶためには辛抱を強いられることになるから。

ウ 社会に生きる人々は、自由とは努力や工夫の結果として手に入れなければ享受できないものだと考えているから。

エ 他者に協力しないかわりに他者からの協力も一切求めず、自分の力だけで生き抜いていくことは不可能であるから。

オ 人は思い通りに人生を送りたいと願うが、その実現のために必須な他者との相互理解が苦労せずには得られないから。

□問2 ――部b「両者は同じだ」とはどういうことか。その説明として最も適切なものを次のうちから選び、記号で答えなさい。

ア　自由に生きるにはお金が必要だと思う人も、お金がなくても自由に生きられるという人も、お金に対するこだわりを持っているということ。

イ　お金に執着する人もさほど執着しない人も、楽しく生きていたいと思っているという点で、人生における共通の願いを持っているということ。

ウ　自由奔放《ほんぽう》に生きるために必要なお金と、お金を手に入れなくても得られる自由は、人が追求するものであるという点で同じだということ。

エ　お金儲けに精を出す人も儲けることには興味がない人も、お金が人間に与える影響を考えているという点で共通の認識を持っているということ。

オ　自由気ままに生きようとする人も、自由が制約されてもお金を稼ごうと思う人も、ある程度の苦労を強いられるという点で同じだということ。

□問３　――部ｃ「すなわち抽象すると」の表現上の役割についての説明として最も適切なものを次のうちから選び、記号で答えなさい。

ア　前段落の「勝ち負け」という具体を受けて、主張の本質を下に導く。

イ　直前の「経験を重ねる」という内容に関する詳細な説明を下に続ける。

ウ　「工夫や努力の末に勝つこと」の意義についての説明を下に導く。

エ　「人間の複雑さ」についての記述を受けて、その具体例を下に導く。

オ　それまでに述べた「人間関係」に関する内容を、平易な言葉で言い換える。

□問４　――部ｄ「人間というのは、幻想によって元気を出している」の具体例として**誤っているもの**を次のうちから一つ選び、記号で答えなさい。

ア　試合に勝っても負けても、自分の持つ力を最大限出し切れたのであれば後悔はしない。

イ　覚えることが多くて勉強が辛くても、志望校合格のためだと思えば最後までやり切れる。

ウ　全国大会で優勝するために練習を重ねているうちに、練習そのものも好きになる。

エ　火星に立つ自分の姿をありありと思い描くと、宇宙飛行士になるための訓練に身が入る。

オ　厳しい指導をして嫌われたが、きっといずれ分かってくれるだろうと信じている。

□問５　――部ｅ「たとえ誤解だったとしても、それで自分が納得できれば良い」とはどういうことか。その説明として最も適切なものを次のうちから選び、記号で答えなさい。

ア　たとえ他者自身によって説明されたその人の心情であっても、本当のことを言っているかどうかこちら側が判断するすべがないため、他者が語る言葉に耳を傾けつつもそれが本音かどうかを冷静に分析し、他者を理解しようと努めることが最も大切であるということ。

イ　他者との直接的な会話からだけでなく、これまでの関係性や態度からその人の人となりを自分なりに想像し、これからどのような振る舞いをこちら側がすべきなのかを考えることが、他者をよりよく理解し、協力関係を築いていくことにつながっていくということ。

ウ　人間関係の構築のためにはある程度の我慢が必要であり、我慢するからこそ得られるよろこびもあるのだから、たとえ他者のことを完璧に理解し得ないとしても、こちら側に他者との関係のために心を砕いたという自覚があれば、関係の構築は可能であるということ。

エ　他者と付き合っていくなかで、こちら側との価値観の相違が明確になったときにこそ、他者の心情を理解して許容するべきであり、そのために必要なことは、たとえ相手に誤解されたままであったとしてもこちら側が他者に歩み寄っていく姿勢であるということ。

オ　他者を理解するためには、結局のところ他者の内面をこちらが想像するしかなく、その想像が正しいかどうかの判断は不可能であるが、もし正しくなかったとしても、こちらが他者について考え、結論を出し、関係を構築しようとしていることこそが重要であるということ。

□問6　本文において、筆者は「人を理解する」ということについてどのような見解を述べているか。筆者の見解の説明として**誤っているもの**を次のうちから一つ選び、記号で答えなさい。

ア　人間関係で嫌な思いをしないために必要なことである。

イ　想像力をはたらかせることで可能になる場合もある。

ウ　実現するにはある程度の我慢をしなくてはならない。

エ　人の言動の理由を自分なりに考え納得することを指す。

オ　人間関係を良好にするための方策を立てることにつながる。

□問7　次の会話は、A～Eの人物が本文の内容を踏まえた上で「他者を理解すること」をテーマに据えて話し合ったものである。このうち、本文の内容から**明らかに逸脱しているもの**をあとのア～オから一つ選び、記号で答えなさい。

A　「ぼくはサッカー部に所属しているんだけど、とても厳しい言い方をする先輩がいて、その先輩との人間関係に悩んでいるんだ。どうしてぼくにだけこんなに厳しいんだろう、って不安だった。でも、この本文を読んで解決のヒントをもらえた気がする」

B　「もしかして、『得られるものがわかっているから我慢ができる』っていう部分がヒントになったんじゃない？　その先輩のことを理解して人間関係が構築できれば、自分のサッカーの技術は向上するし、礼儀も身につくかもしれない。そう思えるから、我慢もできるということだよね」

C「そうか、じゃあ『我慢をしていたら、思いのほか素晴らしいものが得られる』というのは、その逆で、サッカー部の先輩に厳しく指摘されてもふてくされずに、先輩の言うことに熱心に耳を傾けていたら、結果としてサッカーが上手くなったということになるよね」

D「そう考えてみると、本文の内容って私たちの日常生活にいくらでもあてはまりそうだよね。私たちは生きていく上でどうしても他者と関わって、協力し合わなくてはならないから、人間関係の悩みというのはきっと誰しもが持ちえるものなんだろうね」

E「大切なのは、自ら他者を理解しようとする積極性だと思う。A君は、サッカー部の先輩が他の後輩には優しいのに、自分にだけ厳しいと感じているんだよね。正直、『なんでそんなにぼくにだけつらくあたるのか』と腹が立ってしまうだろうけど、先輩がA君にだけ厳しい理由は考えてみた？」

A「うーん、そういえば、きっちりあいさつができていなかったかもしれないな。それと、塾があって練習に何度か行かなかったことがあるんだ。それを、先輩はよく思っていないのかもしれない」

B「君ばかりに非があるとも限らないよ。最近サッカー部は公式戦で勝てていないよね。先輩はそのことでいらいらしてしまっている可能性もあるんじゃないかな」

C「なるほど、いろんな原因が考えられそうだけど、そんな風に考えれば、先輩の態度ももっともだし、仕方のないことだと自分なりに理解できる気がするね」

D「もしA君に非があるなら、A君は自分自身の態度をあらためなければならないね。先輩の気持ちも関係しているのかもしれないなら、先輩と一度話し合ってみるといいよ」

E「人間関係でうまくいかないと思うことはこれからもたくさんあるだろうけど、すぐに嫌いになったりせずに、冷静に、理解をしようとすることが大切なんだね」

ア　A　イ　B　ウ　C　エ　D　オ　E

三　次の文章は、瀬尾まいこの小説『あと少し、もう少し』の一節である。市野中学校三年生の「大田」（「俺」）は、髪を金色に染め、授業をサボっている「不良生徒」である。中学三年の春、「大田」は、小学校時代に駅伝選手になったことを見込まれて、陸上競技部の部長である「桝井《ますい》」から、駅伝大会出場メンバーになるよう誘われ、駅伝の県大会予選に出場することになった。以下の文章はそれに続く部分である。これを読んで、あとの各問いに答えなさい。

駅伝大会前日、例年と同じように壮行会が体育館で行われた。補欠も含めた俺ら駅伝メンバーが、全校生徒の前に立つ。

「ちゃんと制服着て、きちんと並んでね」

*上原に言われ、俺はシャツをズボンの中に入れ、学ランのボタンも閉めた。正しく制服を着るなんて初めてだ。学ランのボタンを上まで閉めたとたん、息苦しくなった。冬服に移行されたばかりで、まだ暑い体育館は学ランを着るのに適していない。緊張のせいか暑さのせいか、めまいがした。

校長の話、続いて、生徒代表からの激励の言葉があった。それをみんなの前でじっと立って聞く。校長も生徒代表も、みんなは市野中学の代表だとか、みんなのがんばってる姿は私たちの誇りだとか、明日は全校で応援するだとか語っていた。

俺は前に立ちながら、みんなの視線を感じていた。桝井を初め、俺以外は代表にふさわしい応援する価値のあるやつらだ。だけど、俺はどうだろう。髪の毛は金色、いつも何もしようとしない乱暴者で、市野中学の恥と言ってもいい。怒られることはあっても、褒《ほ》め称えられ、みんなに誇りに思われるような人間ではない。

全校みんながそんな俺を笑っているような気がした。もちろん体育館はしんとしていて、誰も何も言ってはいない。でも、みんな心の中で笑っているにちがいなかった。俺と一緒につるんでいたやつらも、今更代表だとか笑わせるなと、腹の中で馬鹿にしているはずだ。

そう考え出すと、Aじっとりとした汗が出てきた。気がついた時には、俺は歩き出していた。

「ちょっと、大田、まだだって」

桝井が呼ぶのが聞こえて、俺の中の緊張が爆発した。そうなると、もう止まらなかった。

「あのよ、お前、ああしろこうしろって、いっつもうるせえんだよ」

俺は桝井に向かってそう言っていた。学ランのボタンを外すと、俺の中に築いていたものも崩れた。

「わかったから、大田、戻って」

「お前、俺の何なの？　いちいち命令すんなって」

俺が声を荒らげても、桝井は表情を変えなかった。悲しそうでもなく、あきれたふうでもなく、驚いてもいない。いつもそうだ。桝井はいつもどこか少し上から、［ I ］俺のことを見てやがる。そう思うと、苛立ちはさらに膨らんだ。次第に周りもざわめき出し、それが俺をますます刺激した。

「どいつもこいつもマジうぜえ」

俺は何か声を出してないとおかしくなりそうで、あちこちに向けて怒鳴った。

「みんなで見てんじゃねえ。こんなくだらねえことやってられるか」

俺がわめくのに、みんなは一層騒ぎ出した。小野田[*]が「おい、大田」と肩をつかもうとしたけど、俺はその腕を思いっきり振り切った。その時だった。体育館に、ジローの声が響いた。

「どうでもいいけど、いい加減にしろよ」

ジローの声は俺の[a]悪態の何倍もよく響いた。

「は？」

「今さらやめたとか、ふざけたことぬかすなって」

ジローは［Ⅱ］言いはなった。

「なんだ、お前？」

俺はジローのほうへと近づいたが、[B]ジローはさらに顔を険しくしただけで、びびろうともしなかった。

「お前、何か俺に文句あんのか？」

「当たり前だ。大田がいい加減なことすると、俺らにも迷惑だ」

「あんだと？」

「なんで逃げんだよ。みんなこうやって応援してるんだろ」

「てめえ、何様なんだ」

俺が胸倉を摑んでも、ジローは顔色さえ変えなかった。それどころか、俺の顔をじっと見据えている。こいつ、俺が怖くないのだろうか。お調子者のジローがケンカ慣れしているなんて聞いたことがない。キレている俺はいつだって恐れられていたのに。いや、違う。キレているのは、俺じゃなくてジローのほうだ。俺はこの場の空気が重くて怒鳴っているだけだけど、ジローは本気で怒っている。だから、俺の様子なんか目に映っていないのだ。

「みんなで走ってきたんだろ？　それを今になってどうのこうの言うなよ。お前さ、何でも自分の思いどおりにいくと思うなって。ここまできてぎゃあぎゃあ言うな。明日なんだぜ。腹くくってやれよ」

ジローはまっすぐに俺を見たままで言った。どこにも笑みのない［Ⅲ］顔をしているジローに、言い返す言葉なんて一つもなかった。

今まで教師が俺を黙らせるためにキレているフリをするのは見たことがある。他校の俺と同じようなどうしようもない輩とやりあったこともある。でも、当たり前のことを本気で怒鳴られた記憶はない。こんなふうに真正面から挑まれたことなんてない。今まで立ったことのない場面にひるみそうになったが、[C]俺は最後の俺らしさを振り絞って、

「やってられねえ！」

と叫んで、体育館から走り去った。

その日の夜は、外を出歩く気にもならず俺は家でがむしゃらにチャーハンを作った。不似合いだと笑われそうだけど、いらつくと料理をする。野菜やら肉やらを刻んで炒めるとすっきりするし、それをやけ食いすれば、面倒なことが忘れられそうになる。カニカマやソーセージやキャベツなど、何でも入れたチャーハンは、われながらいい匂いがした。よし食べようと皿に盛り付けようとした時、玄関から「すみません」という声が聞こえてきた。

「なんなんだよ」

出て行くと、上原が立っていた。

「みんなにさりげなく様子見に行けって言われたんだ」

上原は照れくさそうに笑った。

「さりげなくねえじゃねえか」

「こっそり外から眺めてたんだけど、様子がわからなくて」

「あっそう」

「ここじゃあれだから、入ってもいい?」

「ああ、まあ」

俺がしかたなくうなずくのに、上原は「お邪魔します」と、家の中に上がってきた。

「散らかってっけど」

俺は畳の上に散乱している洗濯物やら漫画やらを隅に放り投げた。

「お母さんは?」

上原は台所を見渡した。

「仕事」

「遅いの?」

「ああ。やっぱりなって感じだろ?」

「何が?」

「俺ん家。母子家庭だから、ヤンキーなんだって」

「そんなこと言ったら、私の家は父親しかいないよ。今時、両親そろっているほうが珍しいって。それより、いい匂いがすると思ったら、大田君が料理してたんだね」

「ああ、お前も食う?」

「うん」

上原はしっかりとうなずいた。遠慮を知らないやつだ。まあ、せっかくの出来立てだ。上原と食べるのはうっとうしいけど、後で冷めたぶんを食べるよりましだろう。上原が「そう言えばおなかすいてたんだよね」と勝手にちゃぶ台の上を片づけ、俺が二人分のチャーハンを運んだ。

上原はいただきますと手を合わせてチャーハンを口にすると、「結構、おいしい」と嬉しそうに笑った。

「まあな」

チャーハンはいつ作ってもそこそこうまくできる。今日の味もなかなかだ。

「ジローに、ラーメンでもおごるって王将に連れ出してうまいこと丸め込んでって言われたんだけど、逆にチャーハンごちそうになるとはね」

「不良にラーメンおごるって、教師らの定番なのかよ」

　俺は顔をしかめた。

「どうかな？　実際にラーメンご馳走してる先生は見たことないけど。でも、ジローが不良はきっと王将が好きだって言うから」

　上原と話していると、気が抜ける。

「あっそう。っていうか、上原もジローのことは、ジローって呼ぶんだな」

　上原はあだ名を使ったり下の名前を呼び捨てにしたりせず、正しく苗字で生徒を呼ぶ珍しい教師だ。

「そう言われれば、そうだね。なんだろう、ジローって、何かね」

「あいつ、異常に気安いからな」

　上原に同意してから、俺は今日のジローを思い出して、気が重くなった。

「ほら、大田君って怖いじゃん。正直言うと、私だってびびるんだよね。そのくせ、みんなびびってないふりするでしょう？」

「何の話だよ」

「でも、ジローは、俺、大田怖いからあいつが機嫌悪くなると、いつもトイレに隠れてるんだとかってしゃあしゃあと言うんだ。ジローのそういう所、なんか安心するんだよね」

「まあ、お前も相当正直だけどな」

　上原は俺がつっこむのを「そうかな」と流して、「それよりさ」と正座しなおした。

「あんだよ」

　まさか俺は正座はしないけど、改まった雰囲気にスプーンはひとまず置いた。

「昔、先生が言ってたんだ。中学校っていくら失敗してもいい場所なんだって。人間関係でも勉強でもなんだって好きなだけ失敗したらいいって。こんなにやり直しがききやすい場所は滅多にないから。まあ、中学に限らず、人生失敗が大事って、よく言うじゃん。マイケル・ジョーダンだって、俺は何度もミスをしたから成功したって道徳の教科書で言ってるしね。だけどさ、取り返しのつかないこともごくたまにはあるでしょ？　失敗しちゃだめな時って」

「ああ」

　上原が間をおかずに話すから、俺はうなずくことしかできなかった。

「それが今だよ。今は正しい判断をする時だよ。妙な意地とかにとらわれないで、自分のためにも、手を差し伸べてくれている人のためにも。ほら、マイケルだって、何度も失敗したとか言いつつ、ここぞって時にはちゃんとムーンウォーク決めるでしょう？」

「ムーンウォークをするのは、マイケル・ジャクソンで、ジョーダンが決めるのはシュートだ」

俺が言うと、上原は「そうだっけ」と笑ってまたスプーンを手にした。

「つくづく義務教育ってすごいなって思うよ。私、職員室で苦手な先生とは話さないもん。嫌な先輩とか、関わらずにすみますようにって思っちゃう。でもさ、中学校ってすごいよね」

上原はさっきの真剣な様子はどこへやら、チャーハンを食べながらのん気にしゃべった。

「俺みたいにしてても、誰かが声かけてくれるしな」

俺がいやみっぽく言っても、「そうそう」とチャーハンを食っている。こいつのこういうところ、一種の才能だ。

「ま、明日、待ってる」

D上原は適当なことを好き勝手言って、ちゃっかりチャーハンを平らげて帰っていった。

寝る前、俺は中身が残っていたか、黒彩を振って確かめた。記録会や練習会のたびに使った黒彩。染めるたびに髪の毛は傷んでギシギシになった。

いや、もうこんなもので覆い隠してもしかたないのかもしれない。俺は黒彩を置き、バリカンを手にした。

２区は山の中の集落を走るアップダウンの激しい区間だ。俺は上り坂に足を踏み入れるたびにスパートをかけた。坂に入って前のやつのスピードが弱まった時に、ぐっと近づいてそのまま抜きさる。どんなふうに走ろうか。他のやつらがそんなことを考えているであろううちに、さっと追い抜いてやる。最初の上り坂で、目の前を走っていた二人を抜いた。

六位だったのが、四位。俺の前にいるのは、あと三人だ。トップのやつは見えないところを走っているけど、前の二人の姿は見える。よし、捕らえてやる。俺は前のやつの背中をにらみながら、足を進めた。前を行くのは加瀬中学と幾多中学。記録会でもいい走りをしていたやつらだ。やっぱり本番でも強い。じりじりと距離を詰めているものの、なかなか追いつけないまま、中盤に差し掛かってしまった。

２キロを越えたあたりで、田んぼが広がる大きな道に出た。沿道には応援のやつらもたくさんいる。「がんばれ！」「行け！」などと、声が聞こえて、前のやつらのスピードが上がった。細い道を黙々と走っていた時とは、レースの雰囲気が違う。応援されてペースを上げるなんて甘い走りだ。俺は今こそ間を縮めてやろうと腕を大きく振った。ところが、その分、「後ろきてるぞ！」「上げろ！」と、前を走るやつらへの声援も大きくなって、加瀬中も幾多中も加速した。残念ながら市野中学の応援団はここにはいない。駅伝は６区間あるのだ。わざわざ俺が走る区間を選んで応援するやつなんているわけがない。

そのうち、後ろのやつへの声援も聞こえてきた。さっき抜いたやつらが近づいてくるのだ。ちきしょう。応援されて張り切りやがって。そう思いながらも、さすがに［E］な気分になってきた。いや、待て。大丈夫だ。俺はこういうの得意じゃねえか。全員敵で結構。喧嘩上等だ。そう自分に言い聞かせているうちに、頭に小学校駅伝のことが浮かんできた。

（中略）

今の間に上げておこうと力を振り絞った。しかし、速く足を動かそうと奮い立たせてみても、走り始めたころのようにはエンジンがかからず、追い抜けないまま最後の上り坂に差し掛かってしまった。さすがに中継地点付近は応援が多い。またもやレースが乱される。声援に押されて、前のやつらのスピードが上がる。負けるわけにはいかない。俺はもう一度前のやつの背中をにらみつけた。その時だった。聞きなれた声がした。何度も何度も耳にした台詞が、俺の中に入ってきた。

「大田、お前ならやれる！」

F小野田だ。沿道では小野田が叫びながら大きく手を振っている。

「お前は本当にやれるやつなんだからな！　走れ！」

小野田は馬鹿みたいに叫んでいた。一つ覚えみたいに教師が口にする言葉。だけど、小野田のは少しだけ違う。本当はやれるやつじゃなくて、本当にやれるやつ。

ジローも渡部も小野田のクラスの生徒だ。でも、小野田はこの場所で応援することを選んでくれたんだ。

「おお」

俺は吼《ほ》えた。俺の最大限の力はこんなもんじゃない。もっともっと走れるんだ。俺は足がちぎれそうになるのを感じながら、身体を前に倒すように走り、そのまま三位の選手を捕らえた。小野田の声はまだ聞こえる。いったいどれだけでかい声で叫んでるんだ。でも、その声に押されて、俺は加速する。

応えたい。小野田の声に、俺にこんな機会を与えてくれた桝井に、俺に襷《たすき》を繋いでくれた設楽に。そして、ジローに襷を繋げたい。

俺の頭は真っ白だった。酸素不足だ。けれど、かまわない。あと二人。一位のやつはとっくに見えなくなっているけど、二位のやつはもう少しで手が届く。絶対に抜いてやる。

最後の50メートルは下り坂で、ゴール地点がよく見えた。中継所には俺と同じ髪型のやつがいる。

「本番なんだから当然だろ？ちょっとでも空気抵抗を省くためだぜ」

今朝のジローの言葉は、俺の用意していた言い訳と同じだった。金髪じゃ出られないからじゃない。まじめになったわけじゃない。ただ速く走るために剃っただけだ。そう言う予定だった。だけど、ジローに「な、大田」と言われて、俺はただうなずくだけだった。

丸坊主のジローはもう手を伸ばしている。そうだ、あの手に襷を渡すんだ。

俺はもう一度吼えて、転がりこむように前のやつを捕らえた。

（瀬尾まいこ「あと少し、もう少し」による）

〈注〉上原――市野中学校陸上競技部の顧問をしている美術教師。
小野田――市野中学校の教師。

問1 ――部a～cの本文中における意味として最も適当なものをそれぞれ選び、記号で答えなさい。

□ a 悪態
ア 人を卑しめるひどい悪口
イ 人を笑わせる下品な言葉
ウ 人を落ち込ませるいやみな態度
エ 人を焦らせるひどい態度
オ 人を苦笑いさせるいやみな言葉

□ b うっとうしい
ア 頼りない　イ 滅多にない　ウ 息苦しい
エ 恥ずかしい　オ 煩《わずら》わしい

□ c 丸め込んで
ア うまく説得して、対立している敵を味方に付けて
イ うまく言いくるめて、相手を思うように動かして
ウ うまくおだてて、相手の気持ちをなだめるように
エ うまく話をそらし、相手の気持ちを落ち着かせて
オ うまく話をごまかし、相手と良好な関係を築いて

問2 空欄 Ⅰ ・ Ⅱ ・ Ⅲ にあてはまる言葉は何か。最も適当なものをそれぞれ選び、記号で答えなさい。

□ Ⅰ ア 冷酷に　イ 単純に　ウ 呑気に
エ 冷静に　オ 安易に

□ Ⅱ ア 楽々と　イ 淡々と　ウ 堂々と
エ 切々と　オ 揚々と

□ Ⅲ ア 強引な　イ 弱気な　ウ 空ろな
エ 面倒な　オ 真剣な

□ 問3 ――部A「じっとりとした汗が出てきた」とあるが、なぜか。その理由として最も適当なものを次のうちから選び、記号で答えなさい。

ア 冬服にはまだ暑い体育館の中なので、学ランを着ていることが辛くなってきたから。
イ 校長や代表生徒の激励の言葉を、みんなの前でじっと立って聞かねばならないから。
ウ 怒られてばかりいた自分は、みんなから褒め称えられることには慣れていないから。
エ 激励されている自分を、全校生徒が本当は馬鹿にしているのではないかと思うから。
オ 緊張と暑さのせいで、めまいがした自分の気持ちが爆発して止まらなさそうだから。

□ 問4 ――部B「ジローはさらに顔を険しくしただけで、びびろ

うともしなかった」とあるが、このときの「ジロー」の説明として最も適当なものを次のうちから選び、記号で答えなさい。

ア　大会を前にして緊張のため苛立っている大田のことが怖い存在でなくなってしまった。

イ　ケンカ慣れしている大田との付き合いを通し大田の行動原理がよくわかってきている。

ウ　大田がキレていることに対し、恐怖のあまり身動きがとれず、表情が硬くなっている。

エ　壮行会の雰囲気が壊されたことで、駅伝メンバーのプライドが傷つけられてしまった。

オ　大田が壮行会の席でとった行動に対し心底怒りを感じ、大田の脅しにも動じていない。

□問５ ――部Ｃ「俺は最後の俺らしさを振り絞って、『やってられねえ！』と叫んで、体育館から走り去った」とあるが、このときの「俺」の説明として最も適当なものを次のうちから選び、記号で答えなさい。

ア　大会直前の緊張感と壮行会の堅苦しさとに耐えられず、現実逃避しようと必死である。

イ　自分のことを恐れていた全校生徒が自分を馬鹿にして笑っていることに気づいている。

ウ　自分の非を認めざるを得ず、本気で怒っているジローの言い分に反論できないでいる。

エ　駅伝メンバーのジローまでもが自分に対してキレるフリをしていることに怒っている。

オ　自分に正面から挑む勇気を持った教師や同級生を前にして、ひるみそうになっている。

□問６ ――部Ｄ「上原は適当なことを好き勝手言って、ちゃっかりチャーハンを平らげて帰っていった」とあるが、「上原」が本当に言いたかったことは何か。その内容として最も適当なものを次のうちから選び、記号で答えなさい。

ア　大田への恐怖心が、生徒ばかりでなく教師たちにまでも浸透してしまっているということ。

イ　大田の機嫌が悪い時は逃げ隠れしているということをジローが正直に告白してくれたこと。

ウ　大田が中学でしてきた失敗は、中学でも人生でも、のちの成功にとって必要だということ。

エ　大田にとって大切なものを失わないためにも、失敗してはいけない瞬間があるということ。

オ　大田のような人間にも誰かが声をかけるように、妙な意地を捨てて判断をするということ。

□問７ 空欄［Ｅ］にあてはまる言葉として最も適当なものを次のうちから選び、記号で答えなさい。

ア　一進一退　　イ　孤立無援　　ウ　青息吐息

エ　無理無体　　オ　七転八倒

□問8 ――部F「小野田だ」とあるが、このときの「俺」の説明として最も適当なものを次のうちから選び、記号で答えなさい。

ア 応援の声でレースのペースが乱れることをいまいましく思っている。

イ 前のやつらに負けるわけにいかないと自分を奮い立たせようとしている。

ウ 何度も耳にした同じ台詞をレースの終盤で聞くことに対し苛立っている。

エ 他クラスの生徒である自分の応援を選択してくれたことに感謝している。

オ 元担任から励まされることに負担を感じつつも少し頑張ろうとしている。

問9 本文の表現の特徴の説明として、次に示すA～Dの文について、正しいものにはア、誤っているものにはイをそれぞれ書きなさい。

□A 駅伝選手たちのそれぞれの視点から各場面が詳細に描かれている。

□B 会話文によって、登場人物の人物像や心理が巧みに描かれている。

□C 登場人物の行動や発言によって人物の個性が描き分けられている。

□D ストーリーの展開に従って中心人物が少しずつ変化を見せている。

四 次の文章を読んで、あとの各問いに答えなさい。

鳥羽僧正は近き世にはアならびなき絵書なり。法勝寺の金堂の扉の絵書きたる人なり。いつほどの事にか、*供米《くまい》の不法の事ありける時、絵にかかれける。*辻風の吹きたるに、米の俵をおほく吹き上げたるが、*イ塵灰のごとくに空にあがるを、*大童子・法師*原走り散りて、とりとどめんとしたるを、さまざまおもしろう筆をふるひてかかれたりけるを、ウ誰がしたりけん、その絵を院御覧《ごらん》じて、*御入興《ごじゅきょう》ありけり。エその心を僧正に御尋ねありければ、「あまりに供米不法に候ひて、実の物は入り候はで、*糟糠《そうこう》のみ入りてかろく候ふゆゑに、辻風に吹き上げられ候ふを、*さりとてはとて小法師原が取りとどめんとし候ふが、をかしう候ふを書きて候」と申されければ、「*比興《ひきょう》の事なり」とて、それより供米の沙汰《さた》きびしくなりて、不法の事なかりけり。

(「古今著聞集《ここんちょもんじゅう》」による)

〈注〉供米――寺院に納める米。

辻風――つむじ風。渦を巻いて吹く強い風。

塵灰――ほこりと灰。

大童子――寺院で僧に仕える少年の中で、年長の者。

原――～ども。複数を表す。

御入興ありけり――興味深く思われた。

糟糠――酒かすとぬか。

さりとては――放ってはおけない。

比興――不都合なこと。

□問1 ――部ア「ならびなき」の意味として最も適当なものを次のうちから選び、番号で答えなさい。

① 飛び抜けた　② ごく普通の

③ 風変わりな　④ 全く無名の

問2 ――部イ「塵灰のごとくに空にあがる」について、次の各問いに答えなさい。

□(1) 何が「塵灰」のように「空にあが」ったのか。最も適当なものを次のうちから選び、番号で答えなさい。

① 大童子や法師ども　② 供米の入った俵

③ 僧正の描いた絵　④ 俵に入っていた米

□(2) (1)のものが「塵灰」のように「空にあが」ったのはなぜか。その理由として最も適当なものを次のうちから選び、番号で答えなさい。

① 思いがけず辻風が吹いたから。

② こっそり中を見ようとしていたから。

③ 中身が糟糠だけで軽かったから。

④ 風の強い外で絵を描いていたから。

□問3 ――部ウ「誰がしたりけん」の現代語訳として最も適当なものを次のうちから選び、番号で答えなさい。

① 誰もその絵のことは知らなかったが

② 誰も院にその絵を見せたりはしなかったが

③ 誰がその絵を描いたのであろうか

④ 誰が院にその絵のことを教えたのだろうか

□問4 ――部エ「その心」とは「その絵の意味するところ」という意味だが、僧正の書いた絵の「意味するところ」とは何か。最も適当なものを次のうちから選び、番号で答えなさい。

① 米が寺へきちんと納められていない、という訴え。

② 人々が仏の教えを軽んじている、という心配。

③ 面白い絵を描いて人々を楽しませたい、という願い。

④ 米の不作が続き人々が苦しんでいる、という報告。

□問5 『古今著聞集』は鎌倉時代に著された作品である。鎌倉時代に活躍した人物を次のうちから一つ選び、番号で答えなさい。

① 紀貫之　② 清少納言

③ 井原西鶴　④ 鴨長明

第6回

出題の分類

一 論説文　二 小説　三 古文

※特別な指示がない限り、句読点や記号も一字とする。

▼解答・解説はP.166

時　間：50分
目標点数：80点

1回目	／100
2回目	／100
3回目	／100

一　次の文章を読んで、あとの各問いに答えなさい。

この間、「日本土木学会」という学会の学会誌から寄(ア)コウの依頼がありました。テーマは「コミュニケーションについて」というものでした。どうして土木学会というようなところから僕にコミュニケーションを論じて欲しいのかしらと不思議に思ったら、趣旨が(イ)テン付してありました。そこはもちろん土木技術者たちの学会なんですけれど、最近、その土木技術者たちが非専門家との間で意思の(ウ)ソ通が困難になっているのだそうです。公共事業などで、土木の専門家は他の領域の専門家や地方自治体の役人たちと(a)コラボレーションしなければならないわけですけれど、そういう人たちとの間でなかなか適切なコミュニケーションがとれなくなっている。

これは僕にもわかります。専門家というのは他の領域の専門家とコラボレートすることでしかその専門的職能を発(エ)キできません。そのためには「自分が何の専門家であって、何の専門家ではないのか」を非専門家に理解させる必要がある。「自分には何ができて、何ができないのか。自分にはどういう専門家の、どういう支援が必要なのか」それが言えない人は専門家としては機能しません。自分と同じ専門分野の人たちとだけ「業界用語」で話すことしかできない人は、その分野についてどれほど専門的な知識や技能を有していても、コラボレーションの場では「使い物」にならない。そんな①当たり前のことなんですけれど、その当たり前のことが通らなくなってきて、かなり深刻な事態になりつつあるので、ご意見を承りたいというのです。

僕はこんなことを書きました。

私たちはコミュニケーション能力というものを、もっぱら自分の意見を、わかりやすい言葉で、相手に正しく伝わるように伝達する能力だというふうにとらえています。《ア》

さきほどから申し上げているように、コミュニケーション能力というのはコミュニケーションを順調に前に進める能力というよりはむしろコミュニケーションが不調になって、意思ソ通がうまく成立しなくなったときに、コミュニケーションを蘇生《そせい》させるための能力ではないかと僕は考えているからです。②「健康法」ではなくて、「治療法」です。すでにコミュニケーションが成立している者たち同士の関係をさらに円滑にするための技術ではありません。表現力とか、*滑舌の良さとか、笑いの取り方とか、そういうレベルの話をしているんじゃない。でも、ふつう「コミュニケーションの問題」というと、ほとんどの人がそのような技術的な「改良」のことを思い浮かべます。違いますよ。そんなことどうだっていいんです。問題は「コミュニケーションが成立していないところにどうやってコミュニケーションを立ち上げるか」なんです。コミュニケーションの回路が壊れているとき、その回路を修復し、そこに言葉が通るようにする能力のことなんです。《イ》

　コミュニケーションの回路はもう壊れている。だから、とにかくそこらへんにあるものを使って、なんとかそこに回路を通すしかない。③「ありもの」を使いまわして、何とか言葉が通る回路を創り出す。医療設備がないところで怪我人が出たときに、外科医がホッチキスで傷口を縫いつけ、ガムテープで止血し、木の枝で副《そ》え木を作るのと一緒です。手近にあるもので何とかするしかない。*レヴィ=ストロースが「ブリコラージュ」と呼んだ生き延びるための技術です。手元にある「ありもの」が潜在させている使用可能性を最大限まで引き出す。《ウ》

　レヴィ=ストロースが観察した④マトグロッソのインディオたちは、少人数で移動する狩猟民でした。家財道具としては限定的なものしか持ち運べない。[A]、「ブリコラージュ」能力は生き延びるために必須の資質なのです。彼らは手元にある一本の棒きれを、あるときは農具として使い、あるときは武器として使い、あるときはオールとして使い、あるときは遊具として使い、あるときは呪具として使う。資源の乏しい環境で、限られた手持ちの道具を使い回して、そのつどの状況的要請に応えるためには、手持ちのものの潜在的な使用可能性を最大限まで想像できる力が要る。それができる人のことをレヴィ=ストロースは「ブリコルール」と呼びました。《エ》

　コミュニケーション能力の高い人というのは、不調に陥ったコミュニケーション回路をその場の手持ちの材料だけで何とか修復できる人、[B]コミュニケーションのブリコルールのことです。《オ》

　ブリコルールに求められる最もたいせつな能力は「定型的に考えない」ということです。目の前にある素材について、誰も思いつかなかった用途を思いつく。それがブリコルールに求められる才能です。[C]、まさにコミュニケーション能力というのは定型的な考え方をいったん離れる力のことなのです。「ふつうはそうすることを、しない」ということです。「コードを破る力」と言ってもいい。

　僕たちには誰でもふだん使っている送受信コードがあります。ラジオだったら周波数です。いつもその周波数を使って他者と送受信をしている。[D]、その周波数では送受信できないことがある。そういう場合は、「繋《つな》がる」周波数帯を探り当てなければならない。⑤ラジオのチューニングの場合と同じです。ダイヤルを回し、アンテナの角度を変え、時にはラジオを持ったまま外へ出て、うろうろ歩き回って、「繋がる」周波数帯を探す。それができるのが「コミュニケーション能力の高い人」です。

僕はその原コウの中で、コミュニケーション能力の高い人物の例として、二人の歴史上の偉人の名を挙げました。一人は*勝海舟です。

*司馬遼太郎の『竜馬がゆく』にはこんな印象的なシーンが出てきます。

*坂本竜馬は最初はシンプルな*攘夷《じょうい》派でしたので、*開国論の代表的論客だった勝を「*奸賊《かんぞく》であるから斬らねばならない」と思っていました。そして、友人の*千葉重太郎と連れ立って、勝海舟を斬りに自宅まで押しかけます。案内を乞うて対面して、勝が(b)うかつなことを言ったらその場で斬る覚悟で出かけたら、勝海舟が出てきて、にやっと笑って「お前さんたち、俺を斬りに来たんだろ。そういう奴が毎日来るんだ。まあ、上がんな」と言って、二人を客間に上げてしまう。そして、二人の青年を相手に、「いいから俺の話を聞け」と言って世界情勢を*縷々《るる》説き聞かせる。それを聞いているうちに⑥竜馬はすっかり感動して、「先生、弟子にしてください」とその場に平伏してしまい、千葉重太郎がびっくりしたという逸話が出てきます。

これがコミュニケーション能力の最たるものだと思います。なにしろ、自分を殺しに来た人間との間にコミュニケーションの回路を立ち上げたんですから。でも、この話のかんどころは、竜馬が勝海舟の話した開国論のコンテンツに納得したわけではないということです。勝の論じる開国論の整合性や適切性について判断できるほどの知識を竜馬は持っていませんでした。だから、竜馬は勝の開国論の適否を検証をすることができない。でも、「この人は本物だ」ということならわかる。「この人の言っていることには熱誠がある」ということはわかる。それは対面していれば具体的に、実感として切迫してくるからです。

幕末のような天下動乱の時代においては、人々はしばしば自分と全く政治的意見を異にする人間と出会いました。隙を見せたら斬りかかるつもりでやってくる人と応接しなければならない。そんなところで定型的な言葉を繰り返したら、命がいくつあっても足りません。自分とまったく意見の違う人間、思想信条の違う人間と対面して、そこにコミュニケーションの回路を瞬間的に立ち上げないと生き残れない。そういうタイトな時代を生き延びた人たちは、やはり高いコミュニケーション能力を備えていたと思います。勝海舟の場合は、鬼面人を X というタイプの「はったり」もずいぶん駆使したようですけれど、やはり生き死ににかかわるような対面状況では、そんな表面的な技術だけでは生き残れません。「この人は本物だ。ほんとうに無私の人だ」と相手に実感させなければならない。

⑦もう一人のコミュニケーションの達人も幕末の人です。*山岡鐵舟《てっしゅう》です。勝海舟が江戸開城に際して、駿府《すんぷ》にいる西郷隆盛に使者を送ることになりました。使者に指名されたのは山岡鐵舟です。勝は鐵舟とは面識がなかったのですけれど、「山岡という男は本物の武士らしい」というので、彼に江戸開城のための勝・西郷会談を(c)段取りさせるということになります。

意を受けた鐵舟は薩人《さつじん》の*益満休之助《ますみつきゅうのすけ》一人だけを連れて、駿府に向かいますが、六郷川で*篠原國幹《しのはらくにもと》の率いる官軍と遭遇します。そのとき鐵舟は本陣に向かって「*朝敵*徳川慶喜《よしのぶ》家来、山岡鐵舟罷《まか》り通る」と言って、篠原の本隊を突っ切って進んでしまう。

これは山岡鐵舟もすごいけれど、⑧通した篠原國幹もすごいと僕は思います。史家の中には鐵舟の気迫に飲まれて篠原が何もできなかったという解釈をするものがあるでしょうが、僕はそんなはずはないと思います。これは二人の侍がそれぞれの仕方で「コードを破った」のだと僕は解釈します。

鐵舟は自ら「朝敵徳川慶喜家来」と名乗りました。こんな名乗りを幕臣はしません。鐵舟はこう名乗ることで「あなた方から見たら私は朝敵であろう。私は自分ではそうは思わないが、いったん自分の『コードを破って』、あなた方のつけたタグを受け入れる」と宣言した。そして「私はこうして『自分のコードを破った』。だから、あなたも一度だけ『自分のコードを破って』、この場で私を捕縛するとか、殺害するとかいう定型的なふるまいを抑制してはくれまいか」というメッセージを篠原に送ったのだと思います。それを篠原は正しく受け止め、通行を認めた。

これはコミュニケーションの理想的なかたちの一つではないかと思います。「私は私のコードを破る。だから、あなたもあなたのコードを破って欲しい」というメッセージを発信した人がおり、それを受容した人がいる。それぞれが自分たちの⑨「コードの檻《おり》」から外へ踏み出して、素の状態で向き合う。それによって、成立するはずのなかったコミュニケーションが成立する。

鐵舟はもちろん死を覚悟してそのミッションに臨んでいました。殺気立った官軍兵士に狙撃されたり、斬りかかられたりするリスクは十分にあった。篠原の方も、場合によっては軍律に違背した罪で処罰されたかも知れません。山岡鐵舟もリスクを冒したし、篠原國幹もリスクを冒した。これは一回限りの、生身の人間と人間の対面的状況でのみ成り立つコミュニケーションだったと思います。

（内田樹『日本の覚醒のために』による　一部改変）

〈注〉滑舌——話すときの発声のなめらかさ。
レヴィ＝ストロース——フランスの文化人類学者。
勝海舟——幕末から明治初期にかけての幕臣。思想家。政治家。
司馬遼太郎——歴史小説家。評論家。

坂本竜馬――幕末の志士。
攘夷――江戸時代末期に開国・通商を求める外国人を追い払おうとしたこと。
開国――今まで禁じられていた外国との交通・通商を始めること。
奸賊――心がねじけて邪悪な人。
千葉重太郎――幕末の志士。
縷々――細々と話すさま。
山岡鐵舟――幕末から明治にかけての幕臣。思想家。政治家。剣術家。
益満休之助――幕末の薩摩(さつま)藩士。
篠原國幹――明治新政府の軍人。
朝敵――朝廷に刃向かう賊。
徳川慶喜――江戸幕府最後の将軍。

問1 ――部(ア)〜(エ)のカタカナ部分と同じ漢字を使う熟語として最も適当なものを次のうちからそれぞれ選び、記号で答えなさい。

□ (ア) 寄コウ
ア 船が次の目的地に出コウする。
イ コウ架下の線路を電車が通る。
ウ 評論家が新聞社に投コウする。
エ 戦に負けた大将がコウ伏する。
オ コウ作機を新しく買い換える。

□ (イ) テン付
ア 長年の念願だった個テンを開く。
イ 竹とんぼが回テンしながら飛ぶ。
ウ 彼はテン賦の才に恵まれていた。
エ この食品はテン加物は使わない。
オ 故事成語のテン拠を調べる。

□ (ウ) ソ通
ア 過ソ地の人口を丹念に調べる。
イ 才能が花開くソ地は元々あった。
ウ ソ野な性格だが優しい所もある。
エ 企画実現のためソ織的に動く。
オ 緊急のため例外的なソ置をとる。

□ (エ) 発キ
ア 試合直前にキ合いを入れる。
イ 指キ者に合わせて演奏する。
ウ キ色満面で親類を出迎える。
エ 三色キを高くかかげる。
オ 計画の時期をキ道修正する。

問2 ――部(a)〜(c)の本文中の意味として最も適当なものを次のうちからそれぞれ選び、記号で答えなさい。

□ (a) コラボレーション
ア 協力　イ 折衝　ウ 競争　エ 討論
オ 影響

□（b）うかつな
ア　うさんくさい　イ　煮え切らない
ウ　だらしない　エ　あやしい
オ　うっかりした

□（c）段取り
ア　手さばき　イ　手配　ウ　手ほどき
エ　手控え　オ　手離れ

□問３ ——部①「当たり前のこと」とは、どういうことか。内容として最も適当なものを次のうちから選び、記号で答えなさい。
ア　土木の専門家が役人たちと適切なコミュニケーションがとれないということ。
イ　専門家が自分の分野について専門的な知識や技能を有しているということ。
ウ　土木学会が筆者にコミュニケーションについて論じるよう依頼してきたということ。
エ　専門家は自分の専門分野と非専門分野を非専門家に理解させる必要があるということ。
オ　専門家は異業種の人と意見交換できさえすれば十分に「使い物」になるということ。

□問４ ——部②「『健康法』ではなくて、『治療法』です」とあるが、ここでいう「治療法」の説明として最も適当なものを次のうちから選び、記号で答えなさい。
ア　自分の意見を正しく分かりやすく伝える能力
イ　コミュニケーションを技術的に改良する能力
ウ　コミュニケーションを順調に前に進める能力
エ　成立したコミュニケーションを円滑にする能力
オ　壊れたコミュニケーション回路を修復する能力

□問５ 本文は次の一文が抜けている。この文が入るのに最も適当な箇所を《ア》～《オ》のうちから選び、記号で答えなさい。

> でも、僕はそうではないと思う。

□問６ ——部③「ありもの」とあるが、「ありもの」として用いられている例として正しいものを次のうちから選び、記号で答えなさい。
ア　ホッチキスを紙を止めるのに使う。
イ　辞書を言葉を調べるのに使う。
ウ　バットをボールを打つのに使う。
エ　いすを高い所のものを取るのに使う。
オ　オールを舟をこぐのに使う。

□問７ ——部④「マトグロッソのインディオたち」とあるが、筆者が「インディオたち」を通して言いたいこととして最も適当なものを次のうちから選び、記号で答えなさい。
ア　限定的な家財道具を持ち運ぶインディオに比べて、我々は多くのものを持ちすぎるために逆に生活に圧迫を感じているということ。

イ　インディオたちのように、状況に応じて厳選した材料の使用法を開発していく発想法がこれからは必要になっていくということ。

ウ　インディオたちの手持ちの材料だけで用を済ます行為と、うまく意思が通らなくなった関係に言葉を通す行為は共通点があるということ。

エ　意思が通らなくなった関係に言葉を通す私たちの行為の起源は、マトグロッソのインディオたちまでさかのぼることができるということ。

オ　手持ちのものの潜在能力を引き出すインディオの能力は、物資が豊かな現代という時代ではもはや要らないものになりつつあるということ。

□問8　空欄 A ～ D に入れるのに最も適当な語を次のうちからそれぞれ選び、記号で答えなさい。

ア　つまり　　イ　だから　　ウ　でも　　エ　そして

オ　ただし

□問9　――部⑤「ラジオのチューニングの場合と同じです」とあるが、どういうことか。その説明として最も適当なものを次のうちから選び、記号で答えなさい。

ア　ふだんの考え方と正反対の考え方をする点で、インディオのブリコラージュと同じだということ。

イ　送受信可能なコードを合わせようとする点で、コミュニケーションの回復と同じだということ。

ウ　ふだん使っている送受信コードを探り当てる点で、コミュニケーションの蘇生と同じだということ。

エ　様々に場所を移動する必要があるという点で、インディオのブリコラージュと同じだということ。

オ　送受信可能なコードの範囲を広げる点で、コミュニケーション能力の向上と同じだということ。

□問10　――部⑥「竜馬はすっかり感動して」とあるが、坂本竜馬がそのような気持ちになった理由を筆者はどう考えているか。最も適当なものを次のうちから選び、記号で答えなさい。

ア　勝海舟の論調が非常に論理的で説得力に富むものだったから。

イ　勝海舟が自分を斬りに来た人を客間に上げるほど剛胆だったから。

ウ　世界情勢を語る勝海舟の視野の広さに驚き、考えに共感したから。

エ　世界情勢を熱心に語る勝海舟の私心のなさに心を打たれたから。

オ　勝海舟の話を聞くうちに自分の考えが単純だと気がついたから。

□問11　空欄 X に入れるのに最も適当な語を次のうちから選び、記号で答えなさい。

ア　おののかす　イ　困らせる　ウ　驚かす
エ　脅かす　オ　乱れさす

□問12　――部⑦「もう一人のコミュニケーションの達人も幕末の人です。山岡鐵舟《てっしゅう》です」とあるが、筆者がそう考える理由として最も適当なものを次のうちから選び、記号で答えなさい。

ア　敵軍の本隊を突っ切るという行為によって、言葉を用いずに自分の覚悟を敵将に伝えようとしたから。
イ　ふだんから「本物の武士」として振る舞うことで、江戸開城のための段取りという大役を任されたから。
ウ　自分が定型的な振る舞いを離れることで、敵将と意思を通わせる道筋を瞬間的に立ち上げたから。
エ　自分の非常識な行為によって、敵将が軍律違反で処罰される危険性を十分に理解していたから。
オ　敵将がその熱い誠意を認めるほどに、死を覚悟した気迫を身体の内にたたえていたから。

□問13　――部⑧「通した篠原國幹もすごいと僕は思います」とあるが、筆者がそう考える理由として最も適当なものを次のうちから選び、記号で答えなさい。

ア　敵である鐵舟の考えを全て容認するほど深い洞察力を持っていたから。
イ　鐵舟が朝廷の敵ではないということを瞬時に見抜く眼力があったから。
ウ　鐵舟が本物の武士であることをそのふるまいから即座に見抜いたから。
エ　死を覚悟した鐵舟の気迫をすぐ感じ取る鋭い感受性を持っていたから。
オ　素の状態で向き合って欲しいという鐵舟の願いを正しく受けとめたから。

□問14　――部⑨「コードの檻」とあるが、この言葉がたとえたものとして最も適当なものを次のうちから選び、記号で答えなさい。

ア　決まりきった考え方をすること。
イ　論理を筋道立て、適切に用いること。
ウ　適切にコミュニケーションをとること。
エ　故意にリスクを冒す行動をえらぶこと。
オ　定型的な考え方を抑制すること。

□問15　文章の内容に合致するものとして最も適当なものを次のうちから選び、記号で答えなさい。

ア　自分の専門分野はもちろんそれ以外にも独自の判断力を持てる人こそ本物の専門家だ。
イ　壊れたコミュニケーションを回復させるには、型にとらわれない考え方が必要だ。
ウ　人間的な度量を深めることだけが、コミュニケーション能力を高める唯一の方法だ。
エ　自分の表現力に磨きをかけることで、コミュニケーションの達人になることができる。

オ　コミュニケーションの達人になるには、自分の任務に誠実でなければならない。

二　次の文章を読んで、あとの各問いに答えなさい。なお、問題作成上、一部表記を改めたところがある。

> ミュージシャンを目指すシンとマンガ家を目指すアヤコは、同じ中学校に通う三年生。アヤコは、自分の夢を追うシンの輝いている姿を見て特別な存在であると確信し、憧れを抱く。しかし、アヤコは受験を口実にマンガを描くことをやめてしまった。そして、友達に「先生に向いている。」と勧められたことを理由に、一番大学進学に近そうな高校に出願し、合格を果たす。次の場面は、その二人の卒業式から始まる。

「何こんなとこでぐずぐずしてんの、お前ら」

振り返ると、阿田川と三村が並んで立っていた。声をかけてきたのは阿田川のほうで、彼は私たち三人というよりはむしろ島ちゃんを見ている。「べっつにー、なんにもお」と答えた島ちゃんは、わざとむくれているように見えた。

――あれ？　このふたりってなんかあるの？

ふたりが「ヒマなら帰れ」「お前こそ帰れ」とじゃれ合うのをよそに、三村がこっちを見て訊《き》いてくる。

「あ、ちょっとアヤ、お前一高受かったんだって？　すごくね？」

「すごいでしょー」と答えたのはユーコちゃんのほうだ。なんとも答えられない私に代わって、さくさくと喋る。

「ウチの学年から一高行くのって、あとは三組の狛江《こまえ》くんだけだって」

「マジで？　でも、だいぶ遠くね？　通えんの？」

「お母さんの実家がそっちで……って言ってたよね、アヤ？」

やっと話に入るタイミングを得て、「おばあちゃんちに居さしてもらって、週末だけこっちに帰るんだ」と言った時、私たち五人の間を縫うようにひゅうと何かが走り抜けた。少し先、校門の手前でスピードを落とす。緑色の自転車だった。

「ばいばいっ」

自転車にまたがったシン君がこちらを振り返って大きく手を上げる。制服の上に巻いた白いマフラーが、自転車が起こす微風にのってふわりと揺れた。

それを見た瞬間、①私の胸は雪崩《なだれ》に打たれたように震えた。寒風にさらされた頬が一瞬で熱くなる。

――ああ、やっぱりだめだ、私。

卒業式の間、一度も泣きたくならなかったというのに、見る間に視界がにじみそうになる。こんなの、何でもない通過点としての卒業式のはずなのに。私は遠ざかるシン君の後ろ姿にかける言葉を選ぼうと慌《あわ》て、しまいに「ばいばいっ」と叫んでいた。

――妙にのんびりとした「おーう」という三村の返事と同じタイミングで。

「つか、なんで自転車なんだよお前ー。滑るなよー」

阿田川が笑いながらシン君に叫んだけれど、他の三人の視線は一気に私に集まった。あからさまにぎょっとしている。

――しまった、私に言ったんじゃなかったんだ!

シン君が阿田川&三村のコンビに挨拶をしたということくらい、冷静に考えればわかるはずだった。ほっぺたからどっと熱が落ちて、首の周りに汗が出る。

「……アヤ?」

ユーコちゃんが私の顔をのぞき込んだ。私はもぞもぞとコートの襟《えり》に顔を埋める。三人がそれぞれ、顔を見合わせるのが気配でわかった。

少しの間のあとで、ユーコちゃんが言った。

「追っかければ?」

え、と短く叫んで顔を上げたら、②空気の冷たさが目に染《し》みた。

島ちゃんが片手を差し出して、「花はあたしが持って帰ったげるから」と言う。花束を渡すと、島ちゃんは私の肩を強く押して言った。

「ほら、アヤ、全力疾走!」

「ええ~!」


顔が真っ赤なのがわかったけれど、私は島ちゃんに押されたまま走り出していた。片手に卒業証書だけ持って、肩掛けのカバンをばったばったいわせて、道を蹴る。

校門を出て、角を曲がったら、シン君の後ろ姿はまだ見えていた。まだほとんど雪に覆われている白い田んぼのなかで、露出《ろしゅつ》し始めたあぜ道の上を、ゆっくりと進んでいる。

私はアスファルトの道から、水たまりだらけのあぜ道に踏み込むと、ありったけの大声で叫んだ。

「シンく――ん!」

その声は、両側の山にかすかにこだまを残すくらい大きく響いた。自分でびっくりした。遠ざかりつつあったシン君の後ろ姿も、びっくりしたようにぴたりと止まった。

シン君は自転車から降りて、狭い道でUターンすると、こっちに向かって自転車を押してきた。私も、泥をぐちゃぐちゃと踏みながら小走りで前へ進んでいく。

私はシン君に追いつくより先に、「ごめんね、ごめん」とAうわごとのようにわめいていた。道の真ん中で足を止めると、目の前までやってきたシン君が「何が『ごめん』なの」と笑って言った。懐《なつ》かしい苦笑だった。それを見たらもう、たまらなくなって、わたしはぼろぼろ泣いていた。涙が止まらなくなって「ひー」とのど笛が鳴る音しか返せない私の答えを待たず、シン君は「一高だってね、おめでと」と言った。

「俺あすこ、熊野西」

笑った顔のまま、雪野原の果てに小さく見える四角い建物を指さす。山のふもとにある、地元の高校だ。

なんで別の高校なんか選んだんだろう。こうしてシン君と顔を突き合わせて考え直してみたら、いきなりバカな選択をしたような気分になった。一学年二クラスしかない、中学から歩いて十分で着く小さな西高が、急に素敵な青春のステージに思えてくる。あそこを選んだら、なにものにも替えがたい高校生活を送れたのにと、まだ中学の制服を着ているくせに後悔した。私は一高に入って何をしたかったんだろう。そうすることが堅実だって片付けて、とにかく考えることを止めたかっただけじゃないか。

「一緒のガッコ行ければ、面白かったかもな」

ハナをすすりながら思っていたことをそのままシン君が口に出した。「よかった」なんていう漠然とした感じじゃなくて「面白かった」という言い方が本当っぽくて、③私はよけいに悲しくなった。

こんなに泣いてもうざいだけで何ひとつ伝わらない、泣きやめ泣きやめ、と思うけれど、吸う息が全部苦しくて言葉にならない。いや、たとえ声が出るとしたって、私はこの感情全部をうまくシン君に伝えることなんかできないと思う。

ずっと見ていた。あなたになりたい、でもなれない、そういうジレンマのなかでもがきながら見ていた。

それを言ったところで、足りないのだ。教室で盗み見た横顔の数、新学期に廊下ですれ違う時の嬉しさ、ステージのまばゆい光、枕元に散らばした白い紙、あぜ道の上から見たあの三日月のかたち……切り抜きがいくつあったら足りるだろう？

どんどん下向きになっていく頭を、思い切って振り上げたら、シン君が私の顔をのぞき込んでいた。三ヶ月前よりだいぶ目線が高くなった気がして驚いたら、おでこにぽこんと堅いものが当たった。シン君が、私の卒業証書の筒を取って頭を叩いたのだった。

「がんばれ」

シン君が、余裕の笑みで私を見下ろす。そのまま、私の手に筒を返して、緑色の自転車にまたがった。行ってしまう感じがありありと背中ににじむ。

——言わなきゃ。なんかいっこでもいい、今言いたいこと言わなくちゃ。

私はおでこを左手で押さえながら「シン君」と呼んだ。彼はくるりとペダルを定位置にまわして、走り出す準備をしながら振り返った。

「今は見せらんないけど、マンガ、十年経ったら——」(中略)

「十年後、シン君にマンガ見せるよ。ちゃんと本になったやつ」

そう言ってから、自分が十年後何歳か、というのを計算した。誕生日までまだ十日あるから、二十四だ。シン君は二十五歳。

「それはもうマンガ家ってことだよな？」

シン君に確認されて、私は「はいっ」と妙にいい返事をしてしまう。「よし」と小さくうなずいて、シン君は口を開いた。

「俺は、その時、超有名なミュージシャンってことで。ＣＤは出まくってるはずだからわざわざ持ってきませんが」

学祭の時より伸びた前髪を除《よ》けて、シン君はにやりと笑った。私もつられて笑ったけれど、それは「冗談」に笑ったんじゃなかった。私にとって、彼の言葉はちっとも冗談ではなかったのだ。

「全国ツアーのスケジュールの合間を縫《ぬ》って帰郷、って感じで」

彼は器用に両手をハンドルから離して広げた。

「ギターしょって、『アヤコに捧ぐ歌』とか持ってきちゃう感じで」

私が真顔で「ありがとう」と言うと、シン君は、はっは、と高笑いして、それからペダルに足をかけ直した。

「マジ、十年後な。十年後の今日、三月十四日、ここっ」

ここ、とシン君が指したのは地面だ。私たちの前に後ろに、何も目印のないあぜ道が広がっている。電柱と、融けかけた雪の田んぼしか見えないこの場所は、約束に向いていないようで向いている。この道は建物みたいになくなったりしないし、何より、どこに立ったって相手を見つけられる。目印なんか要らないのだ。

私は思わず「ほんと？」と訊き返してしまう。

「ほんとにほんと？　本気にするよ。私だけここにぽつんと居て待ちぼうけとかにならない？」

こんなに食いついていいんだろうか、と思ったけれど、シン君は「だったら、わかりやすく十時にしよう」と条件を付け足してから「ほんと」と言い切った。④ぎゅっと口の端《はし》を結んで上げる。

「じゃ、十年後」

そう言ってシン君はピースサインを突き出した。

「うん、十年後」

ピースサインを返した私は、何故《なぜ》だかにいっと笑っていた。

自転車のチェーンが鳴る音が小さく聞こえた。⑤シン君がペダルを踏み込む。雪どけの水が染み込んでがたがたになった道を、不安定に走り出す。だんだん遠くなる。

私は右手のチョキを下ろすと、その場に留まってシン君の背中を見ていた。

——シン君が振り返らなかったら、私たちは本当にここで会える。

心の中で賭けをした。私が見ている間、シン君はついに振り返らなかった。代わりに途中から歌が聞こえてきた。

風が吹いて、涙の跡をくすぐる。くすぐりながら、乾かしていく。あぜ道に沿うように、⑥黄色いカタマリがぽつぽつと見えている。雪が融けたら顔を出す、フキノトウの花だった。

私は死ぬまで歩いていける。飛べなくたって、シン君の背中を追って、どこまでだって行けるんだ。

（豊島ミホ「エバーグリーン」による）

□問1　═部Ａ「うわごと」のこの文中における意味として適切なものを次のうちから一つ選び、記号で答えなさい。

Ａ　うわごと

ア　繰り返し発する言葉
イ　無意識に発する言葉
ウ　恐怖感によって発する言葉
エ　死ぬ間際に発する言葉
オ　自分の本心から発する言葉

□問２――部①「私の胸は雪崩に打たれたように震えた。」について、このときの「アヤコ」の心情として適切なものを次のうちから一つ選び、記号で答えなさい。

ア　憧れていたシン君を見たことによって今までの悲しみが一気に晴れ、シン君に話しかける勇気が湧き出ている。
イ　積雪のためしばらく見なかった自転車を久しぶりに見たことで、シン君への懐かしさが一気に湧き上がっている。
ウ　卒業という別れの悲しさもあいまって、シン君の通り過ぎた映像がきっかけとなり、自分でも抑制できないほどの悲しみに包まれている。
エ　シン君を見たことによって、考えることをやめていたシン君への憧れが一気に吹き出し、後悔にも似た悲しさが湧き上がっている。
オ　シン君が通り過ぎたことで、断ち切れたと確信していたシン君への思いが再燃し、憧れの念を再び胸に秘め始めている。

□問３――部②「空気の冷たさが目に染みた。」とは、「アヤコ」のどのような様子を表しているか。適切なものを次のうちから一つ選び、記号で答えなさい。

ア　恥ずかしさのあまり涙がこぼれそうになり、目をつむっていた状態。
イ　勢いよく顔を上げすぎて、空気が目に鋭利に触れ痛みを感じている状態。
ウ　恥ずかしさで顔がほてっており、目に涙を浮かべている状態。
エ　目に涙をためながら、涙をこぼすまいと懸命にこらえている状態。
オ　友人たちの冷やかすような空気感がひしひしと伝わってくる状態。

□問４――部③「私はよけいに悲しくなった。」のはなぜか。適切なものを次のうちから一つ選び、記号で答えなさい。

ア　シン君が違う高校へ進学するアヤコに隔たりを感じていることが伝わり、自分の力ではシン君に二度と近づけなくなることを実感したから。
イ　シン君が体裁《ていさい》を保って適当に言った返事ではないことが伝わり、西高を選択していれば素敵な青春のステージが始まることが一層現実味を帯びたから。
ウ　決定したことは覆せないとばかりにシン君があっさりした態度をとったことで、間接的に拒否されていることを感じ取ったから。
エ　目の前の不安から逃げるために選んだ一高が、かえって自分の青春を暗くさせてしまったことに気づき、後悔の念に駆られたから。

オ　違う高校へ進学することの悲しさをシン君はアヤコと同等には抱いていないことが伝わり、憧れる気持ちを諦めざるを得ないと感じたから。

□問５　――部④「ぎゅっと口の端を結んで上げる。」について、このときの「シン君」の心情として適切なものを次のうちから一つ選び、記号で答えなさい。

ア　将来夢が叶うか不安を覚え、震える口元を隠すように結び上げて、自分を保とうとする心情。

イ　泣きじゃくるアヤコをなだめるために適当なことを言った後ろめたさと不安を取り繕う心情。

ウ　アヤコを不安にさせまいと気丈に振る舞ったことで、人から信頼されたことに多幸感を得ている心情。

エ　自分の将来について自信を持ち、十年後アヤコと会うことを楽しみにしている心情。

オ　調子よく話を進め、人をひきつける自分を格好いいと感じているナルシシズム的な心情。

□問６　――部⑤「シン君がペダルを踏み込む。」から、「シン君」のどのような様子がわかるか。適切なものを次のうちから一つ選び、記号で答えなさい。

ア　初めは不安定な滑り出しであっても負けずに立ち向かう、未来へ前向きにスタートをきった姿。

イ　調子のいいことを言ってしまった背徳感から、早くこの場から立ち去りたいと強く願い行動する姿。

ウ　適当な話をしたことによる動揺から足下が不安定になってしまい、平常心が保ちきれなかった姿。

エ　アヤコが笑い返してくれたことにより未来へと立ち向かう自信をつけ、初めの一歩を踏み出せた姿。

オ　前途多難な道のりであっても力強く踏み出し、アヤコとは一線を画して活躍することを予感させる姿。

□問７　――部⑥「黄色いカタマリ」とは何を表しているか。適切なものを次のうちから一つ選び、記号で答えなさい。

ア　アヤコのマンガ家になる夢が、春の訪れとともに現実のものとなる確固とした実現可能性の高さ。

イ　シン君がアヤコの胸に残した自信や勇気によって、将来の夢が少しずつ芽吹いていくことの象徴。

ウ　シン君への思いを伝えきれなかった、アヤコの中でわだかまっている後悔の気持ち。

エ　いつも心の支えとしてアヤコの中に存在し続ける、夢に向かって進み続けるシン君の姿。

オ　進学校への進学からアヤコに失望していた周囲の人々が、マンガ家になる夢を理解し応援していく様子。

三　次の文章を読んで、あとの各問いに答えなさい。

平中*、にくからず思ふ若き女を、妻《め》のもとに率《ゐ》て来て置きたりけり。にくげなることどもをいひて、妻つひに追ひいだしけり。この妻にしたがふにやありけむ。a らうたしと思ひながらえとどめず。いちはやく（激しく）いひければ、近くだにえよらで、四尺の屏風によりかかりて立てりていひける、「b 世の中のかく思ひのほかにあること、世界にものしたまふとも（ここを出てよそでお暮しになっても）、忘れで消息したまへ。己《おのれ》もさなむ思ふ」といひけり。この女、つつみにものなど包みて、車とりにやりて（車を取りに行くよう人をやって）待つほどなり。c いとあはれと思ひけり。さて女いにけり。とばかりありておこせたりける。

わすらるなわすれやしぬるはるがすみ今朝たちながら契りつること

（「大和物語」第六十四段による）

〈注〉平中——平貞文。在原業平と並んで色好みの美男と伝えられている。

□問1　——部a「らうたしと思ひながらえとどめず」の解釈として最も適当なものを次のうちから選び、記号で答えなさい。

ア　平中が若き女に対していとおしいと思いながら、妻がその若き女を追い出すのを止めることができない。

イ　平中が妻に対してかわいらしいと思いながら、若き女に対しての恋愛行動をやめることができない。

ウ　妻が平中に対してかわいらしいと思いながら、見捨てることができない。

エ　妻が若き女に対して憎らしいと思いながら、嫌がらせを止めることができない。

オ　若き女が平中に対していとおしいと思いながら、妻からの嫌がらせのため会うことができない。

カ　若き女が妻に対して申し訳ないと思いながら、平中への好意を諦めることができない。

□問2　——部b「世の中」の本文中での意味として最も適当なものを次のうちから選び、記号で答えなさい。

ア　前世　イ　来世　ウ　現世

エ　世間　オ　男女の仲

□問3　——部c「いとあはれと思ひけり」の解釈として最も適当なものを次のうちから選び、記号で答えなさい。

ア　平中と若き女の別れはたいそう趣深く思われる。

イ　若き女はたいそう平中の不甲斐なさを酷いと思った。

ウ　若き女はたいそう妻の行動を恐ろしいと思った。

エ　平中はたいそう妻の仕打ちを酷いと思った。
オ　平中はたいそう若き女との別れを悲しく思った。

□問４　和歌の解釈として最も適当なものを次のうちから選び、記号で答えなさい。
ア　あなたもどうかお忘れにならないで下さい。私は決して忘れてはいません。今朝立ち去るときに妻との関係を絶ってでも、絶対に連絡を絶つことはしないと約束されたことを。
イ　あなたもどうかお忘れにならないで下さい。私は決して忘れてはいません。今朝立ち去るときに時間が経《た》てば私を迎えにくると約束されたことを。
ウ　あなたもどうかお忘れにならないで下さい。私は決して忘れてはいません。今朝立ち去るときにお立ちになったままで便りを送ると約束されたことを。
エ　あなたに忘れろと言われても私は決して忘れてはいません。今朝立ち去るときに妻との関係をすぐにでも絶つと約束されたことを。
オ　あなたに忘れろと言われても私は決して忘れてはいません。今朝立ち去るときにどんなに時間が経とうとも私のことを忘れないと約束されたことを。

□問５　この物語内で描かれた「平中」の性格として最も適当なものを次のうちから選び、記号で答えなさい。
ア　豪放磊落《らいらく》　イ　薄志弱行　ウ　天真爛漫《らんまん》
エ　温厚篤実　オ　外柔内剛　カ　謹厳実直

60

第7回

出題の分類

一 論説文　二 小説
三 古文

※特別な指示がない限り、句読点や記号も一字とする。

▼解答・解説はP.170

時　間：50分
目標点数：80点

1回目	／100
2回目	／100
3回目	／100

一　次の文章を読んで、あとの各問いに答えなさい。

自己主張をする人物を見苦しいと思う日本人

やさしさということについて改めて考えるに際して、日本文化に根づくやさしさについて押さえておきたい。そのために、まずはなぜ自己主張がしにくいのかということからみていきたい。

日本人は自己主張が苦手だが、グローバル化の時代だから、ちゃんと自己主張できるようにならなければと言われ、学校教育や企業研修でもディベート・スキルを磨く練習をするなど、自己主張が(a)スイショウされるようになってきた。

それにもかかわらず、相変わらず自己主張が苦手な日本人が圧倒的に多い。

今どきの若者は自己主張が強いと言われたりするが、それでもかなり気を遣っており、自己主張は苦手だという者が多い。

学生に聞いても、授業でグループで議論することが多いけど、他の人が言った意見が間違っていると思っても指摘できない、こんなことを言ったらさっき意見を言った人が傷つかないかなと思ったりしているうちに発言のタイミングを(b)イッすることが多い、などと言う。

そのような心理には、多くの日本人が共感できるのではないだろうか。

①私たちは、自己主張しないようにと意識しているわけではないが、無意識のうちに自己主張にブレーキがかかる心の構造をもつのである。

どこまでも②自己主張する心を文化的に植えつけられている欧米人と違って、私たちは意見を言う際に、自分の意見を(c)ムジャキに主張することなどできない。

ものごとにはいろんな側面があり、いろんな見方があることがわかる。相手の立場や気持ちを思いやる心を文化的に植えつけられているため、自分の見方を堂々と主張するようなことはしにくい。

自分の立場のみから自己主張するなんて、思いやりに欠け、③自己チューでみっともないといった感覚がある。だから自己主張がしにくいのだ。

自己主張が苦手なことに対して、「自分の意見がない」などと批判されることが多いが、けっして自分の意見がないわけではない。「こうしたい」「こうしてほしい」「こう思う」といったものは当然ある。

意見がないのではなく、相手の視点もわかるため、自分の見方だけを一方的に主張するような自己チューな行動は取れないということなのである。

[1]、欧米式に遠慮なく自己主張する人物に対しては、「[A]で見苦しい」と感じてしまう。そんな自分勝手な自己主張をしたら、相手に対して失礼だし、相手の気持ちを傷つけるではないかと思う。だから遠慮なく自己主張するなどということができないのだ。

そのように自己主張が苦手な心には、ある意味でやさしさが溢れていると言えないだろうか。

【中略】

「自己中心の文化」と「間柄の文化」

私は、欧米の文化を「自己中心の文化」、日本の文化を「間柄の文化」と名づけている。

日本の学校教育でいくら自己主張のスキルを高める教育をしたところで、子どもや若者が自己主張が苦手なままなのは、そもそも日本の文化には自己主張は(d)ナジまないからだ。

自己主張する心の構えは、もともと欧米流の自己中心の文化のものであり、間柄の文化のものではない。そこを教育界を動かす人たちは見逃している。

欧米などの自己中心の文化では、自分が思うことを思う存分主張すればよい。何の遠慮もいらない。ある事柄を持ち出すかどうかは、自分自身がどうしたいのか、自分にとって有利かどうかで判断すればよい。あくまでも基準は自分自身がどうしたいかにある。

それに対して、日本のような間柄の文化では、一方的な自己主張は避けなければならない。ある事柄を持ち出すかどうかは、相手や周りの人の気持ちや立場を配慮して判断することになる。基準は自分自身がどうしたいかにあるのではなく、相手と気まずくならずにうまくやっていけるかどうかにある。

④謝罪するかどうかも、自己中心の文化と間柄の文化では、基準が違ってくる。

欧米などの自己中心の文化では、謝るかどうかは「自分が悪いかどうか」で決まる。自分が悪いとき、自分に責任があるときは謝る。悪いのは自分ではない、自分に責任はないというようなときは謝らない。単純明快だが、それは自分だけが基準だからだ。

[2]、日本のような間柄の文化では、自分が悪いわけではなくても、相手の気持ちを配慮して謝るということがある。だれにも落ち度がないからだれも謝らないとなると、被害を受けた人や今実際に困っている人の気持ちが救われないと感じれば、自分に責任がなくても、「すみません」と容易に謝る。

間柄の文化では、単に「自分が悪いかどうか」を基準に謝るかどうかを決めるのではない。間柄を大切にするために、自分に非がない場合でも、相手の気持ちや立場に想像力を働かせ、思いやりの気持ちから謝ることもある。

そこには、自己中心の文化にはみられない二つの心理が働いている。

ひとつは、思いやりによってホンネを棚上げして謝罪し、相手の気持ちをこれ以上傷つけないようにしようとする心理、いわば相手の気持ちに少しでも救いを与えたいという心理である。

もうひとつは、自分に非がないことをどこまでも主張するのは見苦しいと感じる心理、言いかえれば、自己正当化にこだわるのはみっともないし、大人げないと感じる心理である。

自分の視点からしかものを見ることがなく、自分の視点に凝り固まりがちな欧米人には、このような意味での謝罪は理解できないに違いない。

[3]、間柄の文化では、自分の視点を絶対化しない。相手には相手の視点があり、それを尊重しなければと思えば、自分の視点からの自己主張にこだわることはできなくなる。

自分には何も落ち度はないけれど、相手が困っているのはわかるし、腹を立てるのもわかるというような場合、自分には責任がないからといって開き直るのは大人げないし、思いやりに欠けると感じる。

そこで、相手の気持ちに救いを与える意味で、自分に非がなくても容易に謝る。それが間柄の文化のもつやさしさと言える。

人身事故で電車が遅れているときなど、困惑し興奮して文句を言ってくる乗客に対して、自分にはまったく責任がないのに「すみません」と(e)テイチョウに頭を下げる駅員も、このような思いやりの心理によって謝っているのである。

自分の意見を押しつけないやさしさ

自分中心の視点から自己主張することがない間柄の文化の特徴は、曖昧《あいまい》な表現の仕方にも表れている。

日本語を学ぶ外国人が戸惑うのは、日本語の曖昧表現だと言われる。実際に私も、日本語が堪能な外国人たちから、

「母国語を日本語に訳すのがとても難しい。曖昧な表現が多いから」

と言われたりする。

欧米コンプレックスが強く、欧米基準でものを考えようとする日本人は、欧米文化が何でも正しくて、日本は遅れてる、ズレてると思いがちなため、日本語の曖昧表現にも批判的で、日本人も欧米人のようにハッキリものを言うべきだなどと言う。

だが、そのような人たちは、日本語の婉曲《えんきょく》表現のもつ意味をわかっていない。[4]間柄の文化について何もわかっていない。

日本語の婉曲表現は、相手を尊重し、自分の考えや感じ方を押しつけようとしないやさしい心の反映とも言えるのである。

自己主張をするようになったと言われる今どきの若者でさえ、

「……とか」「……っぽい」「……かも」「……みたいな」など、ハッキリ断言せずに「ぼかす表現」をしきりに使っている（身近な関係でもその表現を使うのは、ちょっと淋しくないかと思うが）。ハッキリ自己主張するようにといくら教育しても、若者たちがこのようにハッキリものを言わないのも、もともと間柄の文化には自分の意見を押しつけないやさしさがあるからだ。ハッキリした物言いは、押しつけになりやすい。だからハッキリ言うのには抵抗があり、曖昧な表現を好むのである。

（榎本博明『「やさしさ」過剰社会　人を傷つけてはいけないのか』PHP新書による）

□問1　――部(a)～(e)のカタカナを漢字に直しなさい。

□問2　空欄［1］～［4］に入る言葉を、次のうちからそれぞれ一つずつ選び、記号で答えなさい。ただし、同じ記号は二度使えない。

ア　一方　　イ　そもそも　　ウ　例えば

エ　ゆえに　　オ　だが

□問3　――部①「私たち」とあるが、これを言い換えている言葉を本文中から五字以内で抜き出して答えなさい。

□問4　――部②「自己主張する心」と対立する心を本文中から十四字で抜き出して答えなさい。

□問5　――部③「自己チューでみっともないといった感覚」とあるが、これを詳しく説明した一文をこの部分より後から探し、初めの五字を答えなさい。

□問6　空欄［A］に入る言葉として最も適当なものを次のうちから選び、記号で答えなさい。

ア　文化的　　イ　階層的　　ウ　利己的

エ　嘲笑的　　オ　本質的

□問7　――部④「謝罪」について、欧米の文化と日本の文化でどのような基準の差があるか、五十字以内で説明しなさい。

問8　次のア～エにおいて、本文中で述べられている「自己中心的な文化」に関連するものはX、「間柄の文化」に関連するものはY、どちらでもないものはZで答えなさい。

□ア　相手が気まずくならないようにうまくやる。

□イ　自己主張のスキルを高める教育をしている。

□ウ　自分の意見を言う際全く遠慮をしない。

□エ　相手の気持ちに救いを与える。

□問9　本文の内容に合致しているものを次のうちから一つ選び、記号で答えなさい。

ア　日本人のすべては、「間柄の文化」に浸っている。

イ　日本人が思っているやさしさは間違っている。

ウ　日本人の「すみません」は謝罪以外には使われない。

エ　自己主張する心構えは、もともと欧米流の文化である。

オ　欧米人の少数は「間柄の文化」である。

二　次の文章を読んで、あとの各問いに答えなさい。

最初に生まれた子どもを亡くした〈私〉は、病気に対して非常に神経質になっていた。おりから感冒《かんぼう》（風邪）が〈私〉の暮らす土地で流行のきざしを見せ、〈私〉は、娘の左枝子に風邪をうつさないように、他の家族や複数の使用人に対しても言い聞かせていた。

私は夕方何かの用でちょっと町へいった。薄い板に市川某《なにがし》、尾上某と書いた庵《いおり》看板が旧小学校の前に出してあった。小屋は舞台だけに幕の天井があって見物席の方は野天《のてん》で、下は藁《わら》むしろ一枚であった。余り聞いた事もない土地から贈られた雨ざらしの幟《のぼり》が四、五本建っていた。こういえば総《すべ》てが見窄《みすぼら》しいようであるが、若い男や若い女たちが何となく亢奮《こうふん》して忙《せわ》しそうに働いているところは中々《なかなか》(ア)ケイ気がよかった。沼向うからでも来たらしい、いい着物を着た娘たちが所々にかたまって場の開くのを待っていた。

帰って来る途《みち》、鎮守神《ちんじゅがみ》の前で五、六人の芝居見に行く婆さん連《れん》中《じゅう》に会った。申し合せたように手織木綿のふくふくした半纏《はんてん》を着て、提灯《ちょうちん》と弁当を持って大きい声で何か話しながら来る。ある者は竹の皮に包んだ弁当をむき出しに大事そうに持っていた。皆《みんな》の眼中には流行感冒などあるとは思えなかった。私は帰って①これを妻に話して「明後日あたりからきっと病人がふえるよ」といった。

その晩八時頃まで茶の間で雑談して、それから風呂に入った。前晩はその頃はもう眠っていたが、その晩は風呂も少し晩《おそ》くなっていた。

二人が済んだ時に、

「空いたよ。余《あん》まりあつくないから直《す》ぐ入るといいよ」妻は台所の入口から*女中部屋の方へそう声をかけた。

「はい」ときみが答えた。

「石はどうした。いるか？」私は茶の間に坐ったまま訊《き》いてみた。

「石もいるだろう？」と妻が取り次いでいった。

「ちょっと元右衛門《もとえもん》の所へ行きました」

「何しにいった」私は大きい声で訊いた。これは怪しいと思ったのだ。

「薪《まき》を頼みに参りました」

「もう薪がないのかい？……また何故《なぜ》夜なんか行ったんだろう。明るい内、いくらも暇《ひま》があったのに」と妻もいった。

きみは黙っていた。

「そりゃいけない」と私は妻にいった。「そりゃお前、元右衛門の家《うち》へ行ったところで、夫婦とも芝居に行って留守に決ってるじゃないか。石はきっと芝居へ行ったんだ。二人ともいなかったから、それを頼みに出先へ行ったといって芝居を見に行ったんだ」

「でも、今日石は何かいってたねえ、きみ。ほら洗濯している時。［A］そんな事はないと思いますわ」

「いや、それは分らない。きみ、お前直ぐ元右衛門の所へいって石を呼んでおいで」

「でも、まさか」と妻は繰り返した。

「薪がないって、今いったって、あしたの朝いったって同じじゃないか。あしたの朝焚《た》くだけの薪もないのか？」

「それ位あります」きみは X 答えた。

「何しろ直ぐお前、迎えにいっておいで」こう命じて、私は不機嫌な顔をしていた。

「貴方《あなた》があれほどいっていらっしゃるのをよく知っているんですもの、いくらなんでも……」

そんな事をいって妻も茶の間に入って来た。

②二人は黙っていた。女中部屋で何かごとごといわしていたが、その内静かになったので、私は、

「きみはきっと弱っているよ。元右衛門の所にいない事を知っているらしいもの。いれば直ぐ帰って来るが、直ぐでないと芝居へ行っていたんだ。何しろ馬鹿《ばか》だ。どっちにしろ馬鹿だ。行けば大馬鹿だし。行かないにしても疑われるにきまった事をしているのだからね。順序が決り過ぎている。行ったらいなかったから、それをいいに行ったという心算《つもり》なんだ」妻は耳を欹《そばだ》てていたが、

「きみは行きませんわ」といった。

「呼んで御覧」

「きみ。きみ」と妻が呼んだ。

「はい」

「行かなかったのかい。……行かなかったら、早く御風呂《おふろ》へ入るがいいよ」

「はい」きみは元気のない声で答えた。

「きっともう帰って参りますよ」妻は(a)しきりに善意にとっていた。

「帰るかも知れないが、何しろあいつはいかん奴だ。B そんなうまい事を前にいっておきながら行ったなら、＊出してしまえ。その方がいい」

私たち二人は起きていようといったのではなかったが、もう帰るだろうという気をしながら茶の間で起きていた。私は本を見て、妻は左枝子の＊おでんちを縫《ぬ》っていた。そして十二時近くなったが、石は帰って来なかった。

「行ったに決ってるじゃないか」

「今まで帰らないところを見ると本統《ほんとう》に行ったんでしょうね。本統に憎らしいわ、あんなうまい事をいって」

私は前日東京へ行っていたのと、少し風邪気《かぜけ》だったので、万一を思い、自分だけ裏の六畳に床をとらしておいた。丁度《ちょうど》左枝子が眼をさまして泣き出したので、妻は八畳の方に、私は裏の六畳の方へ入った。私は一時頃まで本を見て、それからランプを消した。

間もなく③飼犬がけたたましく吠えた。しかし直ぐ止《や》めた。石が帰ったなと思った。戸の開く音がするかと思ったが、そんな音は聞えなかった。

翌朝《よくあさ》眼をさますと私は寝たまま早速《さっそく》妻を呼んだ。

「石はなんていっている」

「芝居へは行かなかったんですって。元右衛門のおかみさんも風邪をひいて寝ていて、それから石の兄さんが丁度来たもんで、つい話し込んでしまったんですって」

「そんな事があるものか。第一元右衛門のかみさんが風邪をひいているなら其処《そこ》にいるのだっていけない。石を呼んでくれ」

「本統に行かないらしいのよ。風邪が可恐《こわ》いからといって兄さんにも止《や》めさせたんですって。兄さんも芝居見に出て来たんですの」

「石。石」私は自分で呼んだ。石が来た。妻は入れ代って彼方《むこう》へ行ってしまった。

「芝居へ行かなかったのか?」

「芝居には参りません」いやに明瞭《はっきり》した口(イ)チョウで答えた。

「元右衛門のかみさんが風邪をひいているのに何時《いつ》までもそんな所にいるのはいけないじゃないか」

「元右衛門のおかみさんは風邪をひいてはいません」

「春子がそういったぞ」

「風邪ひいていません」

「とにかく④疑われるに決った事をするのは馬鹿だ。もし行かないにしても行ったろうと疑われるに決った事ではないか。……それで薪《まき》はどうだった」

「沼向うにも丁度切ったのがないといってました」

「お前は本統に芝居には行かないね」


「芝居には参りません」

私は信じられなかったが、答え方が余りに明瞭《はっきり》していた。疚《やま》しい調子は殆《ほとん》どなかった。縁に膝をついている石の顔色は光を背後《うしろ》から受けていて、まるで見えなかったが、その言葉の調子には偽《いつわ》りをいっているようなところは全くなかった。それ故妻は素直に石のいった通りに信じている。私もそうかも知れないという気を持った。が、何だか(b)腑《ふ》に落ちなかった。調べれば直ぐ知れる事だが調べるのは不愉快だった。後で私は「ああはっきりいうんなら、それ以上疑うのは厭《いや》だ。……しかしともかくあいつは嫌いだ」こんな事を妻にいった。

「そりゃあ、ああいっているんですもの、まさか嘘じゃありますまいよ」

「なるべくしかし左枝子を抱かさない⑤ようにしろよ」


【中略】


四時頃だった。私は財布と風呂敷《ふろしき》を持って家を出た。田圃路《たんぼみち》を来ると二、三町先の渡舟場《わたしば》の方から三人連れの女がこっちへ歩いて来るのが見えた。石ときみと、それから石の母親らしかった。元右衛門の家の前に立ち止って少時《しばらく》こっちを見ていたが三人とも入って行った。私は自分の疑い過ぎた点だけはとにかく先に認めてやろう、そしてどうせ先方《むこう》で暇を貰いたいというだろうから、そうしたら、仕方がない(c)暇をやろうと考えた。

元右衛門の屋敷へ入って行くと土間への大戸が閉っていて、その前に石の母親ときみと裸足《はだし》になっている元右衛門のかみさんとが立っていた。きみは泣いた後のような赤い眼をしていた。この事には全く関係がないはずなのに何故一緒に逃げたり泣いたりするのだろうと思った。

「俺の方も少し疑い過ぎたが……」そういいかけると、

「馬鹿な奴で、御主人様はためを思っていってくれるのを、隣のおかみさんに誘われたとか、おきみさんと三人で、芝居見に行ったりして、今も散々《さんざん》叱言《こごと》をいったところですが……」母親はこんなにいい出した。私は黙っていた。

「何ネ、二幕とか見たぎりだとか」と母親は元右衛門のかみさんを顧みた。

「私、ちっとも知らなかった」元右衛門のかみさんは自身がそれに全く無関係である事を私に知ってもらいたいようにいった。

「やはり行ったのか」

「へえ、己《おのれ》のためを思って下さるのが解らないなんて、何という馬鹿な奴で」

「きみ、お前はこれを持って直ぐ町に行って魚でも何でも買って来てくれ。……それからお前には家でよく話したいから来てくれ」私は石の母親にいった。

「お暇になるようなら、これから荷は直ぐお貰い申して行きたいと思って……」と母親はいった。

「そりゃ、どっちでもいい」と私は答えた。そして石には暇をやる事に心で決めた。きみが使から帰った時に一緒に行くというので、私だけ一人先に帰って来た。

「やはり行ったんだ」私は妻の顔を見るといった。私は自分の思った事が間違いでなかった事は満足に感じていた。[C]明瞭《はっきり》と嘘をいう石は恐ろしかった。左枝子が下痢をした場合、何か他所《よそ》で食わせはしなかったかと訊いた時、食べさせませんと断言をする。あるいは、自身が守りをしていて、うっかり高い所から落すとする。そして横腹をひどく打つとする。あとで発熱する。原因が知れない。そういう時、別に何もありませんでしたと断言する。これをやられては困ると私は思った。

「お父様、⑥誰にお聞きになって?」

「石の母親から聞いた。元右衛門の家で今皆来るところに会ったのだ」

妻は呆《あき》れたというように黙っていた。

「石はもう帰そう。ああいう奴に守りをさしておくのは可恐《こわ》いよ。今に荷を取りに来る」

石を帰す事には妻も異存ない風であった。しかし私はこれから間もなく其処《そこ》に起るべき不愉快な場面を考えると厭《いや》な気持になった。私は一人その間だけその場を避けたいような気も起したが、それは妻も同様なので仕方がなかった。石の親子の来るのを待っていた。何かいって石に(ウ)お辞ギをされた場合、心に当惑する自分でも妻でもが眼に見えた。しかし私は石をそのままにおく事は仕《し》まいと思った。私は暫くこの不愉快な気持を我慢しようと思っていた。

【中略】

「お前よくいってくれ。なるべくあっさりいうがいいよ」

「よくいい聞かしても……駄目ね？」と妻は私の顔色を覗《うかが》いながらいった。

「一時は不愉快でも思い切って出してしまわないとまた同じ事が繰り返るよ」

「そうね」

台所の方に三人が入って来た。妻は左枝子を私に預けて直ぐ女中部屋の方へいった。左枝子を抱いて縁側を歩いていると石の母親が庭の方から挨拶に来た。

「永々お世話様になりまして、……」といった。石は末っ子で十三までこの母の乳を飲んだとか、母親には殊に大事な娘らしかった。石の母親が感じている不愉快は笑顔をしても、叮嚀《ていねい》な言葉遣いをしても隠し切れなかった。顔色が変に悪かった。そして眼が涙を含んでいた。私は気の毒に思った。【中略】私は石に就《つい》て、今度の事はともかくも悪い、しかしこれまで石が不正な事をしたと思った事は一度もなかったし、左枝子の事も本統に心配してくれた事は認めているし、というような事をいった。私は石に(エ)汚メイをつけて出したという事になるのは厭だった。左枝子のために、これでは安心出来ない自分たちの神経質から暇を取ってもらうのだからという風に、前に「ともかく悪い」といった言葉をさえ緩《ゆる》めていった。しかし母親にはそんな言葉を叮嚀《ていねい》に聴く余裕はなかった。そして荷作りを済ました石を呼んで、石にも挨拶をさせた。石は赤い眼をして工合《ぐあい》悪そうに、［D］お辞ギをした。

「お父様」と座敷の内から妻が小手招《こてまね》きをしている。寄って行くと、

「もう少し置いて頂けない？」と小声で哀願するようにいった。妻も眼を潤《うる》ませていた。

「狭い土地の事ですから失策で出されたというと、後までも何かいわれて可哀想《かわいそう》ですわ。それに関*の事もありますし、関の家へはよくしてやって、石の家にはこんな事になったとすると、大変［　］が立ちますもの。関の家と石の家とはただでも仲が悪いんですから、こんな事があるとなおですわ。ね、そうして頂けない？　その内［　］を立てずに暇を取ってもらえば、いいんですもの。石だって今度で懲《こ》りたでしょうよ。もうあんな嘘はきっとつきませんよ。……そうして頂けなくって？」

「⑦……そんなら、よろしい」

「ありがとう」

妻は急いで台所の方へいって、石親子が門を出たところを呼び返して来た。【中略】

その晩私は裏の六畳で床へ入って本を見ていると、

「今ね」そういいながら妻はにこにこして入って来た。

「旦那様はそりゃ可恐《こわ》い方なんだよ。いくら上手に嘘をついたって皆《みんな》心の中を見透《みとお》してしまいになるんだからね……、こういってやったら、吃驚《びっくり》したような顔をして、はあ、はあ、っていってるの」妻は Y 笑いながら首を縮めた。

「馬鹿」

「いいえ、その位にいっておく方がいいのよ」妻は真面目《まじめ》な顔をした。

（志賀直哉『流行感冒』による 一部改変）

〈注〉女中――よその家につとめて、台所の仕事や雑用をした女性。

出してしまえ。――「出す」とは、ここでは解雇すること。

おでんち――袖なしの羽織。ちゃんちゃんこ。

関――石と同じ村出身で、〈私〉たちが仲人になって結婚させた女性。

問１ ――部(ア)～(エ)のカタカナ部分と同じ漢字を使う熟語として最も適当なものを次のうちからそれぞれ選び、記号で答えなさい。

□ (ア) ケイ気

ア ケイ口となるも牛後となるなかれ。
イ 歩き疲れたので、そろそろ休ケイしよう。
ウ 彼に出会って大いにケイ発を受けた。
エ 古い蔵の中から家ケイ図が見つかった。
オ 叔父の趣味は、風ケイ写真の撮影だ。

□ (イ) 口チョウ

ア 畑を荒らす有害チョウ獣に指定された。
イ せっかくの功績がチョウ消しになった。
ウ 国際間の紛争のチョウ停役を任される。
エ チョウ礼ではラジオ体操を行うきまりだ。
オ 彼は苦しみをチョウ越して作品を残した。

□ (ウ) お辞ギ

ア 誕生日に地球ギを買ってもらった。
イ 個人ギに頼るチームはなかなか勝てない。
ウ 戦争では多くの市民がギ牲になった。
エ 選挙で与党が過半数のギ席を確保した。
オ ギ造したお札を使用した犯罪が起きた。

□ (エ) 汚メイ

ア 彼にはなかなか先見のメイがある。
イ 直属の上司のメイを受けて出張した。
ウ 下町の裏道はまるでメイ路のようだ。
エ メイ案が浮かばないので困っている。
オ 座右のメイは「継続は力なり」だ。

□問２ ――部①「これ」とは具体的に何を指しているか。最も適当なものを次のうちから選び、記号で答えなさい。

ア 小学校の前に役者名が書かれた庵看板が出ていたこと。
イ 流行感冒に対する警戒心のない人を多く見たこと。
ウ 婆さん連中が手織木綿の半纏を着ていたこと。

エ　雨ざらしの幟が四、五本立てられていたこと。

オ　五、六人の婆さんが提灯と弁当を持っていたこと。

□問3　空欄[A]〜[D]に入る語として最も適当なものを次のうちからそれぞれ選び、記号で答えなさい。

ア　しかし　イ　もし　ウ　まさか

エ　あながち　オ　ただ

□問4　空欄[X]と[Y]に入る語の組み合わせとして最も適当なものを次のうちから選び、記号で答えなさい。

ア　X…のらりくらりと　Y…げらげら

イ　X…きっぱり　Y…にやにや

ウ　X…恐る恐る　Y…くすくす

エ　X…ぽつりと　Y…へらへら

オ　X…堂々と　Y…にこにこ

□問5　――部②「二人は黙っていた」とあるが、ここから読み取れる〈私〉と妻の心情の説明として最も適当なものを次のうちから選び、記号で答えなさい。

ア　〈私〉はきみの強情さにあきれているのに対して、妻はきみの言葉は疑わしいと思っている。

イ　〈私〉は石だけを疑っているのに対して、妻はきみは石をかばって嘘を言っていると思っている。

ウ　〈私〉はきみにも石にも不快感を覚えているのに対して、妻はきみだけは信じたいと思っている。

エ　〈私〉はきみが石をかばっていると疑っているのに対して、妻はきみも石も嘘を言っていないと思っている。

オ　〈私〉は石の気持ちを理解して寛容なのに対して、妻は石のふるまいを許せないと思っている。

問6　――部(a)〜(c)の、本文中の意味として最も適当なものを次のうちからそれぞれ選び、記号で答えなさい。

□(a)　しきりに

ア　熱心に　イ　何度も　ウ　こわごわと

エ　まっさきに　オ　深刻そうに

□(b)　腑《ふ》に落ちなかった

ア　看過できなかった　イ　我慢できなかった

ウ　許容できなかった　エ　納得できなかった

オ　消化できなかった

□(c)　暇をやろう

ア　勤め人をやめさせよう

イ　しばらく休みを与えよう

ウ　仕事を減らしてやろう

エ　自由な時間を与えよう

オ　結婚相手を紹介しよう

□問7　――部③「飼犬」と同じ構成の熟語として最も適当なものを次のうちから選び、記号で答えなさい。

ア　非常　イ　身体　ウ　左右

エ 着火　オ 洋画

□問8 ――部④「疑われるに決った事をするのは馬鹿だ」とあるが、このようなことを戒める慣用句として最も適当なものを次のうちから選び、記号で答えなさい。

ア 重箱の隅をつつく　イ 李下《り》に冠を正さず
ウ 情けは人の為ならず　エ 風が吹けば桶屋が儲《もう》かる
オ 出る杭は打たれる

□問9 ――部⑤「ように」と同じ用法のものを次のうちから選び、記号で答えなさい。

ア 明日、天気になりますように。
イ 彼女のように正直な人は珍しい。
ウ まるで死んだように眠っている。
エ 先生の言うようにしたらうまくできた。
オ 学校に遅刻しないように早起きをする。

□問10 ――部⑥「誰にお聞きになって?」とあるが、この部分に含まれている敬語として最も適当なものを次のうちから選び、記号で答えなさい。

ア 尊敬語　イ 謙譲語　ウ 丁重語
エ 丁寧語　オ 美化語

□問11 二箇所の空欄□に共通して入る漢字一字として最も適当なものを次のうちから選び、記号で答えなさい。

ア 蔵　イ 顔　ウ 角　エ 腹　オ 矢

□問12 ――部⑦「……」とあるが、ここから読み取れない〈私〉の心情として最も適当なものを次のうちから選び、記号で答えなさい。

ア 危惧　イ 諦念　ウ 不満
エ 哀惜　オ 憤怒

□問13 本文中における〈きみ〉の説明として最も適当なものを次のうちから選び、記号で答えなさい。

ア 真面目な性格で〈私〉たちに信頼されており、ただ一人左枝子の世話を任されている。
イ 〈私〉から大切にされていないと感じており、常に石に対して引け目を感じている。
ウ 他者に対する思いやりが厚く、そのために自分が苦しい立場に置かれることがある。
エ 石と関との共通の知り合いであり、仲の悪いふたりの間を取り持ったことがある。
オ 利己的な性格で、相手によって態度を変えるため、信用のおけない人物である。

□問14 本文から読み取れる内容として最も適当なものを次のうちから選び、記号で答えなさい。

ア 元右衛門のおかみさんが風邪をひいていたかどうかは〈私〉にはわからなかった。
イ 末っ子の石は、実の親から大切にされていなかったので、

〈私〉の家に預けられた。

ウ　以前〈私〉の家にいた関という女中は、大きな失敗をしたために解雇された。

エ　石は、元右衛門のおかみさんに芝居を見に誘われたが、ことわって行かなかった。

オ　妻は〈私〉と同様に石のことを信用せず、積極的に石を家に帰そうとしていた。

□問15　この小説の作者の作品として最も適当なものを、次のうちから選び、記号で答えなさい。

ア　屋根の上のサワン　イ　ごんぎつね

ウ　赤い蝋燭《ろうそく》と人魚　エ　小僧の神様

オ　風の又三郎

三

次の文章を読んで、あとの各問いに答えなさい。

昔、もろこし*に北叟《ほくそう》といふ翁あり。賢く強き馬を持ちたり。これを人にも貸し、われもつかひつつ、[a]世を渡るたよりにしけるほどに、この馬いかがしたりけむ、いづちともなく失せにけり。聞きわたる人、「いかばかり[I]嘆くらむ」とてとぶらひければ、「(X)」とばかりいひて、[b]つゆも嘆かざりけり。あやしと[II]思ふほどに、この馬、同じさまなる馬を多く具して来にけり。①いとありがたきことなれば、したしき、[c]うとき、喜びをいふ。かかれども、また「(Y)」といひて、これをも驚く気色《けしき》なくて、この馬あまたを飼ひて、さまざまにつかふあひだに、翁が子、今出で来たる馬に[III]乗りて、落ちて右肘を突き折りにけり。聞く人、目を驚かしてとふにも、なほ「(Z)」といひて、気色もかはらず、つれなく*同じさまにいらへて過ぎけるに、そのころ、[d]にはかに国にいくさおこりて、兵を[IV]集められけるに、国中さもあるものの、残りなく出でて、みな死ぬ。この翁の子、かたはになるによつて、もれにければ、片手は折れたれども、②命は全かりけり。これ、かしこきためしに申し伝へたり。今もよき人は、毎事動きなく、心軽からぬは、この翁が心にかよへるなどぞ③見ゆる。

（「十訓抄」の一節による）

〈注〉もろこし――中国。

つれなく――何事もなかったかのように。

□問1　＝部a～dの口語訳として、最も適当なものを次のうちからそれぞれ選び、記号で答えなさい。

□a「世を渡るたより」

ア　運搬する役割　イ　生きていく手段

ウ　渡航する機会　エ　安否を知らせる手紙

□b「つゆも嘆かざりけり」

ア　人知れず大粒の涙を流した。

イ　わずかに涙を流すのみであった。

ウ　少しも悲しむことはなかった。

エ　悲嘆せずにはいられなかった。

□ c 「うとき」

ア 有能な者　イ 高貴な者

ウ 貪欲な者　エ 疎遠な者

□ d 「にはかに」

ア 突然　イ 案の定

ウ 次第に　エ まもなく

□問2 ――部Ⅰ「嘆く」・Ⅱ「思ふ」・Ⅲ「乗り」・Ⅳ「集め」のうち、主語が「北叟」であるものはいくつあるか。次のうちから最も適当なものを選び、記号で答えなさい。

ア 一つ　イ 二つ　ウ 三つ　エ なし

□問3 空欄X・Y・Zに入る語の組み合わせとして最も適当なものを次のうちから選び、記号で答えなさい。

ア X―悔いず　Y―悔いず　Z―悦ばず

イ X―悦ばず　Y―悦ばず　Z―悔いず

ウ X―悔いず　Y―悦ばず　Z―悔いず

エ X―悦ばず　Y―悔いず　Z―悦ばず

□問4 ――部①「いとありがたきこと」とはどのようなことか。次のうちから最も適当なものを選び、記号で答えなさい。

ア いなくなった馬が数多くの功績を残して戻ってきたこと。

イ いなくなった馬に匹敵するほどの名馬が姿を見せたこと。

ウ いなくなった馬にそっくりな馬が何頭も姿を見せたこと。

エ いなくなった馬が数多くの名馬を連れて戻ってきたこと。

□問5 ――部②「命は全かりけり」の理由として、最も適当なものを次のうちから選び、記号で答えなさい。

ア 怪我をしていたことによって、兵役を免除されたから。

イ 父親の助言に従ったことで、攻撃されずに済んだから。

ウ 負傷したのは片手だけであり、走ることができたから。

エ 大切に育てられた馬が、御恩に報いたいと思ったから。

□問6 ――部③「見ゆる」の活用形を次のうちから選び、記号で答えなさい。

ア 未然形　イ 連用形　ウ 終止形

エ 連体形　オ 已然形　カ 命令形

□問7 この話の教訓として、最も適当なものを次のうちから選び、記号で答えなさい。

ア 悠々自適にのんびりと過ごすのがよい。

イ 災難に対して日頃から注意が必要である。

ウ 目先の結果に一喜一憂すべきではない。

エ 苦難の時は辛抱強く耐えるべきである。

□問8 『十訓抄』は鎌倉時代の説話であるが、この作品と同じ時代に成立したものを次のうちから一つ選び、記号で答えなさい。

ア 義経記　イ 奥の細道

ウ 方丈記　エ 今昔物語集

60

第8回

出題の分類

一 知識問題　二 論説文
三 小説　四 古文

※特別な指示がない限り、句読点や記号も一字とする。

▼解答・解説は P.175

時　間：50分
目標点数：80点

1回目	/100
2回目	/100
3回目	/100

一 次の各問いに答えなさい。

問1 次のa・bの――部を漢字に直した場合、ア～オの――部で同じ漢字を含むものをそれぞれ一つずつ選び、記号で答えなさい。

□ a キンシツな製品を生産する。

ア 東京のキンコウに家を建てる。
イ キンセイの取れた体を手に入れる。
ウ 夜中の外出をキンシされる。
エ 人前で話すことにキンチョウする。
オ 海外でキンミャクを探し当てる。

□ b 資源がジュンタクに存在する。

ア 子供のジュンスイさにいやされる。
イ 新しい環境にジュンノウする。
ウ 社会のルールをジュンシュする。
エ 四月のジョウジュンに始める。
オ 資本主義社会でリジュンを追求する。

□問2 次のうちから慣用表現と意味の組み合わせとして、正しくないものを一つ選び、記号で答えなさい。

ア 「斜に構える」…皮肉な態度をとる様子。
イ 「舌が回る」…非常に感心し驚く様子。
ウ 「歯の根が合わない」…寒さや恐怖で震える様子。
エ 「青菜に塩」…元気なくしおれている様子。
オ 「青筋を立てる」…激しく怒っている様子。

□問3 次のア～オの四字熟語のうちから、□に数を表す文字が入らないものを一つ選び、記号で答えなさい。

ア 朝□暮改（法律や指示が次々に変わり定まらないこと）
イ 森羅□象（宇宙に存在する全てのもののこと）
ウ □方美人（誰に対しても愛想よく応対すること）
エ □里霧中（心が迷って判断がつかなくなること）
オ □律背反（命題が相互に対立・矛盾すること）

□問4 次のうちから敬語の使い方が正しいものを一つ選び、記号で答えなさい。

ア 兄が校長先生におっしゃった。
イ 先生が今私に申し上げたことに賛成だ。

ウ　社長が会議室に参上した。
エ　ご令嬢が新しい服をお召しになる。
オ　明日、私からの贈り物をいただいてください。

□問5　次の文の――線を引いた部分の関係として、正しいものをア～オのうちから一つ選び、記号で答えなさい。

「自宅に、遠いところから仲の良い友達がきてくれた時は、言いようのない喜びを感じる。」

ア　主語・述語の関係　イ　修飾・被修飾の関係
ウ　接続の関係　エ　並立の関係
オ　補助の関係

□問6　次のア～オの文学作品のうちから、夏目漱石の作品でないものを一つ選び、記号で答えなさい。

ア　『三四郎』　イ　『坊っちゃん』　ウ　『舞姫』
エ　『夢十夜』　オ　『吾輩は猫である』

□問7　「文月」とは何月のことか。次のうちから正しいものを一つ選び、記号で答えなさい。

ア　一月　イ　三月　ウ　五月
エ　七月　オ　九月

問8　次のa・bを返り点に従って読むとき、読む順序が正しいものを次のうちからそれぞれ一つずつ選び、記号で答えなさい。

□ a　A　B㆑　C㆑　D

ア　DBCA　イ　ACDB　ウ　ACBD
エ　DCBA　オ　ADCB

□ b　A㆑　B㆓　C　D㆒　E㆑　F

ア　CDBAFE　イ　CDABFE
ウ　EFCDBA　エ　CDEFBA
オ　FECDBA

二　次の文章を読んで、あとの各問いに答えなさい。

人権というとき、コミュニケーションを禁じられた人権というものは存在しません。自由な対話ができにくい社会には、独裁政治による人間性の抑圧、あるいは過剰な自由競争で人びとが自己防衛に走らざるを得ないという共通性があるのではないでしょうか。対話には民主的というか、人権優先の思想が流れています。いいえ、対話そのものが人権をつくり出すのかもしれません。対話が人びとに好まれている最大の理由は、そこにあるのではないでしょうか。

対話の持つ平等性、相互性、話し手の感情や主観を排除しない人間的全体性、勝ち負けのない対話の中から生まれるものへの尊敬――それらのことが①対話の魅力になっているのです。

針生悦子は、『言語心理学』の中で、一九七〇年から八〇年にかけてニカラグアで聴覚障害を持つ子どもの公教育が始まった時点では、それぞれの子どもは、私生活の中ですでに手話のコミュニケーションを持っていたので、そのバラバラの私的な手話の経験は、大勢の子どもが集まったときに、自然に混合統一されて、より複雑で高度な伝達機能を持つ共通の手話に完成されていったと述べています。私生活の中で②個人的な対話の経験を持っていたことが、その後の③社会的なコミュニケーションの土台になった、という例です。小さなコミュニケーションの世界で、私的な対話・コミュニケーションの[a]ユウエキさ、楽しさを経験していれば、より広い社会でそれを一般化することは困難ではない、という中学生の意見を紹介しましたが、それがここでも実証されています。

同じような話を音楽大学の先生から聞いたこともあります。（Ａ）音楽大学の学生は、いつも一対一の指導によって音楽を勉強しているので、一対一で対話的に伝え合う重要性がよく分かっていて、卒業生が音楽以外の職業についた場合にもその特質を理解している有意義な人材として認められ、④実業界からの求人も多い、と話してくれました。

東ドイツのベルリンの壁が崩れたとき、私はウィーン大学にいて、（Ｂ）東ドイツとの間を往き来していました。一人の[b]ボウカン者として私が見たもっとも大きな変化は、人びとの生き生きとした対話の復活でした。命令でもなく、演説でもなく、人びとは公園のベンチで、あるいは知らない人の家に友人とともにあがり込んで、夢中になって、人間としての、個人としての対話をはじめました。（Ｃ）人権の[c]ショウチョウが対話であったかのように。私の目には秘密警察がなくなったからという理由だけでなく、対話という日常の自由な空気こそが新しい社会をつくり出し、水を得た（Ｄ）のように人びとを活気づけたように見えました。

それは何十年か前、日本人が敗戦によって経験した自由の空気と似ていました。農村で小作人という身分から⑤カイホウされ、都市では労働組合の結成によって、社会保障なしの失業の恐怖からカイホウされ、家庭では女性が家父長制からカイホウされ、平等な人間としてあちこちで対話をする人びとの姿が見られました。そのとき、個人から出発した生き生きとした人間的な対話の復活が、社会を明るく活気づけている、と感じました。

権力による画一的な抑圧があるところに自由で多様な対話はありません。権力とは政治権力のことだけではなく、利潤第一を求める[d]コウリツの強制力のこともあるし、望まないのに電子機器を使わざるを得なくする教育環境のこともあります。家族の中の、あるいは学校の中の大人の一方的な押し付けが権力であることもあり、その極端なものは暴力による制裁でしょう。体罰の中に対話はありません。

（暉峻淑子『対話する社会へ』による）

□問1　～～部a～dのカタカナを漢字に直しなさい。

□問2　（A）～（C）に入る語句として最も適切なものをそれぞれ選び、記号で答えなさい。

ア　まるで　イ　つまり　ウ　しばしば　エ　たとえば

□問3　（D）に入る語句を漢字一字で答えなさい。

□問4　——部①「対話の魅力」はどのような点にあると筆者は述べているか。適切でないものを次のうちから一つ選び、記号で答えなさい。

ア　自由なコミュニケーションや競争が話し手に保障されている点。

イ　民主的な思想が根本にあり、人権を生み出している点。

ウ　人権の中核となる自由や平等性、相互性を具現化している点。

エ　勝ち負けという結果ではなく、対話が生む価値観を重視している点。

□問5　——部②「個人的な対話の経験」・③「社会的なコミュニケーションの土台」は、具体的にそれぞれどのようなことを例として挙げているか。②は十五字以内、③は二十字以内で同じ段落の中から抜き出して答えなさい。

□問6　——部④とあるが、「音楽大学の学生」が「実業界からの求人も多い」のはなぜか。理由を述べた次の文の空欄にあてはまる語句を本文中から十五字以内で抜き出して答えなさい。

・音楽大学の学生は（　十五字以内　）をよく理解している有意義な人材として認められているから。

□問7　——部⑤「カイホウ」と同じ意味のものを次のうちから一つ選び、記号で答えなさい。

ア　カイホウ感のある部屋。

イ　病気がカイホウに向かう。

ウ　怪我人をカイホウする。

エ　人質をカイホウする。

□問8　本文について説明したものとして最も適切なものを次のうちから選び、記号で答えなさい。

ア　「対話」の問題点を示しつつ、反証的にその重要性について論じている。

イ　「対話」の様々な具体例を根拠として挙げ、その意義を論じている。

ウ　「対話」の歴史的な経過に触れながら、中立的な立場で論じている。

エ　「対話」の意義と課題を指摘し、その在り方について問題提起している。

三　次の文章を読んで、あとの各問いに答えなさい。

「佐藤、悪いが、おれは俳句甲子園に向いてないよ」

「そんなことないって。去年だって、佐々木の句だけは評価されてたじゃないか」

「ごく一部の審査員にね」

「謙遜するなよ。お前には言葉のセンスがあるんだって」

「だから、おれはきわもの扱いだったってば」

実際、ただ一人自由律俳句を詠《よ》んだ潤《けん》に対して、辛辣な評を浴びせた審査員もいた。

「それにさ。佐藤、本当に悪いけど、おれには俳句やってる時間がないんだ」

「佐々木がいい大学目指して頑張ってるのはわかるけどさ、いいじゃん、少しくらい寄り道したって。佐々木の戦術は今も文芸部に引き継がれているぞ」

「だが、おれの句じゃ駄目だろ。正統派じゃない。みんなだって受け入れないだろ」

去年の俳句甲子園出場準備中も、潤は当時の二年生とことごとく対立した。文芸部の中で有志を募っての俳句部会だったのだから、出場しない部員にどうこう言われる筋合いはないと思うのだが、いちゃもんをつけたい奴《やつ》はどこにでも湧いて出るものだ。今にして思えば、板挟みになった佐藤は大変だっただろう。

だが、佐藤は［ 1 ］。

「心配ない。もうあの当時の先輩は全員引退した」

「あ、そりゃそうか」

芳賀《はが》高校は進学実績をどんどん伸ばしていることが売りだ。だいたいそういう学校でなければ、特待生枠なんて作りはしない。三年生は、進級した時点で自動的に部活動を引退させられる。

「今はおれが部長だ。佐々木は自由に活動してくれていい。お前の能力が必要なんだ。なあ佐々木、せっかくの高校生活だぞ？あんまり【 X 】を歩いているだけじゃ、寂しくないか」

潤は眼《め》を丸くして、①すぐ近くに迫っている佐藤の顔を見つめる。

こいつ今、狙って言ったのか？

佐藤は大真面目だ。自分がどんなにくさいセリフを吐いたのか、そういうことを意識してもいないらしい。

そうだ、佐藤はこういう奴だった。

「……ちょっと考えさせてくれ」

帰宅すると、潤はあの本を手に取った。『どうしやうもない私』。佐藤め。何も狙わずに、潤のツボにはまる言葉を投げてきやがって。

まっすぐな道でさみしい　種田山頭火
山頭火みたいなセリフで説得するんだもんな。

――なあ、佐々木。

佐藤がそんなふうに聞いてきたことがある。

――どうして俳句なんだ？

――短いのがいいじゃん。

――短すぎて言いたいことが言えなくて、みんな苦労してるんだぜ。

――だって、色々くどくど言うの、うざくない？

そう、なんでわざわざ俳句をうざくするんだよ。決まり事を色々作って。それがいやで、潤は自由に、つぶやくように俳句を作っていたつもりだった。

……そして行き詰まったのだ。何のために作るのか、わからなくなったから。

（中略）

あれ以来、佐藤は潤にちょこちょこと接触してくるようになった。それをはぐらかしているうちに、俳句甲子園全国大会出場校、全三十六校が出そろった。

東京からは三校。一校は東京会場で優勝した至光学園。佐藤によると、注目の新鋭らしい。それから投句審査で出場を決めた藤ヶ丘女子高校。私立の進学校で、これが初出場というがきっと優秀なんだろう。すごく偏差値が高かったはずだから。そして、東京にありながら宇都宮会場にエントリーするという奇策で勝ち上がった芳賀高校。

それまでまったく日の当たらなかった文芸部が全国大会に行くということは、校内でもそこそこ話題になった。こういうアピールが好きな学校側は、インターハイ出場を決めた水泳部や卓球部と合わせ、校舎の正面玄関に垂れ幕を出すはしゃぎっぷりだ。

「②いろいろ言われてるけどさ、勝ったもんが正義よ」

佐藤は［2］。「なあ、佐々木。決心ついた？」

潤は佐藤の熱意をもてあましてしまう。

「なあ、佐藤、お前の熱には根負けするけどさ、お前がいれば大丈夫だよ。正々堂々、松山で戦って来いよ」

「おれはお前と行きたいんだよ、佐々木」

「どうしてそんなにおれに肩入れするんだよ。見逃してくれよ」

逃げるように校門を出る潤に、佐藤はまだ呼びかける。

「全国大会のオーダー表提出まで、まだ時間がある。おれ、あきらめていないからな」

逃げ出しながらも、その疑問は潤につきまとう。どうしておれが必要なんだ？

本当に、地方大会も突破したこのタイミングで、どうして佐藤が潤を引っ張り込みたいのかわからない。

――そりゃあ、高校生の青春そのものだけどさ、八月の全国大会ってのは。

そこで、潤は［3］。

もしかしたら……。

「おい、佐藤。③白状しろ」

翌日。潤は校舎の屋上に佐藤を呼び出した。

「何だ、佐々木。おれに告白？」

ちゃかす佐藤にかまわず、潤は冷静に告げた。

「俳句甲子園の大会日程を確かめたよ。八月の第四週の土曜と日曜だってな」

「おお、そうだ。佐々木、いよいよその気になったか。まだ出場選手の提出締め切りには間に合うぞ……」
4 佐藤を、潤はさえぎる。
「ただし、実際には試合前日の金曜日から松山入りしている必要がある。顔合わせや、対戦相手を決める抽選や、色々あるんだな。それで……」
④いったん息を継いでから、一語一語、はっきりと言葉を吐き出す。
「その金曜日。インターハイとかぶるよな」

祝インターハイ出場!

まだ正面玄関に下げられている垂れ幕の文字は、毎朝いやでも目に入る。

「今年の文芸部員についても調べさせてもらった。水泳部との兼部が一人いるな。一年生。すごく有望な飛び込み選手だそうで。うちの校長が、学校のイメージアップに関して執着が強いのは、おれでも知ってるよ。俳句甲子園とインターハイ、どっちのほうがアピール度が強いか。おれが校長でもインターハイに行けって言うな。いや、俳句の方はそいつじゃなくてもほかに誰か人数合わせの人間さえ引っ張ってくりゃすむだろう、誰でもいいからいないのか？　そんなことを言われたのかな、佐藤文芸部長？」俳句甲子園のための五人なんて、その程度にしか考えてもらえないだろう。
⑤「……それが何だ？　佐々木」
追い詰めたつもりだったのに、佐藤の冷静な返事に、潤は調子が狂う。

「たしかに多田──お前の言ってる一年生だが──は、水泳部所属でもあるよ。最初から兼部でいいから入部してくれっておれが説得した。それでようやく五人集められたんだ。で、インターハイの方を優先したいっていうのも多田が自分で決めた。かけてるエネルギーも時間も、水泳に関しての方が段違いに大きいからな。でも多田はちゃんと俳句を詠んできたよ。馬鹿っぽい句もあるが、いい句も作るぜ。高い飛び込み台の上でなきゃ見られない景色、飛び込んだ瞬間の水の硬さ、痛さ。奴にしか作れない。そういう奴がいちゃいけないか？」
⑥「……いけないとは言ってない、でも……」
勢いをそがれた潤の言葉は、佐藤にさえぎられた。

「奇策じゃないんだよ」

「え？」

「東京大会を避けて、宇都宮に出場したこと。勝つために、強いチームがいなくてエントリー数も少ない会場を狙ったわけじゃない。あの日しか、チーム全員がそろう日がなかったんだ。知ってる？　うちのプール、深さが足りないから飛び込みの練習なんて危険でできないんだよ。だから多田は、平日は筋トレや体育館でのトランポリン練習に励んでる。で、日曜日だけ特別に、ある大学のプールを使わせてもらえるんだ。個人的についているコーチのコネのおかげで。ほかの日はそこの付属高校水泳部の練習があるから、多田が割り込むわけにはいかないんだってさ。おれたちが日曜日の羽田に行けなかったのは、そういうわけだ。それに大体、勝てるとも思っていなかった、正直なところ。だから全国大会の日程のことなんて、誰一人、考えていなかった」

潤は言葉を失う。

高校生といっても、互いにさまざまな事情を抱えているのだ。そう自分で(b)うそぶいていたくせに、他人の事情なんか、まったく想像してみようとしなかった。

佐藤はさらに言う。

「多田のことを最初に言わなかったのは本当にすまなかった。お前が気を悪くしたらまずいなって姑息《こそく》なことを考えちまった。だけど、お前に声をかけたのは人数確保のためだけじゃない。ただ単純に、お前に入ってもらうのが一番見込みがあると思ったからだ。それは認めるよ。やるからには勝ちを狙いたい。それとさ、くさいセリフで嘘《うそ》っぽく聞こえるだろうが、おれはお前と松山に行きたいと思ってる。お前と何かできるのは今年しかないんだから」

（森谷明子「春や春」による）

〈注〉きわもの――一時的に世間の興味を集める事柄。

□問1 [1]～[4]に入ることばとして適切なものを次のうちからそれぞれ選び、記号で答えなさい。ただし、同じものは使えない。

ア 足を止めた　イ さらりと言う

ウ 眉をひそめた　エ 顔をほころばせる

オ きっぱりと首を振った

□問2 ～～部a・bの本文における意味として適切なものをそれぞれ一つずつ選び、記号で答えなさい。

□ a「辛辣な」

ア 残酷な　イ 筋違いの

ウ 非常につらい　エ 手厳しい

オ 無慈悲な

□ b「うそぶいていた」

ア 自分をごまかしていた

イ 素知らぬ顔をしていた

ウ 偉そうなことを言っていた

エ 一人つぶやいていた

オ 言いふらしていた

□問3 【 X 】に入る適切なことばを文中から五字以上十字以内で抜き出しなさい。

□問4 ――部①「すぐ近くに迫っている佐藤の顔を見つめる」とあるが、このときの潤のようすとして適切なものを次のうちから一つ選び、記号で答えなさい。

ア　佐藤が誠意をこめて説得しようとしていることに心を動かされている。

イ　佐藤があまりにさりげなく心に響くことばを言ったので驚いている。

ウ　わざとらしいことばを発しながら自然に振る舞う佐藤に戸惑っている。

エ　佐藤らしい真面目でストレートな物言いに圧倒されてしまっている。

オ　自分を必要としているという佐藤の熱いことばに胸を打たれている。

□問５　――部②「いろいろ言われてる」とあるが、どのように言われているのか。主語を明らかにし、文中のことばを用いて四十字以内で答えなさい。

□問６　――部③「白状しろ」とあるが、何を「白状しろ」というのか。次の形式に従って適切なことばを入れなさい。（ただし、［１］は五字以上十字以内、［２］は十字以上十五字以内で答えること。）

［１］が［２］から声をかけたこと。

□問７　――部④「いったん息を～吐き出す」とあるが、このときの潤のようすとして適切なものを次のうちから一つ選び、記号で答えなさい。

ア　いよいよ佐藤を追い詰められると、はやる気持ちをなんとか抑えようとしている。

イ　核心に入る前の緊張感で苦しくなった呼吸を、どうにかして整えようとしている。

ウ　これでようやく面倒な佐藤と関わらなくてすむと、喜びをかみしめている。

エ　長い間煩わされてきたことに対して、早く決着をつけようと勢い込んでいる。

オ　言いにくいことを言おうとして、自分自身の気持ちを奮い立たせようとしている。

□問８　――部⑤「……それが何だ？　佐々木」とあるが、このときの佐藤のようすとして適切なものを次のうちから一つ選び、記号で答えなさい。

ア　潤が事実を知ってしまうことはわかっていたので、覚悟ができていた。

イ　自分を追い詰める潤のことばに圧倒され、もはや開き直るしかなかった。

ウ　勢い込んで自分を追い詰めようとしている潤の態度に、いらだっている。

エ　潤の言っていることはその通りで、素直に認めざるを得ないと思っている。

オ　自分の行動に自信を持っており、潤の追及を的外れなものと感じている。

□問9 ――部⑥「……いけないとは言ってない、でも……」とあるが、このときの潤のようすとして適切なものを次のうちから一つ選び、記号で答えなさい。

ア 佐藤を追い詰めたつもりだったのに気勢をそがれ、ことばを失っている。

イ あまりに思いがけない佐藤の話に動揺し、返すことばが見つからないでいる。

ウ 確信に満ちた佐藤のことばを受け止めたものの、まだ納得しきれずにいる。

エ 別の話を持ち出してくる佐藤に不満を感じ、改めて反論しようとしている。

オ 自分の方が優位に立っていると思っていたのに反論され、混乱している。

□問10 文中の「佐藤」の人物像として適切なものを次のうちから一つ選び、記号で答えなさい。

ア 率直に自分の気持ちを伝える友情に厚い人物。

イ 人の都合など考えず自分の気持ちを押しつける人物。

ウ 自分のことよりも相手を優先する心優しい人物。

エ 自分の信念を貫き通そうとする意志の強い人物。

オ 様々なことに気配りする調整能力の高い人物。

四 次の文章は『平家物語』の一節で、高倉天皇が即位されて間もない頃の話である。あとの各問いに答えなさい。

御在位のはじめつかた、御年十歳ばかりにもならせ給ひけん、あまりに紅葉をあいせさせ給ひて、北の陣に小山をつかせ、はじ、かへでのいろうつくしうもみぢたるを植ゑさせて、紅葉の山となづけて、終日に叡覧《えいらん》あるになほ a あきだらせ給はず。しかるをある夜*野分《のわき》はしたなうふいて、紅葉みな吹きちらし、落葉頗《すこぶ》る狼籍《らうぜき》なり。*殿守《とのもり》のとものみやづこ朝ぎよめすとて是をことごとくはきすててんげり。のこれる枝散れる木葉をかきあつめて、b 風すさまじかりけるあしたなれば、縫殿《ぬひどの》の陣にて、酒あたためてたべける薪《たきぎ》にこそしてんげれ。*奉行の蔵人、行幸より先にといそぎゆいてみるに跡かたなし。「いかに」と問へば①しかしかといふ。蔵Ⅰ人大きにおどろき、「c あなあさまし。②君のさしも執しおぼしめされつる紅葉を、かやうにしけるあさましさよ。知らず、なんぢ等、只今禁獄流罪《きんごくるざい》にも及び、③わが身もいかなる d 逆鱗にかあづからんずらん」となげくところに、主上いとどしく*よるのおとどを出でさせ給ひもあへず、かしこへ行幸なつて紅葉を叡覧なるに、Ⅱなかりければ、「いかに」とⅢ御たづねあるに、蔵人奏《そう》すべき方《かた》はなし。ありのままに奏聞《そうもん》す。*天気ことに御心よげに e うちゑませ給ひて、「『*林間煖レ酒焼二紅葉一』といふ詩の心をば、それらにはたがをしへけるぞや。やさしうも仕りける物かな」とて、かへつて叡感《えいかん》に預つしうへは、④あへて勅勘なかりけり。

〈注〉野分――秋のはじめに吹く暴風。
殿守のとものみやづこ――宮中の庭の掃除などをつかさどる下級役人。
奉行の蔵人――紅葉の山の世話係の蔵人。
よるのおとど――天皇のご寝所。
天気――天皇のご機嫌。
林間煖レ酒焼ニ紅葉一――「林間に酒を煖《あたた》めて紅葉を焼《た》く」唐の詩人である白居易《はくきょい》の漢詩の一節。

□問1 ═══部a～eの口語訳として、最も適当なものを次のうちからそれぞれ選び、記号で答えなさい。

□ a「あきだらせ給はず」
ア 葉が紅色に変化しない。　イ 満足なさらない。
ウ お休みにならない。　エ 紅葉の時期にならない。

□ b「風すさまじかりけるあした」
ア 風が強く吹いた昼　イ 風が冷たかった朝
ウ 風が心地よかった昼　エ 風が騒がしかった朝

□ c「あなあさまし」
ア ああとんでもない。
イ もうどうしようもない。
ウ 酔いを醒ましなさい。
エ いったいどうしたのか。

□ d「逆鱗」
ア 天皇のお嘆き　イ 天皇のお怒り
ウ 天皇のお情け　エ 天皇のお出まし

□ e「うちゑませ給ひて」
ア お泣きになって　イ お歌いになって
ウ お笑いになって　エ お許しになって

□問2 ――部①「しかしか」とあるが、具体的な内容として最も適当なものを次のうちから選び、記号で答えなさい。
ア 紅葉をご覧になろうと外出なさった高倉天皇を見失ってしまったこと。
イ 庭掃除に専念しなければならなかったのに、酒を飲んでしまったこと。
ウ 夜中に吹いた強風によって、庭の紅葉がほとんど散ってしまったこと。
エ 紅葉を掃き捨てて、残った枝や木の葉を薪として使ってしまったこと。

□問3 〰〰部Ⅰ「大きに」・Ⅱ「なかり」・Ⅲ「御たづね」の品詞の組み合わせとして最も適当なものを次のうちから選び、記号で答えなさい。
ア Ⅰ―形容動詞　Ⅱ―形容詞　Ⅲ―名詞
イ Ⅰ―形容詞　Ⅱ―副詞　Ⅲ―名詞
ウ Ⅰ―形容詞　Ⅱ―形容詞　Ⅲ―動詞
エ Ⅰ―形容動詞　Ⅱ―副詞　Ⅲ―動詞

□問４ ――部②「君」・③「わが身」が指す人物の組み合わせとして最も適当なものを次のうちから選び、記号で答えなさい。

ア 君―高倉天皇　わが身―殿守のとものみやづこ

イ 君―殿守のとものみやづこ　わが身―高倉天皇

ウ 君―高倉天皇　わが身―奉行の蔵人

エ 君―殿守のとものみやづこ　わが身―奉行の蔵人

□問５ ――部④「あへて勅勘なかりけり」とあるが、その理由として最も適当なものを次のうちから選び、記号で答えなさい。

ア 奉行の蔵人よりも優れた漢詩を作り上げた下級役人を、天皇は教養のある人物だと感心なさったから。

イ 漢詩の一節の通りに紅葉を燃やして酒を温めた下級役人を、天皇は風流な人物だと感心なさったから。

ウ 下級役人を助けようと奮闘していた奉行の蔵人を、天皇は思いやりのある人物だと感心なさったから。

エ 下級役人の大きな失敗に落ち着いて対応した奉行の蔵人を、天皇は賢明な人物だと感心なさったから。

□問６ この話の主題として最も適当なものを次のうちから選び、記号で答えなさい。

ア 高倉天皇の優雅で寛容な御心

イ 高倉天皇ゆかりの紅葉の魅力

ウ 奉行の蔵人の知恵と見事な機転

エ 下級役人の表現力と教養の深さ

□問７ 『平家物語』は鎌倉時代に成立した軍記物語である。軍記物語に属する作品を次のうちから一つ選び、記号で答えなさい。

ア おらが春　イ 徒然草

ウ 伊勢物語　エ 太平記

60

第9回

出題の分類

一 論説文　二 小説

三 古文

※特別な指示がない限り、句読点や記号も一字とする。

▼解答・解説は P.180

▼解答・解説は P.180

時　間：50分
目標点数：80点

1回目	／100
2回目	／100
3回目	／100

一 次の文章を読んで、あとの各問いに答えなさい。なお、本文の一部を改めてある。

今、勉強していることって自分たちの将来に何の意味があるのか？

確かに、だんだん勉強が難しくなってきたり、将来の職業を意識しはじめると、Aふつふつと湧き出てきてもおかしくない疑問だ。ぼくも中学生の頃、理系や文系といった学科の区別を意識しはじめ、科学者になりたいという具体的な将来の夢と中学生のぼくが勉強している教科が、実際にはどのように結びついていくかまったくわからなくて、途方に暮れていた。

でも、考えてみれば君たちが抱いている疑問って、大人になれば解決するかというと、そんなこともない。今現在のぼくでも、その質問の答えはわからない。

ただ、じわじわとわかってきたのは、勉強と仕事の結びつきって、そんなに直接的なものではないということだ。だけど、B直接的な結びつきがないからこそ、おもしろいんだということもわかってくる。

第一、君たちが今勉強していることが、将来の仕事に直接結びついていたりしたら、つまらなくないかい？　君たちは職業訓練校で学んでいるわけではない。企業の予備校で学んでいるわけでもない。目的や未来を限定されずに、自由に学ぶことが許されている。それが今の君たちだ。

脳にとって何よりも喜びを与えてくれるのが「学び」だ。

他の人との比較でも競争でもない。自分自身にとってほんの少しでも進歩があれば、それが脳にとって喜びになる。学ぶこと、それ自体の喜びに目覚めてほしい。

しかも学ぶことはオープンエンドだ。どれだけ学んだって終わりはない。

どんなに好きな食べ物だって、食べられる量には限界がある。だけど学ぶことにおいては、満腹も限界もないんだ。一生かけて、思う存分、自分が伸ばしたい方向に、自由に取り組んで、学んでいけばいいのだから。

これからは特化した専門的な知識や技術と、幅広い教養が求められる時代だ。

つまり、「オタク」と「リベラルアーツ」[C]と呼ばれる教養教育の両方が必要なんだ。

「オタク」は、以前は否定的な意味でとらえられていたこともあったけど、今ここで使っている「オタク」とは、ある特定の分野に対する強い興味やこだわり、あるいは「一芸に秀でること」と言い換えてもいいかもしれない。

とにかく、たった一つのことでもいい。世界に通用する一芸を持っていれば救われる。だから何だっていい。自分が「これだ」と思って熱中して取り組める何かを見つけてほしい。そして見つけたらそれをとことん追究して「オタク」になってほしい。[D]

第一章で触れたマイクロソフト社のビル・ゲイツだって、コンピュータのプログラミング・オタクだったんだ。

高校生のときからコンピュータのプログラミングで抜きん出ていた彼は、高校在籍中に、あるプログラムを開発して自分の会社までつくっていた。ビル・ゲイツが通っていた高校は選択科目が多かったので、どの学生がどの授業をリ[1]修するかの選択はとても複雑だった。そこでビル・ゲイツはリ修登録が簡単にできるプログラムをつくって学校に納品し、ちゃんと学校からプログラミング代をもらっていた。

二〇〇八年にノーベル物理学賞を受賞した益川敏英《ますかわとしひで》[E]さんも完全なる物理オタク。益川さんは英語が苦手で大学入試のときも英語の試験は0点。数学はできるけど、英語はまったくできないから英語が0点でも合格できるように、他の試験科目で点数を稼いだという。

だから益川さんはノーベル賞授賞式でスウェーデンに行くまでは、パスポートすら持っていなかった。日本から一歩も出たことがなかったんだ。

ぼくでも年に何度となく、学会や講演で海外に行く機会がある。益川さんほどのクラスの学者で、国際学会に一度も行かないというのは、信じ難いこと。そこまでの「苦手」があったとしても、益川さんは自分の得意分野をとことん伸ばしたからこそ、革新的な研究結果を残した。

もしかすると「リベラルアーツ」という言葉を君たちははじめて耳にしたのかもしれない。

「リベラル(liberal)」は明治以降、西欧から輸入された文明的、学問的な考え方で、「自由」の意味だ。一般的に「教養教育」をこの「自由」を意味する「リベラルアーツ」と呼ぶようになったのは、聖書「ヨハネによる福音書八・三十二」にある言葉に由来する。

「真理はあなたがたを自由にします」

つまりリベラルアーツを学ぶということは、人々が自由を獲得すること。この自由とは、学ぶことの自由であり、人間としてよりよき人生を送ることの自由である。

このリベラルアーツの起ゲン[2]は古く、古代ギリシャにまでさかのぼる、とても歴史のある学問の考え方だ。西欧の「学問のあり方の基礎」であり、欧米では、専門教育の前提としての基礎教育と位置づける「学問の基礎」でもある。

どこで読んだのか、ニーチェの本の中に「古代ギリシャの人にとっては『専門』という言葉には意味がなかった」という文章があって、F高校生のときにとても感激したことを覚えている。つまりリベラルアーツとは「専門」に断片化された知性のあり方ではなく、総合的な知のあり方である。そして同時に、すべての人が共有する「知のプラットホーム」と呼べるものなのだ。

現代の世界はますますグローバル化が進み、異なる文化、異なる意見、異なる価値観、異なる利益が共存する多様性に満ちている。だからこそ、特化、専門化された深いけれど小さな世界に引きこもっていては、それこそG井の中の蛙《かわず》だ。人々が共有する開かれた知のプラットホームに立ち、世界を見通してみなければならない。

君たちは今、ちょうどH知のプラットホームの入り口に到着したばかりなんだ。

そのホームはだだっ広い。ありとあらゆる行き先への列車が入ってきては出発する。そしてどんな国の、どんな文化の、どんな時代にも通じる知恵であり、真理であり、そして思考法の古典がそこにはある。

君はプラットホームで出発に備えて、旅支度をととのえればいい。そして君がこれぞと思う行き先の列車を見つけたら、迷わず飛び乗ればいいだけだ。

一九四九年に日本人として初めてノーベル物理学賞に輝いた湯《ゆ》川秀樹《かわひでき》さんは、本当に「教養人」と呼ぶに相応《ふさわ》しい人だったと思う。

湯川さんは理論物理学という学問を研究していた方だ。自然界の力を媒介しているのは「中間子」という途中で消えてしまう粒子だということを、科学的に証明する、最先端の研究をしている学者さんだった。

でも、湯川さんは理論物理という専門領域に限らず、晩年には平和活動にも積極的に関わられていたし、ノーベル賞受賞以前にも、科学者でありながら一般向けの啓蒙書《けいもうしょ》を書いていたこともあった。別に物理科学だけを専門にしていたわけではなかったんだ。

もともと湯川さんが育った家庭は京都の学者一家で、小さい頃から祖父に孔子の『論語』や司馬遷の『史記』を漢文で読まされていたという。実際、ご兄弟には東洋史の研究者や中国文学の研究者がいらっしゃる。Iそんな家庭環境に育った湯川さんは専門分野に詳しかっただけではなく、総合的な知性の持ち主だった。

ぼくがここで言いたいことは、湯川さんが専門分野で偉大な発見をしただけではなく、幅広い教養の持ち主だったという点。ぼくが知る限り例外なく、ある分野での偉大な発見や発明をする人、そしてすぐれた業績を残す人のベースには、3決してその筋に特化した学識や技術だけではなく、総合的な知性の分厚い層がある。その層がなければ、発見や発明は生まれない。

というのも、世紀の発見や発明といった創造性は、外からやってくるとは限らない。

いや、むしろ普段は意識していないだけで、すでに自分が過去に経験したことや得た知識の深い記憶の中に、そのヒントがふんだんに潜んでいるものなのだ。そしてある研究に没頭し、ある問題を解こうと懸命に脳をフル稼働させたとき、それまで潜んでいた記憶が浮かび上がっては脳の記憶を組み換え、新しい結びつきをつくり、発見や発明が生まれるのだ。

普段はその意味も重要性もわからなかったとしても、記憶の奥深く、自分の脳に、ヒントのもととなる多様な知識や経験をできるだけたくさん蓄えておく。それら目には見えない記憶を手繰り寄せ、いつしか歴史的な成功をつかむものなのだ。

（茂木健一郎「どうすれば頭がよくなりますか？」による）

問1　——部1・2と同じ漢字を用いるものを、次のうちからそれぞれ選び、記号で答えなさい。

□　1　リ修

ア　リロ整然と話す。　　イ　駅からのリベン性で選ぶ。

ウ　約束をリコウする。　エ　住民がリサンする。

□　2　起ゲン

ア　ザイゲンを確保する。

イ　キゲンゼンに栄えた文明。

ウ　約束のコクゲンになる。

エ　先生のキゲンをうかがう。

□問2　——部3「決して」がかかっている部分を次のうちから一つ選び、記号で答えなさい。

ア　その筋に　　イ　特化した

ウ　学識や技術だけではなく　　エ　分厚い層がある

□問3　——部A「ふつふつと湧き出て」の表現はどのようなことを表しているか。最も適当なものを次のうちから選び、記号で答えなさい。

ア　勉強から離れたい気分に何度も襲われるということ。

イ　他人には分からないように誤魔化しているということ。

ウ　抑えられないほど熱い気持ちが一気に出てくるということ。

エ　勉強が何の役に立つのかという疑問が込み上げてくるということ。

□問4　——部B「直接的な結びつきがないからこそ、おもしろいんだ」とあるが、それはなぜか。最も適当なものを次のうちから選び、記号で答えなさい。

ア　「学ぶ」ことそれ自体の喜びに終わりがないから。

イ　どんなことを学んでも、将来の職業が限定されないという自由があるから。

ウ　将来の職業と今の勉強が結びついていると新鮮みがないから。

エ　強制されているわけではなく、自由に選択して勉強することができるから。

□問５ ――部Ｃ「リベラルアーツ」についての説明として**適当でないもの**を次のうちから選び、記号で答えなさい。

ア 多くの「専門」から自由に、自分の好みに合わせて学ぶことが出来る学問。
イ 西欧では、古代から専門教育の前提だと位置づけられている。
ウ 学ぶことによって人々は自由を得ることが出来るもの。
エ 日本では明治以降に取り入れられた考え方で、「教養教育」のことを指している。

□問６ ――部Ｄ『オタク』になってほしい」とはどういうことですか。最も適当なものを次のうちから選び、記号で答えなさい。

ア 強い興味をもったことに徹底して取り組み、専門的な知識・技術を身につけてほしいということ。
イ 一つのことに特化して優れ、学生時代から世界で通用するほどのスキルを修得してほしいということ。
ウ 苦手科目があっても、それを補えるほどの得意科目をつくっておけばよいということ。
エ 海外で活躍するような人間になるために、得意分野だけをとことん伸ばしてほしいということ。

□問７ 筆者が――部Ｅ「益川敏英さん」に抱いていた心情として最も適当なものを次のうちから選び、記号で答えなさい。

ア 尊敬の念　イ 軽蔑の念
ウ 疑義の念　エ 慚愧《ざんき》の念

□問８ ――部Ｆ「高校生のときにとても感激した」とあるが、なぜ筆者は感激したのか。その説明として最も適当なものを次のうちから選び、記号で答えなさい。

ア 学校での学びではなく、自分の好きなように自由に学ぶことが大切だと偉人が認めているから。
イ そもそも学問とは仕事に直結するようなものではなく、人間に必要な教養を身につけるものだと分かったから。
ウ 古代ギリシャ時代から「専門」と「教養教育」について議論されていたことが分かったから。
エ リベラルアーツの歴史について調べていたが、これまで不明だったはじまりについて知ることができたから。

□問９ ――部Ｇ「井の中の蛙」と同じような意味を持つ四字熟語を次のうちから選び、記号で答えなさい。

ア 厚顔無恥　イ 曲学阿世
ウ 猪突猛進　エ 夜郎自大

□問10 ――部Ｈで、筆者はどのようなことを「知のプラットホームの入り口に到着した」と表現しているか。最も適当なものを次のうちから選び、記号で答えなさい。

ア グローバル化が進む世界で、自国の文化や価値観とは異なるものに対する理解を深めなければいけない状況になったということ。

イ　文化や思考法など、人々に開かれたあらゆる知の中から自分の学びたい分野を選ぶ年齢になったということ。

ウ　ソーシャルメディアの発達により、全世界の人々と意見交換をしたり知識を共有したりすることが容易な時代になったということ。

エ　職業に結びつくような特化・専門化した知識を身につける前段階の、総合的な知性を身につける段階になったということ。

□問11　――部Ⅰ「そんな家庭環境」とあるが、それはどのような環境か。最も適当なものを次のうちから選び、記号で答えなさい。

ア　祖父が教育熱心である環境。

イ　幅広い教養を身につけられる環境。

ウ　兄弟が優秀な学者・研究者である環境。

エ　一家が学者であるため漢籍が置いてある環境。

□問12　本文の内容に合致するものを次のうちから一つ選び、記号で答えなさい。

ア　これからは専門的な知識と総合的な知性が必要であるため、早く知のプラットホームに到達して自分の進路にあった分野を学ぶべきである。

イ　不得意科目での不利を覆すほどの得意分野をつくることができるように勉強すれば、やがて知識に幅が出て本当の教養人になることができる。

ウ　総合的な知性の分厚い層さえあればいつか偉大な発見や発明をすることができるので、今はそれを念頭において勉強すべきである。

エ　今は勉強する意味が明確に理解できていなくても、幅広い教養や経験をできうる限り蓄えておけば、いずれ役に立つことになる。

二　次の文章を読んで、あとの各問いに答えなさい。

あらすじ　高校時代、「私」はバレー部キャプテンを務める体育会系女子であったが、厳しく指導した後輩が自殺したことにより、退部する。その後、地方の私立大学の文学部を経て、高校の国語講師になり、部員数一人の文芸部の顧問になる。

文芸部顧問は恐ろしく楽な仕事だった。

放っておいても垣内君は黙々と作業をする。図書室の大きな窓から見えるグラウンドの野球部やサッカー部の活動を眺めたり、図書室唯一のマンガ本、『はだしのゲン』を読んだりしていればよかった。何より顔の角度を変えるだけでいつでも海が視界に入ってくるのはとても心地よかった。

今日は木曜日だから、バレー部が全面コートに当たっている。三階の図書室にも、体育館の音が聞こえる。ボールの弾む音は、私を一気にバレーボールの世界に引き込んでしまう。ここのチームは、攻撃力はあるが守りが弱い。いつも中間が開いている。図書室からでも、様子がうかがえた。あの顧問は何をしているのだろう。弱点を補強しなければ、このまま練習を繰り返したって上達しない。だめだ。バレーボールのことを考えているといらいらする。私は気をマギらわすために、文芸部顧問として働くことにした。

「垣内君って、どうして文芸部なの？」

私は垣内君の向かいの席に座って、質問をした。

「文学が好きだからです」

垣内君は本から目を離さずに答えた。

「まさか」

「本当です」

「でも、文学が好きだとしても、一人きりでこんなことをしていると息が詰まらない？」

閑散とした図書室で、本に囲まれて毎日一人で二時間近くを過ごす。口を開くことも、身体を動かすこともなく、ただ本を読む。普通の高校生ならすぐに卒倒してしまうだろう。

「いえ、楽しいですよ」

垣内君はあまり興味なさそうに私と会話を進めた。

「野球とかサッカーとかバスケとか。そういうのやりたくなんないの？」

「今は特別やりたいとは思いません。中学の時はサッカー部でしたが」

「サッカー部だったの?!」

意外な事実に、私は思わず大きな声を出した。文芸部に入るような生徒はもともとスポーツに関心がないのだと思っていた。中学時代にスポーツの面白さを知ったら、やめられるわけがない。

「そんなこと初めて聞いたよ」

「ええ。初めて口にしましたから」

「サッカー部だったのに、どうして文芸部になっちゃったの？　どうしてサッカー続けなかったのよ」

「別にどうしてってことはありませんが」

「別にって、断念するには理由があるでしょ？　人間関係のもつれ？　それともひざを負傷したとか？」

「いえ、だれとももつれてないし、僕の脚はいたって健康です」

「じゃあ何よ。普通、中学でしてたんなら高校でもサッカー続けるでしょう？　中学の三年間なんてウォーミングアップじゃない。運動って高校からが面白くなるのに、わざわざ文系のクラブに入るなんておかしすぎるよ」

垣内君は私にうるさく言われて、少し迷惑そうな顔をした。

「高校で、サッカーよりも楽しそうなものを見つけたからです」

「サッカーよりも楽しそうなものって、まさか文学？」

「そうです」

私は腑に落ちなかった。サッカーより面白いわけがない。ボールを追いかけて走り回ることより、本を読むことが愉快なわけがない。みんなで一つになって練習に励むことより、一人で文学を研究することがやりがいがあるわけがない。

「そんな簡単な理由？　絶対おかしい。何かしら事情があるはずだって」

体格から見ても、時々見かける体育の授業での様子を見ても、垣内君はサッカー部で大いに活躍していたはずだ。それなのに、スポーツから離れてしまうのはとてもおかしなことに思える。

「ご期待に応えられなくて申し訳ないですが、何もありません」

垣内君は私をそっけなく振り払うと、文学の世界へ戻ってしまった。

文学がサッカーより面白いって、そんなこと本気で思っているのだろうか。私が知らないだけで、[c]川端康成の本にはそんなに愉快なことが書いてあるのだろうか。川端康成と言えば、「国境を越えるとそこは雪国だった」って話しか知らない。それだって、学生の頃、課題でしぶしぶ読んだが、つまらなくて最後まで読破できなかった。

私は机の上に所狭しと並べてある川端の本を一冊手にとってみた。この本のどこに、サッカーを越えるものがあるのだろうか。ぱらぱらページをめくっていると、一つの言葉が私の目を捕らえた。

「死人にものいいかけるとは、なんという悲しい人間の習わしでありましょう」

『抒情《じょじょう》歌』の冒頭部分はそう綴《つづ》られていた。

私も何度、*山本さんに話しかけただろう。答えてくれないのを明らかに知っているのに、真剣に山本さんに問いかけた。

「私のせいなの？」

「どうして死んだの？」

「許してくれているの？」

生きていた時は、めったに口をきかなかったくせに、死んだ山本さんに必死で言葉をかけた。

そんな自分を思って、(イ)カンショウ的な気持ちになりながら、ページをめくった。『抒情歌』は『雪国』みたいに難しくなく、甘い甘い物語だった。とてもロマンチックな文体でちょっと[d]面食らった。ところが、読みながら[e]私は爆笑してしまった。

「どうしたんですか」

垣内君が顔を上げた。

「鼻血が」

「鼻血？」

「突然、恋人役の女の子が鼻血を出すんだけど。それも主人公の家でよ」

川端の『抒情歌』は傑作だった。「愛のあかしがあまりに満ち過ぎていたのでありましょうか。もう別れるよりほかしかたがないほどまでに」なんて恐ろしくロマンチックな言葉で、私をうっとりさせたかと思うと、次の瞬間にはロマンスの対象である人にたくさんの鼻血を出させて、私を笑わせるのだから。

「川端康成は『骨拾い』という小説の冒頭部分でも、鼻血を描いていますよ」

垣内君が言った。

「うそ？　本当に？」

「本当です。主人公が祖父の葬式の翌日、骨拾いに行く時、たら鼻血を流すんです。それも、自分の歩いてきた道筋に血が落ちているのを見て、鼻血が出ていることに気付くのですから、結構な量の鼻血が出ていたと推測されますね」

「すごいねぇ。よりによって鼻血って面白すぎる。当時、文学者の間では鼻血がはやっていたのかなあ」

「さあ。神妙な気持ちの時は鼻血が出るものじゃないですか」

「まさか。そんなの初めて聞いたよ。でも、葬式の次の日はまだいいけど、恋人の家で鼻血が出るのはきついね。嫌がられちゃうよ」

私はそう言いながらも、また笑ってしまった。

「真剣になってる証拠だからかわいいと思ってもらえますよ」

「そうかなあ。垣内君はそういう女の子が好みなの？」

「さあ。実際に鼻血を出す女の子に出会ったことがないからわからないけど、鼻血が出たり、顔が青くなったり、見た目に健康状態がわかりやすい人はいいかもしれない」

「どうして？」

「しんどいのにがんばられると困るし、気を遣いますから。僕は相手の内面を読みとる能力が低いので、そうやってアピールしてもらえると助かります」

「ふうん」

頭痛や吐き気やめまいに襲われるたび、いつも私は平気な振りをするのに懸命だった。一度や二度ならみんな同情してくれるけど、たびたび体調を崩す人間は、一緒にいて煩わしいだけだ。

「そういえば、私小さい頃、ピーナッツとかアーモンドとか食べると必ず鼻血が出たよ。ピーナッツを食べるときの私って真剣だったのかなあ」

「それはまた別でしょう」

垣内君はおかしそうにけらけら笑って、

「こんな風に読むと、また、川端康成も愉快ですね。一人で読書していると、川端文学なんてくすりとも笑えないけど、こうやってクラブで読むと大笑いできる」

と満足そうに言った。

私はその彼の［X］に少し感心した。私が真面目に文学に親しんでいたら、「そんな小説の読み方は川端文学への冒瀆《ぼうとく》だ」って腹が立つに違いない。

バレー部のキャプテンをしていた時の私は、遊びでバレーボールをされることが最も嫌いだった。ふ抜けたサーブを打ったり、ふざけて準備体操をしたりしている部員を見ると許せなかった。

クラブは遊びじゃない。試合に勝つためには、個々のバレーボールの楽しみ方を取り入れる隙間はなかった。一丸となって強く鍛える。それがバレーの全てだった。

（瀬尾まいこ「図書館の神様」による。ただし一部変更した部分がある）

〈注〉　山本さん――「私」の高校時代に亡くなった同じバレー部員。

□問１　‖‖部(ア)・(イ)と――部が同じ漢字であるものを次のうちからそれぞれ一つずつ選び、番号で答えなさい。

□(ア)　マギらわす
①　不正にフンガイする
②　孤軍フントウする。
③　岩石をフンサイする。
④　議事がフンキュウする。
⑤　水蒸気がフンシュツする。

□(イ)　カンショウ
①　イショウを凝らした装《よそお》い。
②　爆撃で町がショウドと化す。
③　身元をショウカイする。
④　ショウガイ罪でつかまる。
⑤　ショウミ期限を表示する。

□問２　――部ａ「いらいらする」とあるが、その理由として最も適当なものを次のうちから選び、番号で答えなさい。
①　文芸部顧問として何を指導していいかわからず、バレーボール部の顧問として指導したいが、その気持ちを誰にも理解してもらえず、孤独を感じているから。
②　文学に関心がなく、生徒に指導できない自分は、適切な指導をしていないバレーボール部の顧問と同じだということに気づき、やるせない気持ちになっているから。
③　バレーボール部のキャプテンをしていた時の自分は、遊びでバレーボールをされることが許せなかったが、今の自分は文学に真剣に向き合うことができず、矛盾を感じているから。
④　バレーボール部の活動が気になる一方で、バレーボールとは関わりたくないという矛盾した自分の気持ちを持て余しているから。
⑤　図書館でただ本を読むだけの文芸部の活動には少しも興味がわかず、バレーボール部を指導したいという気持ちが強くなる一方だから。

□問３　――部ｂ「少し迷惑そうな顔をした」とあるが、この時の「垣内君」の心情として**適当でないもの**を次のうちから一つ選び、番号で答えなさい。
①　読書に集中したくて、話しかけてほしくないと思っている。
②　不躾《ぶしつけ》に質問され、いくら教師であっても失礼だと思っている。
③　文芸部に入ったことを非難されたので怒りを感じている。
④　文学の魅力もわからない教師と話すのが面倒だと思っている。
⑤　文学が好きなことを馬鹿にされたようで心外に感じている。

□問4 ――部c「川端康成」の作品を、次のうちから一つ選び、番号で答えなさい。

① 斜陽　② 伊豆の踊子　③ 友情
④ 城の崎にて　⑤ 細雪

□問5 ――部d「面食らった」の意味として最も適当なものを次のうちから選び、番号で答えなさい。

① 狼狽《ろうばい》する　② 我を忘れる　③ 脱帽する
④ 窮地に陥る　⑤ 恥ずかしくなる

□問6 ――部e「私は爆笑してしまった」とあるが、「私」はどんなことに対して「爆笑してしまった」のか。「～こと」に続くように本文中から十字で抜き出しなさい。

□問7 空欄 X に入る言葉として最も適当なものを次のうちから選び、番号で答えなさい。

① 冷静さ　② 大胆さ　③ 一途さ
④ 寛大さ　⑤ 謙虚さ

□問8 本文で語られている「文芸部」の魅力の説明として最も適当なものを次のうちから選び、番号で答えなさい。

① 一人で文学を研究するのではなく、複数の視点から一つの作品を共有することでより作者の心に近づける点。
② 一人で文学に触れているだけでは見落としてしまうことも、複数の視点から読むことで気づくことがある点。
③ 同じ文章を読んでいても感じ方は人それぞれ違い、感想を言葉にすることで内に秘めた思いが解放される点。
④ 文学を通してそれぞれの感情を言葉にすることで、作品を楽しみ味わい、お互いを高め合うことができる点。
⑤ 文学を追究することにより、自分の見識が広がり、性別や世代関係なくコミュニケーション能力が高まる点。

□問9 「私」と「垣内君」の人物像の説明として最も適当なものを次のうちから選び、番号で答えなさい。

① 「私」は、文学はつまらないと決めつけ、相手の言葉に全く聞く耳を持たない人物であり、「垣内君」は教師の発言に対して屈服することなく、積極的に受け答えのできる辛抱強い人物である。
② 「私」は、話し相手がいるにも関わらず、ほかのことを考えてしまう集中力に欠ける人物であり、「垣内君」は文学以外の話題には一切関心も持たず、読書に熱中する執着心の強い人物である。
③ 「私」は、文芸部顧問として活動するために、部員と距離を縮めようとする積極的な人物であり、「垣内君」は文芸部員として責任感を持ち、日々の活動を怠ることのない真面目な人物である。
④ 「私」は、生徒を理解しようとせず、自分の考えを押しつけ真っ向から否定する心無い人物であり、「垣内君」は人との交わりを避け文学に没頭する、知的好奇心が旺盛な人物で

ある。

⑤「私」は、思い込みの激しい上に、思ったことはストレートに発言する人物であり、「垣内君」は文学に対してひたむきな姿勢で、教師の言葉に動揺することのない落ち着いた人物である。

三　次の文章を読んで、あとの各問いに答えなさい。

物事正直なる人は、天も見捨てたまはず。a難波人ひさしく、江戸に棚出して、一代世をわたる程儲《まう》けて、再び大坂にかへり、楽々と暮らされける。

折ふし、秋の草花などいけて詠《なが》める時、東の山里より、紅茸《べにたけ》のうるはしきを、おくりける折から、bあたりの男きたりて、「何ぞ。」といふ程に、①「聖人の世にはえる、*霊芝《れいし》といふ物。」と語れば、ありがたさうに手にも取らず見物する、律儀者なり。「けふ御見舞ひ申すは、私も*此処元《ここもと》の、しんだいおもはしからず。一たび江戸への心ざしなり。こなたには、数年にて、勝手も御存じなれば、今時は何商ひがよい。」と申す。「今は銀《かね》ひろふ事がまだもよい。」と申せば、cこの男まことにして、「これは人の気のつかぬ事なり。御陰にて、是非に拾うてまゐらう。」といふ程に、②これをかしく、道中の遣《つか》ひ銭《せん》もとらし、「其処《そこ》元へ、d稼ぎにくだる者なり。万事頼む。」のよし、ねんごろなる方へ、状を添へける。やがてくだりつきて、かの人宿の*出居衆《でゐしゅ》になつて、あけの日、*股引《ももひき》・脚絆《きやはん》して出、日暮れてかへる事、十日ばかりなり。

亭主心もとなく、「毎日何方《いづかた》へゆかるるぞ。身過ぎの内談もなされず。」といふ。eこの男ささやきて、「主《あるじ》様へは隠すまじ。それがしは此処元へ銀を拾ひにまゐつた。」と申す。亭主腹をかかへ、また大坂から、fこの男をなぶつて、くだしける、とおもひ、「さて、日に日に出られて、拾はるるか。」と申せば、「此処元へまゐつて、昨日ばかりが不仕合わせ、その外《ほか》は拾ひました。あるいは、五*匁《もんめ》七匁、先をれの小刀、または秤《はかり》のおもり・かたし*目《め》貫《ぬき》、何やかや取り集めて、四百色程拾ひける。亭主きもをつぶして、g「珍しきお客。」と、近所の衆に語れば、「これためしもなき事なり。はるばる正直にくだる心ざし、咄《はな》しの種に拾はせよ。」と③小判五両出し合ひ、拾はせける。

それより次第に富貴となつて、通り町に屋敷を求め、棟にむね門松を立て、広き御江戸の正月をかさねける。

（井原西鶴「西鶴諸国ばなし」による）

【現代語訳】

何事にも正直な人は、天もその人をお見捨てにはならない。大坂の人で、長らく江戸に店を出して一生生活してゆけるほど、財産を作って、再び大坂に帰り、楽々と暮らしている者があった。

頃は秋で、草花などを生けて眺めている時に、東の山里から、紅茸の色美しいのを贈ってきたが、その折に近所の男が来合わせて、「これは何ですか。」と聞くので、「聖人のいる世の中に生えるという、霊芝というものだ。」と語ると、ありがたそうに手にも取らないで見ている。この男は真正直な男であった。男は、「今日お伺いしましたのは、私も大坂では生業がうまくゆきません。一度江戸へ下って稼いでみようと思います。あなたは数年間いらっしゃったので、江戸の様子もご存じでしょうが、今日では、どのような商売がよろしいでしょうか。」と言った。主人は、「今日では金を拾うことがまだしもよろしい。」と言うと、この男はこれを本当だと思って、「これは人の気づかぬことです。お陰をもって私も、ぜひ金を拾いにまいりましょう。」と言うので、これをおかしく思い、主人は道中の小遣い銭も与え、「そちらへ稼ぎに下る者です。万事よろしく頼みます。」と、よく知っている人あてに紹介状を書いて、男に与えた。やがて江戸に下り着き、紹介の人置き宿の出居衆になって、翌日には股引・脚絆姿で出て行き、日没後に帰る、ということが十日ほど続いた。

亭主は心配して、「毎日どこへおでかけですか。商売についての打ち明けた相談もなさらないで。」と尋ねた。この男は小声になって、「ご主人には隠さずお話しします。私はこの土地へ金を拾いにやって来ました。」と言った。亭主は腹を抱えて笑い、また大坂のあの男が、この男をいじめからかったのだ、と思い、「それでは毎日外出されて、お拾いになりましたか」と言うと、江戸にやって来て、昨日だけがうまくゆかず拾えませんでしたが、そのほかの日は拾いました。あるときは銀五匁、七匁、先の折れた小刀、または秤の重り・目貫の片方など、何やかや取り集めて四百種類ほど拾いました。亭主は肝をつぶして、「珍しいお客だ。」と近所の人々に語ると、人々は、「これは前例のないことだ。はるばる正直に下って来た心がけ、話の種に拾わせよう。」と小判五両を出し合って拾わせた。

それから、次第に富裕になって、表通りに家を買い入れ、幾棟も家を立て、広いお江戸で何度も正月を迎えることができた。

〈注〉霊芝――キノコの一種。めでたいキノコとされた。

此処元――この土地。ここでは大坂の地。

出居衆――その家に寄宿して、自分が資本を出して商売する行商。

股引・脚絆――行商人の服装。

匁――銭を数える単位。

目貫――携帯用のはかりのおもり。

□問１ 〰〰部ａ～ｇのうち、同じ人物を示していないものを一つ選び、記号で答えなさい。

□問２ ――部①「聖人の世にはえる、霊芝といふ物」とあるが、なぜこのように答えたのか。その説明として最も適当なものを次のうちから選び、記号で答えなさい。

ア　ただのキノコと霊芝の区別がよくわからなかったので、男に見栄を張った。

イ　ただのキノコを霊芝というおめでたいキノコと偽り、男に聖人ぶりを示した。

ウ　ただのキノコと霊芝の区別がよくわからなかったので、男が見抜けるか試した。

エ　ただのキノコを霊芝というおめでたいキノコと偽り、男をからかった。

□問3　本文にはもう一箇所「　」の必要なところがある。古文中からその部分の最初と最後の三字を抜き出して書きなさい。

□問4　——部②「これをかしく」とあるが、この男のどのようなところを「をかしく」感じたのか。古文中の語句を用い、五〜十字以内の現代語で書きなさい。

□問5　——部③「小判五両出し合ひ、拾はせける」とあるが、なぜこのようなことをしたのか。その説明として最も適当なものを次のうちから選び、記号で答えなさい。

ア　江戸の亭主は、金を拾って稼ぎを作ろうと本気で思っている男の心がけに返って感心し、これからの話題にしようとわざと小判を拾わせた。

イ　江戸の亭主は、からかわれたことも気づかず江戸へ出てきて馬鹿正直に金を拾う男の心がけにあきれたが、せめて商売の資本になればと小判を拾わせた。

ウ　江戸の亭主は、大坂から紹介状を受け取っているので、男が毎日拾えるか拾えないかを黙ってみているわけにもいかず、小判を拾わせた。

エ　江戸の亭主は、たくさんのくだらない物を拾ってくる真面目で正直な男の心がけに驚き、何も拾えない日の不幸を気の毒に思い、小判を拾わせた。

□問6　本文には作者の感想が述べられている部分がある。古文中からその部分の最初の三字を抜き出して書きなさい。

□問7　本文から読み取れるものを次のうちから二つ選び、記号で答えなさい。

ア　三度目の正直　　イ　正直は最善の策

ウ　正直に非を認める　　エ　正直の頭に神宿る

オ　正直者が馬鹿を見る　　カ　正直に白状する

60

第10回

出題の分類

一 論説文　二 小説
三 知識問題　四 知識問題

※特別な指示がない限り、句読点や記号も一字とする。

▼解答・解説はP.184

時　　間：50分
目標点数：80点

1回目	／100
2回目	／100
3回目	／100

一 次の文章を読んで、あとの各問いに答えなさい。

見まわせば、現代の便利のほとんどは、いかに身体を使わないで済むようにするか、なのです。そのために考えられた便利が身の回りには溢《あふ》れています。スイッチひとつで何でもできる。コンビニエンスストアに行きさえ(a)すれば、とりあえず必要な物なら何でも手に入る。階段を使わずエレベーターやエスカレーターに乗れば楽である。掃除や洗濯、食器洗いも機械がやってくれる……。人は二足歩行ができるようになり脳が発達し、思考を手に入れたことで、同時に楽することも覚えてしまいました。生活のために頭を使うのは、考える人間の性《さが》でもある。より早く。より食べやすく。より簡単に。より暖かく。さらに人の営みを善くするために知恵を使うのは、我々に与えられた素晴らしい能力なのです。しかし現代社会では【　X　】なことに、①その素晴らしい能力ゆえに便利を追い求めたがため、身体的には厄介《やっかい》事が次々に起こってきてしまいました。

少し話が逸《そ》れますが、漢字の「楽」の意味を考えてみると、日本では、ラクをする意味の「楽」と、たのしいを意味する「楽」が同じ漢字です。その二つの意味を繋《つな》げば、ラクをして身体を使わないようにするのは楽しいことだ、となります。元々「楽」とは、木製の柄があり糸飾り(b)の付けられた手鈴の象形で、神様を楽しませるのに使用した楽器であると、白川静《しらかわしずか》は『常用字解』で説き明かしています。楽しさに「のんき」の意味が重なり、やがて［あ］な意味での「楽をする」に至るのです。人は基本的に楽しいことを好み、生理的にも楽しくしているほうが免疫力さえ上がる事実も分かってきました。便利になるは、楽になるであり、さらにそれが楽しいに繋がってしまうのですから、便利を疑ってみるどころか、人は生来、便利でラクなのが大好きなのです。

しかしながら、ラクで楽しい身体を使わないで済む便利が加速し、そこにもってきてこの飽食の時代です。現代人の身体はどうなっているのでしょうか。肥満、糖尿病、高脂血症など挙げればきりがないほど、現代病は行動量と反比例して増えてきました。今後ますます身体を使わない生活に至れば、めくるめくような便利のスピードに、人間の身体の進化はとても追いつけはしないでしょう。一万年なんて単位は無理としても、もっとゆっくりじっくりと、長い*スパンで少しずつ変化する社会であればまだしも、現代の便利の猛スピードは、人の身体の自然な進化など全く前提にしていません。なんとしても、身体を動かすことを前提に便利を思考し直す必要が絶対にあると思えてならないのです。

では、いったいいつ頃から、【 Y 】便利がかくも蔓延《はや》ってきたのでしょうか？

よくよく憶《おも》い出してみると、ほんのつい最近まで、まだまだ身体を使いながらの便利が生活のそここにありました。例えば、誰もが使うトイレについて――。トイレと下水処理が人間社会にとってなくてはならない*インフラの一つであることを、よほど［い］した自然回帰論者でもない限り、否定する人はまずいないでしょう。［1］、今の便器には用を足した後に肛門を洗うシャワーが備わっているどころか、トイレに入ったとたん便器の蓋が自動的に開いて、使用音を目立たなくするための音楽まで鳴るタイプもあります。このまま加速していくと、使用者が男性か女性かを識別して何事か話しかけてくるトイレも出現しそうです。まるで人知を皮肉ったパロディー映画のようですが、放っておけば本気で考える人が出てきかねない。しかもそれこそが新しいアイデア、［2］付加価値だと思いこんでいる。しかし、便器の蓋が貴重なエネルギーである電気を使用してまで自動で開く必要がどこにあるのでしょうか。自動車の窓の開閉は、スイッチひとつで上下しなくても、手でレバーをくるくる回して開け閉めするのではいけなかったでしょうか。健常者が荷物も持たずにたった一階上へ上がるのにエレベーターを使う必要があるでしょうか。しかも、ここで挙げた例の全てに電気が関わっている。身体に障害がある方や力が弱い方のために必要な機能が備わっているのであれば理解できるのですが、②その域を遥かに越えた過剰な便利が急激に増え続けているのです。人は一度便利を覚えてしまうと、なかなか元には戻れません。ところが人は本来、身体を動かすことで環境を把握しながら「自分」の存在やその輪郭を認識してきたのです。このまま過剰な便利が加速すると、「自分」の認識すら希薄になっていくしかない。身体は自己認識のセンサーでもあるのです。それを蔑《ないがし》ろにして便利を優先する社会が進んでおり、そんな便利のために大量の電気が使われ、原発が必要悪として存在する。これは何かがおかしくないだろうかと思うことが、はたしておかしいのでしょうか。我々の身体に巣くってしまった③便利ウイルスが、見えないところで悪さをしているのではと疑いたくもなるのです。

［3］身体のみならず、このウイルスはわが国の培《つちか》ってきた文化までをもボロボロにしてしまいました。日本の伝統文化の現状を見てみれば、生活に根付いた手作業による物造りは散々なまでに「便利」に*駆逐され、瀕死の状態に追い込まれています。手間ひま掛けて造られる漆器、染色、織り物、和紙、陶芸など挙げれ

ばきりがないほど、使うために育まれてきた日本の生活道具が、今この瞬間にも次々に消えていく。デザインにも、元来使い易さを多くの人と共有する目的があるので、［う］優先の資本主義と技術革新、大多数の意見を取り入れようとする民主主義思想とが相まって大量生産はいよいよ増し、かくも大量に簡単に安く手に入る「便利」を疑うことは、何度でも述べますが、相当の難事です。また同時に、「便利」のメリットも認めざるを得ない。

［4］日本では高度成長初期に洗濯機・冷蔵庫・テレビが三種の神器と呼ばれ、これら「便利」の各家庭への普及により、一日中家事に追われていた主婦にも外出し、仕事に就き、読書をするなどの時間が生まれ、情報が茶の間にいながらにして手に入るようになりました。同時にウイルスのごときデメリットも芽生えたのだとしても。

このように考えてみると、実は少し前の時代に、もしかしたらちょうどいい程度の「便利」があったのではないかと思えてくるのです。当時、これでちょうどいいと思わなかったからこそ現在の度外れた「便利」に到《いた》ったわけですが、《　A　》で遡ってみると、ちょうどよかった「便利」が見つかるのではないか。思うに、それは昭和のある時期にあったのです。高度成長と技術の発展に意識を奪われていて、人体に必須の運動についてなど微塵《みじん》も考慮せずに、自動で働く便利な物づくりに邁進《まいしん》していたのでしょうが、あの頃の技術はまだまだ発展途上だったために、結果として半自動の「便利」がそこここにありました。*懐古的にあの頃は良かったと申しあげたいのではなく、半自動の中に人体に欠かせない運動が適度に備わっていたように思うのです。半分くらいは身体を働かせていた時代の諸事象を検討し直して、身体を日常生活の中で使う喜びを再発見できるちょうどいい物やサービスを、最新のテクノロジーを活かしつつ改めて提案できないものでしょうか。むろん技術と経済を否定するのではなく、この④ちょうどいい「便利」に立ち返ることでこれからを考えていく方途が確実にあるはずなのです。

（佐藤卓「塑《そ》する思考」新潮社による）

〈注〉スパン——期間。
インフラ——生活や産業の基盤を形成する設備や施設。交通・運輸網や上下水道・電力施設や学校・病院など。
駆逐——追い払うこと。
懐古——昔のことを思いながらなつかしむこと。

□問1 ［1］～［4］に入ることばとして適切なものを次のうちからそれぞれ選び、記号で答えなさい。ただし、同じものは使えない。

ア 例えば　イ つまり　ウ なぜなら
エ しかし　オ そして

問2 ～～～部a、bと同じ用法のものを次のうちからそれぞれ一つ選び、記号で答えなさい。

□ a 「さえ」

ア この問題なら小学生でさえも解けるだろう。

イ 元気でさえいれば、他には何も望まない。

ウ 最後の頼みさえもなくなった。

エ 弟は、小さな虫さえもこわがる。

オ 降り続いた雨がやみ、日さえ出てきた。

□ b 「の」

ア 門の前に見知らぬ人が立っている。

イ 仕事の失敗が容易に取り返せない。

ウ 姉は色の薄い服を着るのが好きだ。

エ 今日のように暑い日は熱中症に注意しよう。

オ 早く外出の準備をしなさい。

□問3 【X】に入る適切なことばを文中から二字で抜き出しなさい。

□問4 【Y】に入る適切なことばを文中から七字で抜き出しなさい。

□問5 あ～うのそれぞれに入る二字のことばを、次の漢字を組み合わせて作りなさい。

率・堕・冷・徹・効・到・底・怠・静・惰

□問6 ＝＝部「むろん」が修飾する部分を文中から一文節で抜き出しなさい。

□問7 本文には次の一文が抜けている。どこに入れたらよいか、この直後にくる五字を文中から抜き出しなさい。

これは、ただ単に楽になったのではなく、まさしく生活を一変させるメリットでした。

□問8 《 A 》に入ることばとして適切なものを次のうちから一つ選び、記号で答えなさい。

ア 技術は発展途上だという観点

イ 時間を生み出す観点

ウ 身体に負担をかけない観点

エ 身体を動かし使う観点

オ デメリットも存在するという観点

□問9 ――部①「身体的には厄介事が次々に起こってきてしまいました」とあるが、その対策としてどのようなことを筆者は提言しているか。それを説明した次の文の空欄にあてはまることばを、文中のことばを用いて二十字以内で答えなさい。

「便利」を〔　　　　　　　〕こと。

□問10 ――部②「その域を遥かに越えた過剰な便利が急激に増え続けているのです」とあるが、筆者は、そのためにどのようなことが起こると想定しているか。適切なものを次のうちから一つ選び、記号で答えなさい。

ア 自らが存在する環境を、自らの手で破壊してしまうということ。

イ 環境の把握や自己の認識が、困難になってしまうということ。

ウ 自分の認識が希薄になり、生きる方向を見失ってしまうということ。

エ　過剰な便利に慣れ切って、さらなる便利を追い求めるということ。

オ　消費社会が進み、原発にますます依存するようになるということ。

□問11 ――部③「便利ウイルス」とあるが、筆者が「便利」を「ウイルス」としている理由の説明として適切でないものを次のうちから一つ選び、記号で答えなさい。

ア　人々の生活を必要以上に楽なものに変えてしまったから。

イ　人々が身体を動かさなくなり、身体機能の低下を招いているから。

ウ　便利な社会が、日本の文化までをも破壊することにつながってしまったから。

エ　家事に追われていた人に、余計な時間を与えて個人の欲望を増大させてしまったから。

オ　一段と便利にすることが、付加価値であり有用であると人々に認識されてしまうから。

□問12 ――部④「ちょうどいい『便利』」とあるが、これはどのような「便利」のことか。それを説明した次の文の空欄にあてはまることばを、文中から二十字以内で探し、抜き出しなさい。

私たちの身体に〔　　　　〕、半自動という「便利」のこと。

□問13 本文の内容と合致するものを次のうちから一つ選び、記号で答えなさい。

ア　「便利」が過剰になっていくことにより、「自分」を一切認識することができなくなる。

イ　「便利」を求めると同時に、「便利」を問い直そうとする姿勢を持つことも必要である。

ウ　「便利」とまで言えない半自動の時代から、過剰な「便利」の問題点が指摘されていた。

エ　「便利」を疑うことで、手作業による日本の物造りが次々に消えるという結果を招いた。

オ　「便利」に認めるべき点があったのは、技術が発展途上だった時代のある時期に限られる。

二　次の文章を読んで、あとの各問いに答えなさい。

申し上げます。申し上げます。旦那さま。あの人は、酷い。酷い。はい。厭《いや》な奴です。悪い人です。ああ。我慢ならない。生かして置けねえ。はい。はい。落ちついて申し上げます。あの人を、生かして置いてはなりません。世の中の仇です。はい、何もかも、すっかり、全部、申し上げます。私は、あの人の居所を知っています。すぐにご案内申します。ずたずたに切りさいなんで、殺して下さい。あの人は、私の師です。主です。けれども私と同じ年です。三十四であります。私は、あの人よりたった二月おそく生れただけなのです。たいした違いが無い筈《はず》だ。人と人との間に、そんなにひどい差別は無い筈だ。それなのに私はきょう迄《まで》あの人に、どれほど意地悪くこき使われて来たことか。どんなに嘲弄《ちょうろう》されて来たことか。ああ、もう、いやだ。堪えられるところ迄は、堪えて来たのだ。怒る時に怒らなければ、人間の甲斐がありません。私は今まであの人を、どんなにこっそり庇《かば》ってあげたか。誰も、ご存じ無いのです。あの人ご自身だって、それに気がついていないのだ。いや、あの人は知っているのだ。ちゃんと知っています。知っているからこそ、尚更あの人は私を意地悪く軽蔑するのだ。あの人は傲慢だ。私から大きに世話を受けているので、それがご自身に口惜しいのだ。あの人は、阿呆なくらいに自惚《うぬぼ》れ屋だ。私などから世話を受けている、ということを、何かご自身の、ひどい(a)引目でもあるかのように思い込んでいなさるのです。あの人はAなんでもご自身で出来るかのように、ひとから見られたくてたまらないのだ。ばかな話だ。世の中はそんなものじゃ無いんだ。この世に暮して行くからには、どうしても誰かに、ぺこぺこ頭を下げなければいけないのだし、そうして歩一歩、苦労して人を抑えてゆくより他に仕様がないのだ。あの人に一体、何が出来ましょう。なんにも出来やしないのです。私から見れば W だ。私がもし居らなかったらあの人は、もう、とうの昔、あの無能でとんまの弟子たちと、どこかの野原でのたれ死《じに》していたに違いない。「狐には穴あり、鳥には塒《ねぐら》、されども人の子には枕するところ無し」それ、それだ。ちゃんと白状していやがるのだ。ペテロに何が出来ますか。ヤコブ、ヨハネ、アンデレ、トマス、痴《こけ》の集り、ぞろぞろあの人について歩いて、脊筋が寒くなるような、甘ったるいお世辞を申し、天国だなんて馬鹿げたことを夢中で信じて熱狂し、その天国が近づいたなら、あいつらみんな右大臣、左大臣にでもなるつもりなのか、馬鹿な奴らだ。その日のパンにも困っていて、私がやりくりしてあげないことには、みんな飢え死してしまうだけじゃないのか。私はあの人に説教させ、群集からこっそり賽銭《さいせん》を巻き上げ、また、村の物持ちから供物を取り立て、宿舎の世話から日常衣食の購求まで、(b)煩《はん》をいとわず、してあげていたのに、あの人はもとより弟子の馬鹿どもまで、私に一言のお礼も言わない。お礼を言わぬどころか、あの人は、私のこんな隠れた日々の苦労をも知らぬ振りして、いつでも大変な贅沢《ぜいたく》を言い、五つのパンと魚が二つ在るきりの時でさえ、目前の大群集みなに食物を与えよ、などと X を言いつけなさって、私は陰で実に苦しいやり繰りをして、どうやら、その命じられた食いものを、まあ、買い調えることが出来るのです。謂《い》わば、私はあの人の奇跡の手伝いを、B危うい手品の助手を、これまで幾度となく勤めて来たのだ。私はこう見えても、決して(c)吝嗇《りんしょく》の男じゃ無い。それどころか私は、よっぽど高い趣味家なのです。私はあの人を、美しい人だと思っている。私から見れば、子供のように欲が無く、私が日々のパンを得るために、お金をせっせと貯めたっても、すぐにそれを一厘残さず、むだな事に使わせてしまって。けれども私は、それを恨みに思いません。あの人は美しい人なのだ。私は、もともと貧しい商人ではありますが、それでも精神家というものを理解していると思っています。だから、あの人が、私の辛苦して貯めて置いた粒々の小金を、どんなに馬鹿らしくむだ使いしても、私は、なんとも思いません。思いませんけれども、それならば、たまには私にも、優しい言葉の一つ位は掛けてくれてもよさそうなのに、あの人は、いつでも私に意地悪くしむけるのです。一度、あの人が、春の海辺をぶらぶら歩きながら、ふと、私の名を呼び、「おまえにも、お世話になるね。おまえの寂しさは、わかっている。けれども、そんなにいつも不機嫌な顔をしていては、いけない。寂しいときに、寂しそうな面容《おももち》をするのは、それは Y のすることなのだ。寂しさを人にわかって貰おうとして、ことさらに Z を変えて見せているだけなのだ。まことに神を信じているならば、おまえは、寂しい時でも素知らぬ振りして顔を綺麗に洗い、頭に膏《あぶら》を塗り、微笑んでいなさるがよい。わからないかね。寂しさを、人にわかって貰わなくても、どこか眼に見えないところにいるお前の誠の父だけが、わかっていて下さったなら、それでよいではないか。そうではないかね。寂しさは、誰にだって在るのだよ」そうおっしゃってくれて、私はそれを聞いてなぜだか声出して泣きたくなり、いいえ、私は天の父にわかって戴《いただ》かなくても、また世間の者に知られなくても、ただ、あなたお一人さえ、おわかりになっていて下さったら、それでもう、よいのです。私はあなたを愛しています。ほかの弟子たちが、どんなに深くあなたを愛していたって、それとは較《くら》べものにならないほどに愛しています。誰よりも愛しています。ペテロやヤコブたちは、ただ、あなたについて歩いて、何かいいこともあるかと、そればかりを考えているのです。けれども、私だけは知っています。あなたについて歩いたって、なんの得するところも無いということを知っています。それでいながら、私はあなたから離れることが出来ません。どうしたのでしょう。あなたが此の世にいなくなったら、私もすぐに死にます。生きていることが出来ません。私には、いつでも一人でこっそり考えていることが在るんです。それはあなたが、くだらない弟子たち全部から離れて、また天の父の御教えとやらを説かれることもお止《よ》しになり、つつましい民のひとりとして、お母のマリヤ様と、私と、それだけで静かな一生を、永く暮して行くことであります。私の村には、まだ私の小さい家が残って在ります。年老いた父も母も居ります。ずいぶん広い桃畠もありまます。春、いまごろは、桃の花が咲いて見事であります。一生、安楽にお暮しできます。私がいつでもお傍について、御奉公申し上げたく思います。よい奥さまをおもらいなさいまし。そう私が言ったら、あの人は、薄くお笑いになり、「ペテロやシモンは漁《すな》人《どり》だ。美しい桃の畠も無い。ヤコブもヨハネも赤貧の漁人だ。あのひとたちには、そんな、一生を安楽に暮せるような土地が、どこにも無いのだ」と低く独りごとのように呟いて、また海辺を静かに歩きつづけたのでしたが、後にもさきにも、あの人と、しんみりお話できたのは、そのとき一度だけで、あとは、決して私に打ち解けて下さったことが無かった。私はあの人を愛している。あの人が死ねば、私も一緒に死ぬのだ。あの人は、誰のものでもない。私のものだ。あの人を他人に手渡すくらいなら、手渡すまえに、私はあの人を殺してあげる。父を捨て、母を捨て、生れた土地を捨てて、私はきょう迄、あの人について歩いて来たのだ。私は天国を信じない。神も信じない。あの人の復活も信じない。なんであの人が、イスラエルの王なものか。馬鹿な弟子どもは、あの人を神の御子だと信じていて、そうして神の国の福音とかいうものを、あの人から伝え聞いては、浅間《あさま》しくも、*欣喜雀躍《きんきじゃくやく》している。今にがっかりするのが、私にはわかっています。おのれを高うする者は卑《ひく》うせられ、おのれを卑うする者は高うせられると、あの人は約束なさったが、世の中、そんなに甘くいってたまるものか。あの人は嘘つきだ。言うこと言うこと、一から十まで出鱈目だ。私はてんで信じていない。けれども私は、あの人の美しさだけは信じている。あんな美しい人はこの世に無い。私はあの人の美しさを、純粋に愛している。それだけだ。私は、なんの報酬も考えていない。あの人について歩いて、やがて天国が近づき、その時こそは、あっぱれ^F右大臣、左大臣になってやろうなどと、そんなさもしい根性は持っていない。私は、ただ、あの人から離れたくないのだ。ただ、あの人の傍にいて、あの人の声を聞き、あの人の姿を眺めて居ればそれでよいのだ。そうして、出来ればあの人に説教などを止してもらい、私とたった二人きりで一生永く生きていてもらいたいのだ。あああ、そうなったら！　私はどんなに仕合せだろう。私は今の、此の、現世の喜びだけを信じる。次の世の審判など、私は少しも怖れていない。あの人は、私の此の無報酬の、純粋の愛情を、どうして受け取って下さらぬのか。ああ、あの人を殺して下さい。旦那さま。私はあの人の居所を知って居ります。御案内申し上げます。あの人は私を賤《いや》しめ、憎悪して居ります。私は、きらわれて居ります。私はあの人や、弟子たちのパンのお世話を申し、日日の飢渇から救ってあげているのに、どうして私を、あんなに意地悪く軽蔑するのでしょう。

（太宰治「駆け込み訴え」による）

〈注〉欣喜雀躍――小踊りするほど大喜びすること。

問1　～～部(a)「引目」、(b)「煩」、(c)「吝嗇」の意味として最も適当なものを次のうちからそれぞれ一つずつ選び、記号で答えなさい。

□

(a)　引目

ア　自分が劣っているという意識

イ　積極的になれずにいる様

ウ　自慢できる点

エ　他を見下す目線
オ　我慢できずに口に出す癖

□(b)　煩

ア　退屈なこと　イ　面倒なこと
ウ　楽しいこと　エ　せわしないこと
オ　ゆるぎないこと

□(c)　吝嗇

ア　性格が曲がっている人
イ　疑心暗鬼になっている人
ウ　劣等感を抱いている人
エ　物好きな人
オ　物惜しみする人

□問2　――部A「なんでもご自身で出来るかのように、ひとから見られたくてたまらないのだ」とあるが、それは「あの人」のどのような人間像を表しているか。その説明として最も適当なものを次のうちから選び、記号で答えなさい。

ア　全知全能の人物　イ　謙虚な人物
ウ　見栄っ張りな人物　エ　礼儀正しい人物
オ　興味関心の強い人物

□問3　空欄[W]に入る語句として最も適当なものを次のうちから選び、記号で答えなさい。

ア　技術者　イ　達人　ウ　熟練者
エ　青二才　オ　素人

□問4　空欄[X]には「解決不可能なこと」を意味する四字熟語が入る。最も適当なものを次のうちから選び、記号で答えなさい。

ア　絶体絶命　イ　紆余曲折　ウ　奇想天外
エ　無理難題　オ　汚名返上

□問5　――部B「危うい手品の助手」とあるが、どのような点が「危うい」のか。その説明として最も適当なものを次のうちから選び、記号で答えなさい。

ア　実現する可能性が極めて低い点。
イ　身体的危険を伴う点。
ウ　身の破滅を招きそうな点。
エ　奇跡のタネが露見する点。
オ　他の弟子に恨まれる点。

□問6　――部C「あの人は美しい人なのだ」とあるが、どのような点において「美しい」としているのか。その説明として最も適当なものを次のうちから選び、記号で答えなさい。

ア　弟子には無謀なことをさせ、自身は安全な地にいる点。
イ　弟子のことよりも市民のことを熱心に考えている点。
ウ　自身の欲に忠実な子どものような点。
エ　欲がなく、自身の理想にまっすぐな点。
オ　純粋に自身の欲望を満たそうとしている点。

□問7　空欄 Y ・ Z に入る語句の組み合わせとして最も適当なものを次のうちから選び、記号で答えなさい。

ア　Y　為政者　Z　態度
イ　Y　偽善者　Z　顔色
ウ　Y　犯罪者　Z　雰囲気
エ　Y　偽者　Z　容貌
オ　Y　頑固者　Z　姿

□問8　――部D「私はそれを聞いてなぜだか声出して泣きたくなり」とあるが、その理由として最も適当なものを次のうちから選び、記号で答えなさい。

ア「あの人」が自分のことを結局何一つわかっていないから。
イ　一番わかってほしい「あの人」にわかってもらえたから。
ウ　結局自分は「あの人」の中で一番になれないから。
エ「あの人」の言っていることが全く理解できないから。
オ「あの人」に叱られたことがくやしくて仕方なかったから。

□問9　――部E「あなたが此の世にいなくなったら、私もすぐに死にます」とあるが、その理由を説明した最も適当なものを次のうちから選び、記号で答えなさい。

ア「私」の寄りかかり、最も愛する対象がいなくなるから。
イ「私」に導くべき人がいなくなり路頭に迷うから。
ウ「私」に対する世間の風当たりが強くなるから。
エ「私」はペテロやヤコブとは上手くやっていけないから。
オ「私」が愛する「あの人」は、皆の平等な存在になるから。

□問10　――部F「右大臣、左大臣になってやろうなどと、そんなさもしい根性は持っていない」とはどういうことを主張したいのか。その説明として最も適当なものを次のうちから選び、記号で答えなさい。

ア　金銭を目的とした他の弟子は弟子として失格ということ。
イ　地位や名声を「あの人」とともにいることで手に入れられること。
ウ　見返りを得るために「あの人」の近くにいるのではないこと。
エ　出世欲という欲は全ての欲の中で最も下等だということ。
オ　権力は自らの力で奪い取るものだということ。

□問11　本文における「あの人」とは具体的に誰を指していると類推できるか。最も適当なものを次のうちから選び、記号で答えなさい。

ア　ヨハネ
イ　シモン
ウ　ユダ
エ　キリスト
オ　ヤコブ

三 次の各問いに答えなさい。

問1 次の1～3の――部のカタカナは漢字に直し、漢字はその読みをひらがなで書きなさい。ただし3は送り仮名もつけなさい。

□ 1 プレゼントを贈って好きな人の<u>カンシン</u>を買う。

□ 2 安全祈願の<u>祝詞</u>を神社であげてもらった。

□ 3 私の失敗が友人を窮地に<u>オトシイレル</u>こととなった。

□問2 助詞を含まない文節を、ア～オのうちから一つ選び、記号で答えなさい。

（ア）親ゆずりの／（イ）無鉄砲で／（ウ）子供の／（エ）ときから／（オ）損ばかり／している。

□問3 次の文のア～キから助動詞ではないものを二つ選び、記号で答えなさい。

賢人君は、涼真君の（ア）<u>よう</u>に勉強はでき（イ）<u>ない</u>が、もてる（ウ）<u>らしい</u>。二人とも同じクラス（エ）<u>で</u>仲もいい。しかし涼真君は、今回の実力テスト（オ）<u>で</u>賢人君より成績が悪かっ（カ）<u>た</u>ので、おもしろく（キ）<u>ない</u>ということだ。

四 次の各問いに答えなさい。

□問1 「基ジュン」の「ジュン」の漢字と部首が同じものを次のうちから一つ選び、記号で答えなさい。

ア 午　イ 隼　ウ 雑　エ 溝

□問2 「固唾《かたず》を呑《の》む」の意味を次のうちから一つ選び、記号で答えなさい。

ア 言いかけてやめる
イ 残念な気持ちを抑える
ウ 張り詰めた様子で心配する
エ たいへん苦しい思いをする

□問3 対義語の組み合わせとして誤っているものを次のうちから一つ選び、記号で答えなさい。

ア 質疑―応答　イ 勧善―懲悪
ウ 優柔―不断　エ 形式―内容

□問4 読み方の誤っているものを次のうちから一つ選び、記号で答えなさい。

ア 欠伸(のび)　イ 胡坐(あぐら)
ウ 気質(かたぎ)　エ 長閑(のどか)

□問5 外来語とその意味の組み合わせとして正しいものを次のうちから一つ選び、記号で答えなさい。

ア カオス―複雑　イ シニカル―虚無的な
ウ シンボル―象徴　エ パトス―信頼

□問6 「精神、身体がしっかりした」という意味の表現を次のうちから一つ選び、記号で答えなさい。

ア 筋金入り　イ 鉄面皮
ウ 鉄は熱いうちに打て　エ 寸鉄、人を刺す

□問7　「彼の発言は確かなことらしい」の「らしい」と同じ用法のものを次のうちから一つ選び、記号で答えなさい。

ア　どうも彼女はうそつきらしい。

イ　男らしい態度だと言えよう。

ウ　わざとらしいことをするな。

エ　彼女は憎らしいことを言う。

□問8　秋の季語を次のうちから一つ選び、記号で答えなさい。

ア　麦踏　　イ　風鈴　　ウ　七夕　　エ　足袋

□問9　「神」にかかる枕詞を次のうちから一つ選び、記号で答えなさい。

ア　あをによし　　イ　たらちねの

ウ　ちはやぶる　　エ　ひさかたの

□問10　森鷗外の作品として適当でないものを次のうちから一つ選び、記号で答えなさい。

ア　雁　　イ　青年　　ウ　舞姫　　エ　草枕

解答

一 問1 オ　問2 エ　問3 ウ　問4 (a) ア
(b) ウ　問5 A ウ　B ア　C エ　D イ
問6 (i) イ　(ii) オ　(iii) ウ　(iv) エ
問7 イ　問8 エ　問9 ア　問10 ウ　問11 オ
問12 イ　問13 ア　問14 エ　問15 オ

二 問1 ②　問2 ①　問3 ④　問4 ②　問5 ④
問6 ③　問7 ①　問8 ④　問9 ③　問10 ②

三 問1 ②　問2 ③　問3 C ④　F ④
問4 ①　問5 ア ③　イ ②
問6 ②　問7 ④

四 問1 1 オ・ク　2 イ・ス　3 キ・ソ
4 ウ・シ　5 エ・セ　6 カ・サ
問2 1 イ　2 ア　3 エ　4 ウ

配点

一 問5 各1点×4　問11・問15 各3点×2
他 各2点×16
二 問9・問10 各3点×2　他 各2点×8
三 問4・問7 各3点×2　他 各2点×7
四 各1点×16
計100点

解説

一 （論説文—大意・要旨、内容吟味、文脈把握、段落・文章構成、指示語、接続語、脱文・脱語補充、漢字の読み書き、語句の意味、ことわざ・慣用句）

問1　筆者の考えは、二段落目以降の「必要を超えた支出があってはじめて人間は豊かさを感じられる。……つまり、余分は無駄ではない」というものである。その二段落目が「だが、ここで少し立ち止まって考えていただきたい」と逆接の接続詞で始まっていることから、直前の段落には筆者の意見とは対立的な考えが示されているとわかる。冒頭段落では、「贅沢とは何だろうか？」という問いに対し、「そこには過度の支出に対する不同意の意味が込められている。必要の限界を超えた支出は無駄ということだ」と「常識的な考え方」が示されているので、「筆者の考え方と対立的でかつ常識的な考え方を提示することで、筆者自身の意見の独自性を際立たせている」とするオが適切。

問2　「そう」が指すのは、直前の「必要の限度を超えた支出は無駄であって、生活には生存に必要なものが十分にあればそれで事足りる」という内容であり、それを「そうではない」と打ち消している。必要の限度を超えた支出は無駄ではなく、生活は生存に必要なものが十分にあればそれで事足りるというものではない、という文脈になるので、エが適切。

問3　《ウ》の直前に「必要なものが必要な分しかない状態、これは非常にあやうい状態である。日常生活のバランスを崩すアクシデントがすこしでもあれば、それまで通りには生活できなくなる。あらゆるアクシデントを排し、必死で現状を維持しなければならない」とあり、「豊かさとはほど遠い生活」にあてはまるので、《ウ》に補うのが適切。

問4 (a) 「享受(きょうじゅ)」は、あるものを受けて自分のものにすること、すぐれたものや利益を受け入れ味わい楽しむこと、という意味。「自由を享受する」「楽しみを享受する」などと使われる。

(b) 「糾弾(きゅうだん)」は、問いただして非難すること、という意味。「汚職を糾弾する」などと使われる。

問5 A 後の「……からである」に呼応する語として、「なぜなら」が入る。

B 直前に「モノの受け取りには限界がある」とあり、直後にその具体例として「身体的な限界を超えてモノを食べること」を挙げているので、例示を表す「たとえば」が入る。

C 直前の「身体的な限界を超えてモノを食べることはできない」と、直後の「浪費はどこかでストップする」は順当につながる内容なので、順接を表す「だから」が入る。

D 直後で「人間は最近になって全く新しいことを始めた」と、別の視点を示しているので、逆接を表す「ところが」が入る。

問6 (i) 殺到　ア 倒壊　イ 到達　ウ 頭取　エ 舞踏会　オ 過当競争

(ii) 大量投棄　ア 一周忌　イ 納入期日　ウ 旗手　エ 危害　オ 棄権

(iii) 余談　ア 名誉　イ 預金通帳　ウ 余裕　エ 補正予算　オ 参与

(iv) 獲得　ア 品格　イ 収穫祭　ウ 的確　エ 乱獲　オ 間隔

問7 「D……」で始まる段落に「消費はモノではなくて、記号や観念を対象にしている」「記号や観念の受け取りには限界がない。だから消費は終わらない」とある。続く次の段落の冒頭は「記号を消費するとはどういうことだろうか」となるのが適切なので、(イ)の「浪費」は「消費」とする。

問8 直前の段落に「記号はいくらでも受け取ることができる。だから満足をもたらさない。記号の消費はいつまでも終わらない」とあることから、「記号の消費」や「満足をもたらさない」ものの例であるとわかる。後には「『チェンジ』という情報・意味だけを受け取っている」と説明されているので、「人々がモノに付与された記号や観念を受け取るゆえに、商品に満足することができない例」とするエが適切。

問9 「消費社会の魔法」について、直後に「消費は満足をもたらさない。しかし消費者は満足を求めて消費している。消費しても満足が得られないから、更に消費を続ける。」「消費しても満足が得られないから消費して……というサイクルをうまく利用することで、莫大な量のモノを売ることができた。その結果、大量生産・大量消費・大量投キの経済が生まれた」と説明されているので、「満足を求める消費者に……満足を与えないことで、さらに消費をあおり、大量の生産・消費を生むこと」とするアが適切。

問10 「雨後の竹の子(筍)」は、雨が降った後に竹の子(筍)が次々と生えるように、物事が次々と現れ出ることのたとえ。

問11 直前に「ほとんどの消費社会批判は、この大量生産・大量消費・大量投キの経済を眺めながら、その『贅沢』を糾弾したものである」とあり、直後には「消費社会の中に贅沢などない。逆だ。消費社会とは我々から贅沢を奪うものである。浪費家であろうとする我々を消費者に仕立て上げ、満足することが決してない消費のサイクルに投げこむのが消費社会である」と説明されている。「消費社会批判」として「『贅沢』を糾弾」したことが「問題」である、とする文脈なので、「浪費を消費と混同して論じたこと」とするオが適切。「消費」と「贅沢（＝浪費）」は本来、対照的なものであるのに、あたかも同義であるかのように論じられたことを、筆者は「問題点」としているのである。

問12　直前に「贅沢から遠く離れ、終わりない、つまりは満足のない消費のゲームが必死で維持され続けているからこそ、エネルギー使用量が増え続けているのだ」とある。本文中で筆者は「贅沢」を「浪費」と言い換え、「浪費はどこかでストップするのだった。浪費は必ずどこかで満足をもたらすからだ」と述べている。さらに「浪費」と「消費」の違いについて、「浪費は目の前にあるモノを受け取る」「消費はモノに付与された意味・観念を受け取る。……消費は満足をもたらさない」としている。これらから、「消費」ではなく「浪費（＝贅沢）」することによって人は満足を得ることができ、エネルギー使用量を抑えることができる、という文脈が読み取れるので、イが適切。

問13　直後の「かつて教育は楽しむ能力を訓練することであった……これは楽しむという行為が決して自然発生的なものではないということを意味している。楽しむとは、何らかの過程を経てカク得される能力であり、こう言ってよければ、一種の技術なのである」という内容を指すので、アが適切。

問14　「こうした訓練」とは、直前の「『楽しむ能力』の訓練」を指す。「ラッセル自身は……」で始まる段落には「たとえば文学的素養がなければ文学などつまらない。それを楽しむためには訓練が必要だ」とあるので、その例にあてはまるものとしては、エが適切。

問15　「もちろん……」で始まる段落で「楽しむとは、何らかの過程を経てカク得される能力であり、こう言ってよければ、一種の技術なのである」と述べられていることと、オが合致する。アは、「浪費は満足をもたらす」と述べられていることと合致しない。イは、ラッセルの『幸福論』を引用して「楽しむという行為が自然発生的なものではないということを意味している」とあることと合致しない。ウは、「消費と不満足との悪循環」とあることと合致しない。エは、「浪費するためには、きちんとモノを享受し、楽しむことができるようにならなければならない。しかし、浪費家になるチャンスを奪われ続けた人間はなかなかそうならない」とあることと合致しない。

二

（小説―情景・心情、内容吟味、接続語、脱文・脱語補充、語句の意味）

問1　直前の「私の味がどこまで通用するのか」という内容にあうものとして、②の「試してみる」が適切。「小手調べ」は、試しにやってみること、物事を始める前に手先の調子を整えること、という意味。

問2　「ヒロミのやり方」とは、直前の「会話をはじめた瞬間から、驚くべき握力で主導権をさらっていく」というもので、そんなヒロミに対する弥生の感情は、「いかにも……」で始まる段落に「ヒロミの発する強烈なパワーに圧倒され、しゃべればしゃべるほどに自分が弱くてつまらないものになっていくような焦燥と闘っていた」と表現されているので、①が適切。

問3　後の「……のようだった」に呼応する語として、④「まるで」が入る。

問4　直前で「小ぶりのスポンジとクリームを幾層にも積みあげた円柱形のケーキ。繊細なフリル状のクリームをあしらったその頂では、べつの果実と見紛うほどに大きな苺が完璧なシルエットを象っている。視界が一気に華やいだ」と描写されており、ヒロミが差し出したショートケーキに魅了される弥生の様子が読み取れるので、②が適切。すばらしいケーキを目の前にして、すぐに食べたいという気持ちから、無意識のうちにフォークを握っていたのである。

問5　直前に「すぐに自分の失言に気づいて」とあることから、失礼なことを言ってしまったと気づいて顔を赤らめているとわかるので、④が適切。「パリの某有名洋菓子店で五年間の修行を積んだ経歴」を持ち、これから店を出そうとしているヒロミが差し出したケーキを食べて、『これは、どちらでお求めになったんですか』などと失礼な発言をしてしまったことを恥ずかしく思っているのである。

問6　直前で、ヒロミに失礼なことを言ってしまい、「言えば言うほど深みにはまっていく」と萎縮する弥生に対して、ヒロミは気を悪くすることもなく、愉快そうに弥生の様子をながめて微笑んでいるので、③が適切。

問7　直後の「確信があった」という様子にあてはまる表現として、「迷わず(うなずいた)」とするのが適切。この時の弥生は「この味は人を誑す。無数の舌を酔わせて虜にさせる」という確信に満ちていたので、『ねえ、お客さんが遠くからこの味を求めて集まってくると思う?』というヒロミの問いかけに対して、迷うことなく、うなずいたのである。

問8　直前の「よろしくね、と弥生の返事を待たずに右手をさしだした」という様子からは、弥生に対する信頼と、開店への意気込みが読み取れるので、④が適切。ヒロミの作ったケーキについて「『……きっと想像もつかないほど大勢のお客さんが集まってきます』」と迷うことなく言い切る弥生を、頼もしい部下だと感じているのである。

問9　直前の段落に「弥生はヒロミのケーキを信奉した」とあり、これが――部ケの後で「このわかりやすい幸福を弥生は信奉した」と言い換えられているので、ここでいう「幸福」は、「ヒロミのケーキ」を指すとわかる。ヒロミのケーキについては、直後で「手を伸ばせば誰もが簡単に触れられる」と表現されているので、③が適切。

問10　直後に「ヒロミの黒子として店を支えていくことに彼女なりの自負を見いだしていた」とある。弥生については、「が、しかし……」で始まる段落に「日々の仕入れや売りあげの管理。店内の備品チェック。新人スタッフの教育。ヒロミの苦手な雑事はなにもかも弥生にまわってきた。……ヒロミのケーキを世に広めるという使命を前にして、そんな個人的感傷はとるにたらないものだと自分に言いきかせた」とあることから、ケーキ職人として客を魅了するケーキを作り出すヒロミと、そんなヒロミを助ける弥生、という役割分担を「人にはそれぞれの持ち分がある」と表現しているとわかるので、②が適切。

三　(古文―大意・要旨、文脈把握、指示語、脱文・脱語補充、語句の意味、口語訳)

〈口語訳〉　ある時、(師の道元が)諭して言うには、仏照禅師について修行している僧のなかに、一人の僧が、病気になった時に、肉を食べたいと思った。仏照禅師は、肉を食べることを許して、食べさせた。ある夜、仏照禅師が、自分から、(病気の僧の療養所である)延寿堂に行ってご覧になると、ともしびがかすかにあって、病気の僧がまた肉を食べる時、一匹の鬼が、病気の僧の頭の上に乗っていて、その肉を食べる。(病気の)僧は自分の口に入ると思うけれども、僧は食べないで、頭の上の鬼が食べるのである。それから後は、病気の僧が肉を食べることを好むのは鬼に取りつかれたのだと知って、これを許した、と。

これについて思うに、許すべきか、許すべきでないか、状況などを推察して、適切な取り計らいがあるはずである。(中国、宋代の僧法演につく修行でも、肉食のことが(問題として)あった。許すのも、押しとどめるのも、古人の考えはそれなりの理由があるはずである。

問1　直前に「病患の時」とあるので、「病気を治したいから」とする②が適切。

問2　直前の文に「肉食」とある。「(禁じられている)肉食」を許した、とする文脈である。

問3　C　「しむ」は、「～させる」という意味の使役の助動詞なので、「食せしむ」は、「食べさせた」となる。

F　「心」には、思慮、考え、という意味があり、「意趣」には、意向、という意味がある。また、「べき」には、「～はずである」という意味があるので、「古人の心、皆、その意趣あるべきなり」は、古人の考えは、皆それなりの意向があるはずである、となるので、④が適切。

問4　「見給ふ」は「見る」の尊敬表現なので、尊敬表現の対象となる「仏照禅師」が主語だとわかる。

問5　ア　直後の「べし」に接続するものとして「ある」が入る。

イ　文末なので、終止形の「あり」が入る。

問6　「許すも、制するも」とあることから、「許す」とは対照的な意味であるとわかるので、②の「押しとどめる」が適切。「制す」には、制止する、押さえる、という意味がある。

問7　④は、本文の最後に「肉食の事……。許すも、制するも、古人の心、皆、その意趣あるべきなり」とあることと合致する。①は、「一つの鬼、病僧の頭に乗りゐて、件の肉を食す」とあることと合致しない。②は、「病僧の肉食を好むをば鬼に領ぜられたりと知つて、これを許しき」とあることと合致しない。③は、「許すべきか、許すべからざるか、斟酌……べし」とあることと合致しない。

四　(知識問題―熟語)

問1　1　「除雪」は、下の字が上の字の目的語になる構成で、「雪を除く」と下から上へ読むことができる。組み立てが同じなのは、「席に着く」と読めるオ、「車に乗る」と読めるク。

2　「公私」は、反対の意味の漢字を組み合わせたもので、組み立てが同じなのは、イの「貧富」、スの「巧拙」。

3　「日没」は、主語と述語の関係の字を組み合わせたもので、組み立てが同じなのは、キの「国営」、ソの「炎上」。

4　「劣化」は、接尾語(化・的・性・然など)を付けて意味を添える構成で、組み立てが同じなのは、ウの「悪性」、シの「突然」。

5　「豊富」は、似た意味の漢字を組み合わせたもので、組み合わせが同じなのは、エの「道路」、セの「歓喜」。

6　「未熟」は、打消しを意味する接頭語(無・未・非・不)を付けたもので、組み立てが同じなのは、カの「非常」、サの「無害」。

問2　1　「飛行＋場」と上の二字が下の一字を修飾する構成で、同じものは、「文化＋祭」となるイ。

2　「雪＋月＋花」と一字ずつが対等の関係で並ぶ構成で、同じものは、「心＋技＋体」となるア。

3　「新＋記録」と上の一字が下の二字を修飾する構成で、同じものは、「好＋人物」となるエ。

4　「合理＋化」と二字の熟語の下に接尾語が付く構成で、同じものは、「歴史＋的」となるウ。

解答

一 問1 ア　問2 イ　問3 ウ　問4 イ　問5 エ
問6 エ　問7 ウ　問8 ア　問9 イ　問10 ウ

二 問1 ②　問2 ③・⑤・⑦　問3 ④
問4 A ⑤　B ④　C ②　問5 ⑤
問6 イ ①　ロ ⑤　問7 ③　問8 ⑤

三 問1 a 目撃　b 途端　c 険　d 余裕　e 憤
問2 Ⅰ 仮定形　Ⅱ 連用形　Ⅲ 未然形
問3 イ　問4 (1) ウ　(2) 馬
問5 A ア　B イ
問6 (1) ア　(2) (例) 行っていないと知られていること(15字)　問7 イ
問8 (例) 早馬の心は既に陸上部から離れており、もう戻ってくる気がないとわかったから。(37字)
問9 ア　問10 ア　問11 ウ

四 問1 1 ア　4 オ　問2 ウ　問3 イ
問4 ウ　問5 オ　問6 イ　問7 エ
問8 ウ　問9 ウ

配点
一 各1点×10
二 問5・問7・問8 各3点×3　他 各2点×10
三 問1・問2 各1点×8
問3～問5・問6(1) 各2点×6　問8 4点
他 各3点×5
四 問4・問9 各3点×2　他 各2点×8
計100点

解説

一 (知識問題―接続語、漢字の読み書き、筆順・画数・部首、語句の意味、同義語・対義語、熟語、品詞・用法、文学史)

問1 「勝敗」と書く。「勝」の部首は「力(ちから)」。部首が「力」なのは、アの「加」。

問2 イの「正義」の対義語は「不義」。

問3 ウの「栗」の読みは「くり」。「あわ」は「粟」と書く。

問4 「医」は、「一」→「丆」→「𠂉」→「𡗗」→「矢」→「医」の七画。

問5 エの「ディテール」は、詳細、細部という意味。

問6 エの「あるいは」は、対比・選択の用法。添加の用法にあてはまるのは、「そして」「なお」「そのうえ」など。

問7 ウの「ぜひ」に呼応する語は「たい」。

問8 アの「質実剛健(しつじつごうけん)」は、飾り気がなく、心が強くしっかりしていること、まじめで素朴であり、充実感があふれていてたくましいこと。イの「新進気鋭(しんしんきえい)」は、その分野で新たに出現した、若手で有能な人材、新人で意気込みがあり、将来有望な優れた人のこと。ウの「清廉潔白(せいれんけっぱく)」は、心や行いが清く正しく私欲や偽りがない、という意味。エの「石心鉄腸(せきしんてっちょう)」は、固い決意、堅固な心、容易に動揺しない心のこと。

問9　アの「名月」は秋の季語。イの「八十八夜」は、立春から八十八日目を意味する春の季語。ウの「梅雨寒」は、夏の季語。エの「小春」は、冬のはじめの春のように穏やかで暖かな天気、という意味の冬の季語。

問10　ウの『冬の蠅』の作者は梶井基次郎。永井荷風の作品にも同名の随筆がある。

二

(論説文―大意・要旨、内容吟味、文脈把握、指示語、接続語、脱文・脱語補充、語句の意味)

問1　脱落文の内容から、直前には、「近代社会」が「一人ひとりに要求している」「ものすごく重いこと」にあてはまる内容が直前に入る。(Ⅱ)の直前の二段落で「近代社会」について述べ、「だれもが、自分はどういう存在でありそれを意味のあるものとして肯定できるか、という問いに向き合わざるをえない」とあるので、(Ⅱ)に入れるのが適切。

問2　「『近代社会』が成立する前の社会」については、「しかし……」で始まる段落に「家庭をつくるにしても、相手は自分と同じ階層で周辺の地域に住んでいる人に限られた」「つまり自分の生涯のかたちはおおよそ見えていたのだ」「あらかじめ役割が与えられて生まれてきたから、自らの役割を果たすことが人生の目的だったのだ」とあるので、③・⑤・⑦が適切。

問3　a　直前の「どの階層に生まれるかによって職業はほぼ自動的に決まったし、家庭をつくるにしても、相手は自分と同じ階層で周辺の地域に住んでいる人に限られた」という内容を言い換えているので、「自分で自由に職業やパートナーを選ぶなど考えられない世の中だった」とするのが適切。

b　直前の「生まれは関係なく、みんな同じスタートラインに立ち、同じ条件で勉強を始め」という状態を表す表現として、「平等」が適切。

c　直後の「安易に使われている」とは反対の表現が入る文脈なので、「本来は慎重に扱うべき言葉」とするのが適切。

d　直後の「飛びついてしまう」を修飾する言葉としては、「簡単(に)」が適切。「釈然としないふさいだ気持ち」に理由を付けてくれる言葉として、人は簡単に「トラウマ」という言葉に頼ってしまう、というのである。

問4　A　直前に「間違いなくプラスになった」とあり、直後で「プラスは必ずマイナスを含んでいる」と付け加えているので、補足を意味する「ただ」が入る。

B　直前の「『違います、私はうつ病なんです』と、言い張る」を、直後で「病気にしてもらわないと困る」と言い換えているので、言い換えや説明を表す「つまり」が入る。

C　直前の「社会や時代の問題は、キーワードだけで説明し尽せるものではない」と、直後の「私たちは『ちっとは賢く』ならなければいけない」は、順当につながる内容なので、順接を表す「だから」が入る。

問5　「近代社会は、全員が……」で始まる段落以降で述べられている「自分で物事を決めて担うことができる市民ではなくなり、ただのサービスの顧客に成り下がった」「すべて他人任せで、自分にはなんの責任もなく、お前が悪いんだと言うだけ」という「私たち」の状態を、「(今の社会でできることは)クレームをつけることだけ」と表現しているので、⑤が適切。

問6　イ　「釈然」は、疑いや恨みがなくなるさま、という意味なので、「釈然としない」は、「疑いや迷いが消えずに、すっきりしない」とする①が適切。
ロ　「短絡」は、物事の筋道を追わずに、原因と結果を簡単に結びつけてしまうこと、という意味なので、⑤が適切。
問7　「そういう思考回路」とは、直前に示されている「『病気である』とラベルを付ければ、自分がしんどい思いをせずにその状況から抜け出すことができるから、『私のせいではないんだ』とほっとする」という考え方を指すので、③が適切。筆者はそれを「単に逃げているだけ。一番してはいけないことだ」としている。
問8　「プロに委託する」ことについては、本文中で「その制度の中で暮らすうちに、自分が持つ技や能力を磨くことを忘れてしまった。自分で物事を決めて担うことができる市民ではなくなり、ただのサービスの顧客に成り下がったのだ」「この暮らしは、私たちをだめにする。すべて他人任せで、自分にはなんの責任もなく、お前が悪いんだと言うだけ。それは確かに楽だ」とあるが、筆者は、「プロに委託するのをやめて、何もかも自分で判断して責任をとる生活」にすべきだとは述べていないので、⑤は不適切。

三

（小説―情景・心情、文脈把握、脱文・脱語補充、漢字の読み書き、語句の意味、品詞・用法）

問1　a　「目撃」は、その場に居合わせて見ること。「撃」を使った熟語はほかに「攻撃」「襲撃」など。訓読みは「う(つ)」。
b　「途端」は、ちょうどその瞬間のこと。または、その直後のこと。「端」を使った熟語はほかに「極端」「発端」など。訓読みは「は」「はし」「はた」。
c　「険」の音読みは「ケン」。熟語は「険悪」「危険」など。
d　「裕」を使った熟語はほかに「裕福」「富裕」など。
e　「憤」の音読みは「フン」。熟語は「憤慨」「義憤」など。

問2　Ⅰ　「なれ」の終止形は「なる」で、「ら／り／る／る／れ／れ」と活用する。接続助詞「ば」に接続しているので仮定形。
Ⅱ　「終え」の終止形は「終える」で、「え／え／える／える／えれ／えよ」と活用する。完了の助動詞「た」に接続しているので連用形。
Ⅲ　「言お」の終止形は「言う」で、「わ・お／い／う／う／え／え」と活用する。意志の助動詞「う」に接続しているので未然形。
問3　「蔑ろにする」は、人や物事を軽く考えて眼中にないかのように振る舞うこと、という意味なので、イの「軽んじる」が適切。
問4　(1)　直後の「彼女と二人で料理をしている」様子にあてはまる言葉としては、人に隠れてこっそりとする、という意味の「こそこそ」が適切。「ひたひたと」は、水が押し寄せるようにだんだんと迫ってくる様子を表す。「しずしずと」は、極めて静かに歩く様子を表す。「ひそひそと」は、小声で話す様子を表す。
(2)　「馬が合う」は、気が合う、という意味。ここでは、「ストイックで自分にも他人にも厳しい助川と、マイペースで末っ子体質な春馬」という、性格が違う二人のことを「馬が合わない」と表現しているのである。
問5　A　直前に「その言葉がまるで、自分に引導を渡しているように聞こえた」とある。「引導を渡す」は、最終的な言葉を言い渡して相手を諦めさせる、という意味なので、アの「自分はもう終わりなんだ(と思った)」とするのが適切。
B　これより前の助川の言葉は「『戻ってくるんだろ?』」「『夏は無理かもしれないけど、駅伝は間に合うんじゃないのか?』」というものなので、これに続く言葉としては、イの「お前だってまだまだやれる」が適切。
問6　(1)　「公然の秘密」は、秘密であるといわれながら、みんなに知れ渡っていること、という意味なので、アが適切。

(2) 直前の「『部活に来ない日は、真木クリニックにリハビリに行ってるんじゃなかったのか』」という助川の言葉に対して、「公然の秘密ではないか」と思っている。また、直後に「眞家早馬は、週何日かは部活を休んでリハビリのために病院に行っている。……そういうことになっている。なっているだけだ」とあり、後には「『助川だってわかってるだろ。手術から半年もたったのに、週に何回も病院でリハビリなんてしないって』」とあることから、早馬はリハビリに行っていないとみんなが知っている、ということを「公然の秘密」と表現しているとわかる。

問7 直後に「彼が傷ついたのがわかった。素直に『ごめん、最近サボってるんだ』と言えば、彼は怒るだけで済んだのに。嫌な言い方をしたばっかりに、彼を傷つけてしまった」とあることから、早馬の誠意を欠いた言い方が、早馬を心配する助川を傷つけた、という文脈が読み取れるので、「真剣な質問へのそっけない答えに対する衝撃を受けている」とするイが適切。

問8 リハビリもトレーニングもしていないという会話のあと、――部③後に「陸上部の連中が帰宅する前に、逃げるように下校するって。そう付け加える助川の目に、再び怒りの炎が宿ったのがわかる。伝わってくる」とあることから、早馬が陸上部から離れようとしていることを知り、助川が傷ついている様子がわかる。さらに後に「『お前はもう、陸上部にはいらない』」と突き放しているのは、早馬が退部しやすい状況をあえて作るという助川の心づかいである。

問9 直前の「『お前はもう、陸上部にはいらない』」という言葉を聞いた反応である。早馬に向けられた助川の言葉を聞いたときの、早馬の弟でもある春馬の心情なので、アの「動揺」が適切。兄の早馬に退部が告げられたことに動揺し、思わず足を止めたのである。

問10 「早馬の異変を……」で始まる段落に「早馬の異変を最初に見抜いたのも、彼だった。……その道を閉ざしてくれたのは、助川だった。……リハビリして戻ってこいと言ってくれた」とあることから、助川に対する感謝の気持ちが読み取れる。――部⑤の直前に「リハビリをサボりだした頃から、……いつか、助川からこう言われるときが来ると思っていた。』「そしてそのときは、もっと怒ってほしかったのに。裏切り者と罵ってほしかったのに」とあることからは、早馬が陸上部から離れることを既に心の中では決めていたことがわかる。それを助川がはっきりさせてくれたことに対する感謝の気持ちが「ありがとう」という言葉に込められていると考えられるので、アが適切。

問11 助川については「ストイックで自分にも他人にも厳しい」とある。また、早馬の異変に気づき「手術しろと言ってくれた。リハビリして戻ってこいと言ってくれた」とあることからは他者を思いやる人物であることがわかる。「『お前はもう、陸上部にはいらない』」と厳しい言葉をあえて口にする様子も描かれているので、「リーダーシップと思いやりを持っている」「厳しい対応もする」とあるウが適切。

四 (古文―主題・表題、文脈把握、指示語、語句の意味、文と文節、品詞・用法、仮名遣い、口語訳、表現技法)

〈口語訳〉ある人が、子犬を非常にかわいがっていたのだろうか、その主人が、外出から帰った時、その子犬は、主人の膝に乗り、胸に手を上げ、口の辺りをなめ回す。これによって、主人が(子犬を)かわいがるのは、さらにいっそうになったのであった。馬は、そっとこの様子を見て、うらやましく思ったのであろうか、

「ああ、自分も子犬のおこなったようにしよう」と心に決めて、ある時、主人が外出から帰った時に、馬が、主人の胸に飛びかかり、顔をなめ、尾を振るなどしたところ、主人は、これを見て、たいそう怒って、棒を手に取って、元の馬小屋に(馬を)押し入れた。

このように、人(と自分)が親しいか親しくないのかの区別を考えずに、親しそうに振る舞うのは、とてもおかしな事である。自分(と相手の親しさ)に応じて、他人との応対をすべきである。

問1　1　「いと」は、非常に、たいそう、という意味。

4　直後に「見て」とあることから、「様子」という意味だとわかる。「由」には、理由、手段、いわれ、様子、などの意味がある。

問2　係助詞「や」は、係り結びの法則により連体形で結ぶので、「あらむ」が適切。

問3　主語の「主人」に付くので、「主人が」とするのが適切。

問4　「かやうに」は、「このように」という意味で、「(主人の)その膝に上り、胸に手を上げ、口の辺をねぶり廻る」という狗の行為を指す。「し」は、する、行う、という意味。文末の「め」は、意志を意味する助動詞「む」の已然形で、「～しよう」という意味になるので、「自分も狗のおこなったようにしよう」とするウが適切。主人にかわいがられる狗と同じ行いをすれば、自分も狗と同じように主人にかわいがられると思ったのである。

問5　文頭に「馬」とあるので、主語は「馬」。主人にかわいがられるために、狗と同じことをしようと心に決めたのである。

問6　直前の「主人、外より帰りける時、馬、主人の胸に飛びかかり、顔をねぶり、尾を振りなどしければ」という行為を指すので、イが適切。外出から帰った主人に馬が飛びかかり、主人の顔をなめる、しっぽを振るなどという行いをしたことに、主人は驚き憤慨したのである。

問7　直前に「本の馬屋に」とあるので、押し入れられたのは「馬」である。

問8　動詞「わきまふ(弁ふ)」の未然形「わきまへ」に、打消しの助動詞「ず」が接続した形なので、「わきまへず」となる。

問9　本文の主題は、最後に「人の親疎をわきまえず、我が方より馳走顔こそ、甚だもつて、おかしき事なれ。我が程々に従つて、その挨拶をなすべし」と述べられているので、この内容と合致するウが適切。

解答

一 問1 (1)エ (2)コ (3)キ
問2 (1)オ (2)エ 問3 ウ
問4 (1)オ (2)ア 問5 イ

二 問1 (ア)④ (イ)⑤ 問2 Ⅰ② Ⅱ④
Ⅲ⑤ 問3 ② 問4 【Ⅰ】④ 【Ⅱ】④

三 問1 イ 問2 エ 問3 ウ 問4 イ 問5 イ
問6 エ 問7 ア 問8 エ 問9 エ 問10 イ
問11 ア 問12 エ 問13 ウ 問14 ア 問15 イ

四 問1 (記号) a (主語) 博雅三位[三位] 問2 エ
問3 ② ウ ⑤ ア 問4 ウ 問5 エ
問6 ③ とうとく ⑥ ゆうなる
問7 ただ今〜べし。 問8 イ・エ

配点

一 各2点×9
二 問4 各3点×2 他 各2点×6
三 問1・問4・問8・問11・問13〜問15 各3点×7
他 各2点×8
四 問1・問3〜問5 各3点×5(問1完答)
他 各2点×6
計100点

解説

一 (知識問題—筆順・画数・部首、語句の意味、ことわざ・慣用句、文と文節、品詞・用法、文学史)

問1 (1) 「被」の部首は「ネ(ころもへん)」。「ころもへん」の漢字はほかに「袖」「袴」「裕」「裸」「補」など。

(2) 「刑」の部首は「リ(りっとう)」。「りっとう」の漢字はほかに「刊」「利」「削」「制」「則」「前」など。

(3) 「宙」の部首は「宀(うかんむり)」。「うかんむり」の漢字はほかに「安」「実」「定」「宝」「客」「室」「家」など。

問2 (1) 「どんぐりの背比べ」は、どれもこれも平凡で、特に抜きんでたものがない、という意味。似た意味の言葉に「似たり寄ったり」などがある。

(2) 「三つ子」は三歳の子供、「魂」は心のことで、三歳児の心は百歳になっても変わらない、幼い頃の性質は一生変わらない、という意味。

問3 ウの「薄暮」は、日が暮れようとするころのこと。

問4 (1) 「都ぞ春の錦なりける」を単語に分けると「都・ぞ・春・の・錦・なり・ける」と7単語になる。

(2) 文節に分けると「都ぞ/春の/錦なりける」と3文節になる。

問5 イの『枕草子』の作者は清少納言。紫式部は『源氏物語』の作者。

二 (論説文—大意・要旨、接続語、脱文・脱語補充、漢字の読み書き)

問1 (ア) 享受 ① 境遇 ② 教授 ③ 自供 ④ 享年 ⑤ 望遠鏡

(イ) 潜在　① 推薦　② 専横　③ 先駆者　④ 左遷　⑤ 潜伏

問2 Ⅰ 直後の「異なる言語の間にはある程度の『翻訳』が可能である」は、自明の内容といえるので、言うまでもなく、という意味の「もちろん」が入る。

Ⅱ 直前に「安易に前提とする」とあるのに対し、直後では「原理的な困難がある」としているので、逆接を表す「しかし」が入る。

Ⅲ 直前に「ある概念の普遍性は、その概念の翻訳可能性と一致するとは限らない」とあり、直後で「世界の中のある言語圏だけが到達し、把握している普遍性が存在するということはありうる」と具体例を示しているので、例示を表す「たとえば」が入る。

問3 「後生大事」は、物などをとても大切にする、という意味。

問4 【Ⅰ】「その一方で、ある……」から始まる三段落で、日本独自の文化である「落語」を取り上げ、「志ん生の落語の微妙なニュアンスをキョウジュすることは、ある程度日本語に通暁することなしに不可能である」「円生と志ん生の落語には明らかな違いがあり、……日本語圏の外にいる人にとっては、両者の違いはブラックボックスの中の不可視のもの、下手をすれば何らのアクチュアリティも持たない『非存在』にすぎない」と述べられているので、④が適切。

【Ⅱ】「厳密にいえば、……」で始まる段落に「ある概念の普遍性は、その概念の翻訳可能性と一致するとは限らない」と述べられているので、④が適切。①は、「罠」の説明にあてはまらない。②の「その言語圏特有の表現が忘れられてしまう」、③の「普遍性と流通性は比例していると考え」、⑤の「概念の普遍性を信じるあまり何とか翻訳しようとする」は、本文で述べられていないのであてはまらない。

三 （小説―情景・心情、内容吟味、文脈把握、脱文・脱語補充、語句の意味、ことわざ・慣用句）

問1 直後に「思い知ったのは、高校二年の夏」とあり、「初戦、練習試合では圧勝していた相手チームに、バッティングピッチャーのような打たれ方をした。三回ももたず降板」と、高校野球の厳しさが描かれており、後には「おれは、マウンドに立ち続けられるほどのピッチャーではなかったんだ」「肩は治っている。だけど投げられない。……中学時代とは桁違いの力と技術を持った打者に通用するだけの球を……投げられない」とあるので、イが適切。

問2 「泥沼」には、いったん入り込むとなかなか抜け出すことできない状態、という意味がある。

問3 「嘲笑う」は、人をばかにして笑うこと。「嘲笑（ちょうしょう）する」ともいう。

問4 直前の段落に、真郷が高校二年の夏の試合で滅多打ちにあい、その後も肩がなかなか完治せず、季節が過ぎていったことが描かれている。また、監督との会話の後に「自分の限界は自分が一番、よくわかっている」などとあることからも、野手への転向を言い渡されることは、真郷も覚悟していたことだと考えられる。――部③は、のどかな春の情景を描写しており、真郷の惨めな気持ちを際立たせているので、イが適切。

問5 直後の「『すまんかったな、真郷』」と言う監督の表情なので、苦しみ悩む、という意味の「苦渋」が適切。真郷に野手への転向を言い渡す、監督のつらさの表れである。

問6 直後に「肩を壊したからマウンドを諦めろと、それは……違うでしょう」とあり、この時の真郷の心情は、後で「おれはマウンドに立ち続けられるほどのピッチャーではなかったんだ』「肩は治っている。だけど投げられない。投げても無残に打たれるだけだ』「それが、おれの実力だ」と表現されているので、エが適切。『おまえの肩のこと、早く見抜けなかった、おれの責任だ』」とわびる監督の配慮が苦しい、とあるので、ア・イ・ウはあてはまらない。

問7　「生身に突き刺さる」「深く、容赦なく突き刺さる」とある。心に深く突き刺さる鋭利なものとしては、アの「針」が適切。

問8　直前に「自分の限界を自覚することの恐怖と惨めさ。まだ、野球という世界のとば口に立っているだけなのに」とあるので、エが適切。野球という世界の入り口に立ったにすぎないのに、既に恐怖や惨めさを味わってしまったことに打ちひしがれているのである。

問9　「自棄」は、自分で自分を見捨てること、という意味で、「やけくそ」は同じ意味。「自暴自棄」ともいう。

問10　「理不尽」は、理屈に合わない、という意味。ここでは、「テーブルを叩いていた。尖った感情は否応なくたった一人の肉親に向いてしまう」という、母親に向けられた感情を指すので、イが適切。「律に嫉妬している自分が嫌だった。憎むほどに嫌いだった。羨み、嫉妬、嫌悪、焦り……」といった、真郷の内側に溜まっていく重い感情を母親に向けてしまうことを「理不尽な怒り」と表現しているのである。

問11　「口がぽかりと開いた」からは、律の「『甲子園』」という言葉を聞いて、真郷が驚きあっけにとられている様子が読み取れるので、アが適切。──部⑧より前の「中学時代そのままの気弱な笑み」や「わずかに目を伏せて、……悪戯を見つけられた子どもの仕草」、後の「耳元まで赤くなり」という律の様子もあわせて考える。イの「あきれている」、ウの「感動している」は、このときの心情としてふさわしくない。エは、「自分が大事な夢を忘れていた」という内容が本文で述べられていないので、あてはまらない。

問12　直前に「こいつ、ちゃんと捉えてやがる」「夢でも幻でもない。現実の射程内にあの場所を捉えているのだ」とある。律が甲子園を「現実の射程内」の場所として捉えていることに対する真郷の気持ちなので、エが適切。

問13　「『……バッティングの練習するんやろ』」という律の言葉に、真郷が「『ああ……頼むわ』」と素直に応じ、練習を始めようとする様子が──部⑩前後で描かれている。真郷は自棄になって野球をやめようとしていたが、律が躊躇なく「『甲子園』」と口にし、「『目標は大きい方がええやないか。おれら、そのために練習してるんやし……』」と言うのを聞いたことで、野球に対する素直な気持ちを思い出した真郷は、惨めな気持ちなど捨てて、好きな野球にもう一度向き合ってみようと思ったので、ウが適切。アの「チームのために犠牲となる」、イの「力を合わせて努力すれば」、エの「みんなが重ねてきた努力までも水の泡にしてしまう」という内容は本文に描かれていないのであてはまらない。

問14　直前に「代打指名が監督の温情であろうが、諦めであろうが、期待であろうが、勝利への執着であろうが関係ない」とあり、直後には「監督の思惑にも、スタンドの声援にも、どこかにいるはずの母の存在にも思いを巡らせたりしない」とあるので、アが適切。

問15　直前に「この一打席、これはおれのものだ。おれだけのものだ」「インコースに真っ直ぐな球が入ってきた。白く発光したように見えた。身体は動き、バットは球に食らいついていく。手のひらに衝撃がきた」とあり、純粋に野球と向き合う喜びが読み取れるので、イが適切。

第1回 第2回 第3回 第4回 第5回 第6回 第7回 第8回 第9回 第10回 解答用紙

四

（古文―文脈把握、脱文・脱語補充、漢字の読み書き、文と文節、仮名遣い、口語訳、文学史）

〈口語訳〉博雅三位の家に、盗人が入った。三位は、板の間の下に（逃げ込んで）隠れていた。盗人が帰り、その後、（三位は床下から）はい出て家の中を見ると、残っている物はなく、（盗人が）すべて盗んでしまっていた。篳篥一つを置き戸棚に残してあったのを、三位が手にとって吹いていらっしゃると、出て行ってしまった盗人が、遠く離れた場所で三位が吹く篳篥の音を聞いて心を打たれて、感情がおさえられなくなって、（三位の家まで）帰って来て言うには、「ただ今の（あなたがお吹きになった）御篳篥の音をお聞きすると、しみじみと尊く感じて、（私の）悪心がきれいさっぱりなくなりました。盗んだ物はすっかり全部お返し申し上げましょう」と言って、（盗んだ物を）すべて置いて出て行った。昔の盗人は、またこのように優美な心もあったのである。

問1 aは直前に「三位、板敷きの下にかくれにけり」とあるので、「はひ出でて」来たのは「博雅（三位）」。bは、直後に「さりぬる盗人」とあり、cは、直前に「（盗んだ物を）みな置きて」とあるので、主語はそれぞれ「盗人」。

問2 ①は、前に「盗人入りたりけり」とあることから、「残りたる物なく（残っている物はなく）」となり、④は、直後に「ことごとくにかへし（全部返し）」とあることから、「盗人が盗んだ物」となるので、エが適切。

問3 ②「はるか」は、直前に「出でてさりぬる」とあるので、三位の家から遠く離れた場所、という意味になり、「これ」が指すのは、「三位とりて（篳篥を）吹かれたりける」を指すので、ウが適切。

⑤「ことごとく」は、全部、という意味で、「たてまつる」は、動詞に付いて謙譲表現となるので、アが適切。

問4 直後の「おさへがたく」につながる言葉としては、ウの「感情」が適切。篳篥のすばらしい音を聞いて、「感情」をおさえることができなくなり、（盗みに入った）三位の家まで戻ってきた、という文脈になる。

問5 直後に「ことごとくにかへしたてまつるべし（全部お返し申し上げましょう）」とあり、一度は逃げ去った盗人が再び戻って来たとわかるので、エ「帰り（きたりて）」とするのが適切。

問6 ③ 語頭以外の「はひふへほ」は、現代仮名遣いでは「わいうえお」となるので、「ふ」は「う」に直して「たうとく」となる。歴史的仮名遣いの「あう（au）」は、「おー（o）」と発音し、現代仮名遣いでは「おう」となるので、「たうとく」は「とうとく（尊く）」となる。

⑥「いう（iu）」は、「ゆー（yu）」と発音し、現代仮名遣いでは「ゆう」と表記するので、「いうなる」は「ゆうなる（優なる）」となる。

問7 「言ふやう」は、会話文の直前にあるので、「言ふやう」の直後の「ただ今」から始まる。最後は、引用を表す助詞「と」の直前までになるので、「ただ今の御篳篥の音をうけたまはるに、あはれにたふとく候ひて、悪心みなあらたまりぬ。とる所のものどもをことごとくにかへしたてまつるべし。」が会話文となる。

問8 アの『平家物語』は鎌倉時代に成立した軍記物語。イの『宇治拾遺物語』は鎌倉時代に成立した説話。ウの『方丈記』は鎌倉時代初期に成立した、鴨長明による随筆。エの『今昔物語集』は平安時代末期に成立した説話。オの『徒然草』は鎌倉時代に成立した、兼好法師による随筆。

60 第4回 解答・解説

解答

一 1 致命 2 巧 3 契機 4 必須 5 羅列
6 いつく 7 ぎょうし 8 くちく
9 ほんろう 10 うなが

二 問1 a エ b イ 問2 ア 問3 オ
問4 イ 問5 エ 問6 エ 問7 ウ

三 問1 (ア) ③ (イ) ⑤ (ウ) ① 問2 ④
問3 ④ 問4 ④ 問5 ① 問6 ④ 問7 ⑤
問8 (1) ④ (2) ④ 問9 ④ 問10 ②

四 問1 ア 問2 ウ 問3 エ 問4 イ
問5 E ア F イ 問6 エ 問7 ア
問8 イ 問9 エ

配点

一 各2点×10
二 問1・問2 各2点×3 他 各3点×5
三 問1・問10 各2点×4 他 各3点×9
四 問5・問7・問8 各3点×4 他 各2点×6
計100点

解説

一 (漢字の読み書き)

1 「致命的」は、命にかかわる様子、二度と立ち上がれない様子。「致」を使った熟語はほかに「致死」「一致」など。訓読みは「いた(す)」。

2 「巧」の音読みは「コウ」。熟語は「技巧」「巧言令色」など。

3 「契機」は、物事が起こったり、変わったりするきっかけのこと。「契」の訓読みは「ちぎ(る)」。

4 「必須」は、どうしても必要であること。「必」を使った熟語はほかに「必至」「必然」など。

5 「羅列」は、連ねて並べること。「羅」を使った熟語はほかに「羅針盤」「網羅」など。

6 「慈しむ」は、かわいがる、大切にする、という意味。音読みは「ジ」。熟語は「慈善」「慈悲」など。

7 「凝視」は、じっと見つめること。「凝」を使った熟語はほかに「凝固」「凝縮」など。訓読みは「こ(らす)」「こ(る)」。

8 「駆逐」は、追い払う、という意味。「駆」を使った熟語はほかに「駆使」「駆除」など。訓読みは「か(ける)」「か(る)」。「逐」を使った熟語はほかに「逐一」「放逐」など。

9 「翻弄」は、思うままにもてあそぶこと。「翻」を使った熟語はほかに「翻意」「翻訳」など。訓読みは「ひるがえ(す)」「ひるがえ(る)」。

10 「促」の音読みは「ソク」。熟語は「促進」「催促」など。

二（論説文―大意・要旨、内容吟味、文脈把握、脱文・脱語補充、語句の意味）

問1　a　「天邪鬼」は、他人の言うことなどにわざと逆らうような人のこと。ここでは、「『クラスはみんなのものですね。……これが民主主義ですよ』」という話を聞いて「よく言うよ。……何だかインチキ臭いなあ」と思ってしまうことを指す。

b　「プロセス」は、物事が移り変わっていく道すじ、過程、経過、という意味。ここでは、「少人数で対話を重ね、それを地道に積み重ねていく」ことを指す。

問2　直前に「公共の討議の場ではできません」とあるのに対し、直後では「……検討することは可能なのです」とあるので、「公共」の対義語にあたる「私的」が入る。

問3　「違和感」とは、しっくりしない感じ、という意味。「違和感」の理由は、直後に「それがあまりに『参加』を強調するからです。『公共的な討議』などというものがあまりに強調されるからです」と説明されており、さらに後の段落で「要するに、さして参加もしたくない学級会や討論会などというものに、無理やり参加させられているようなものなのです」「そもそも、こういう『公共的空間』に参加したくない者の意思は最初から無視されていることになります」と述べられているので、オが適切。

問4　「相対主義」とは、あらゆることを他との比較において認めようとする立場のことなので、イが適切。前で「学級会民主主義」の例が示されており、「そういう場では、いかにももっともらしいことをいう者や、いかにも賢くて何でも知っていそうな者や、あるいは、口からでまかせにうまいことをペラペラしゃべる者の意見がいつも通るのです」と説明されている。

問5　「対話」については、直後に「『対話のエートス』とでもいいたいものです」とあり、「対話によって、人格的に少しはましになってゆく、昨日よりは少しましな人間になれるという思いを共有した対話ということ」と説明されているので、エが適切。

問6　直前に「現代社会において、人間が孤独になることはものすごく難しい」「本当に一人になることはたいへんに難しい」とあるので、「孤独」は「不可欠なこと」という文脈だとわかる。「孤独」については、「ところが、実は、……」で始まる段落に「まともな対話が成立するためには、他者も必要ですが、『孤独』も必要なのです。対話には他者とともにすごす時間が必要です。しかし、人間は一人にならないと、ものを考えません」とあるので、エが適切。

問7　「しかし、……」で始まる段落に「いくら自由に発言してくださいといわれても、……などと、まさか公共の場で『本心』をしゃべるわけにはいかないのです。……『哲学的真理』だなどというつもりはありませんが、もしかしたら、ささやかな『真理』かもしれません」とあり、「かつては、……」で始まる段落に「しかし、今日、大学にそれを期待するのは難しい。とすればやはり、……対話を通じて、お互いを了解していくことが可能なような場を意図的に確保しておくしかないでしょう。人間は、少人数の対話を通じてこそ、初めて自分の言いたいことが言え、相手の言葉を理解できます」と述べられていることと、ウが合致する。

三（小説―主題・表題、情景・心情、内容吟味、文脈把握、脱文・脱語補充、語句の意味、文学史）

問1　(ア)「下馬評（げばひょう）」は、世間一般の人々がする様々な評判のこと。

(イ)「骨が折れる」は、困難である、苦労する、という意味。

(ウ)「頓と（とんと）」は、打消しの語を伴って、いっこうに、少しも、まったく、という意味。

問2　運慶は鎌倉時代の彫刻家で、代表作には力強い仁王像などがある。その運慶が明治時代に現れたというのである。直前には「山門の前五六間の所には、……鎌倉時代とも思われる」とある。鎌倉時代の人間である運慶が現れ、その運慶を明治時代の人間が見ている、という内容なので、④が適切。

問3　「日本武尊（ヤマトタケルノミコト）」は、古代伝説上の英雄。

問4　「わいわい云ってる見物人」と対照的な運慶の様子は、直前の段落に「運慶は見物人の評判には委細頓着なく鑿と槌を動かしている。一向振り向きもしない。高い所に乗って、仁王の顔の辺をしきりに彫り抜いて行く」とあるので、④が適切。

問5　直前の「不思議とも奇体とも頓と感じ得ない様子で一生懸命に彫ている」という態度のことなので、①が適切。

問6　若い男の言葉は、「『さすがは運慶だな。……天晴れだ』」「『あの鑿と槌の使い方を見給え。大自在の妙境に達している』」「『なに、あれは眉や鼻を鑿で作るんじゃない。あの通りの眉や鼻が木の中に埋っているのを、鑿と槌の力で掘り出すまでだ。……』」というもので、「自分」はそれらの言葉を聞き、「面白いと思った」「自分はあんまり感心したから……」「この時始めて彫刻とはそんなものかと思い出した」と考えを進め、「急に自分も仁王が彫ってみたくなったから見物をやめて早速家へ帰った」とある。若い男の発言を受けて、考えはじめたり行動したりしているので、④が適切。

問7　Yは、直前に「小鼻のおっ開いた」とあるので、「鼻」が入るとわかる。Zは、直後の「入れ方」から、刃物を指す語句が入ると考えられるので、「鼻」との組み合わせから「刀」が入る。

問8　(1)　直前の『なに、あれは眉や鼻を鑿で作るんじゃない。あの通りの眉や鼻が木の中に埋っているのを、鑿と槌の力で掘り出すまでだ。まるで土の中から石を掘り出す様なものだから決して間違う筈がない』という言葉を聞いて、「彫刻とはそんなものかと思い出した（＝思いはじめた）」とあるので、④が適切。

(2)　最終段落にある「明治の木に仁王は埋まっていない」は、明治の人間には仁王を探し出すことができない、と言い換えることができるので、④が適切。

問9　直前に「遂に明治の木には到底仁王は埋まっていないものだと悟った」とある。明治の人間には仁王を見出すことができないから、明治時代に仁王を彫るためには鎌倉時代の運慶が必要だというのである。

問10　①の森鷗外は文久2（1862）年生まれ。作品は『舞姫』『青年』『雁』『渋江抽斎』など。②の幸田露伴は慶應3（1867）年生まれ。作品は『五重塔』のほかに、評釈『芭蕉七部集』など。③の尾崎紅葉は慶應3（1867）年生まれ、作品は『金色夜叉』『多情多恨』など。④の正岡子規は慶應3（1867）年生まれ。著書は『歌よみに与ふる書』『墨汁一滴』『病牀六尺』など。⑤の田山花袋は明治4（1871）年生まれ。作品は『蒲団』『田舎教師』など。

四　（古文―大意・要旨、文脈把握、指示語、脱文・脱語補充、語句の意味、文と文節、口語訳、文学史）

〈口語訳〉　故相州禅門の下にそば近く仕える女房がいた。怒りっぽく、気性が激しかったが、ある時、成長した息子が同じように（禅門に）仕えていたのを、些細なことで、腹を立て殴ろうとしたが、物につまずいてひどく倒れ、いよいよ腹に据えかねて、禅門に、「息子の誰それが、私を殴ったのです」と訴え申したので、（禅門は）「けしからんことだ」と（思い）、「その息子をお呼びなさい」ということになり、「本当に母を殴ったのか。母はこれこれと申しているが」と尋ねられた。（息子は）「本当に殴りました」と申し上げた。禅門は、「かえすがえすとんでもないことだ、あってはならないことだ」と叱って、(息子の)所領を取り上げ、流罪と決まった。

事態が気まずいことになった上、怒りもようやくおさまり、(自分でも)驚きあきれるばかりだと思ったので、母がまた禅門に申し上げることには、「腹の立つのにまかせて、この子が私を殴ったと申し上げましたが、本当はそのようなことはございませんでした。大人げなく息子を殴ろうとして、倒れてしまったのを、悔しさのあまりに(偽りを)訴え申し上げてしまいました。(しかし息子が)本当に処罰されることは嘆かわしいことです。お許しください」と言って、異様なほどひどく泣いたりしたので、(禅門は)「それなら(息子を)呼べ」と言って、(息子を)呼び、事情を尋ねられたところ、「実際にどうして殴ることがあるでしょう」と申したので、「それでは、なぜはじめから、ありのままに申さなかった」と、禅門がおっしゃったところ、「母が殴ったと申しました以上、私の身はどのような罪にも沈みましょう。(しかし)母を嘘つき者には、どうしてすることができましょう」と申したので、(禅門は)「すばらしくこの上ない孝行の志の深い者である」ということで、大いに感嘆し、別の所領を加えてお与えになり、特に大切にするべき者に思われるようになった。

後世の人には、めったになく、すばらしいと思われる。

問1　禅門のそばで仕える女房が、禅門に「『子息某、わらはを打ちて侍るなり』」と訴えているので、答えているのは「禅門」。

問2　「召す」には、呼ぶ、という意味がある。直前の「『子息某、わらはを打ちて侍るなり』」という訴えに対する禅門の応答なので、ウの「子息をお呼びなさい」が適切。

問3　直前に「母」とある。「母」の言葉は「『子息某、わらはを打ちて侍るなり』」というものなので、エが適切。

問4　後に「『実には争で打ち候ふべき』」とあり、「『さては、など始めより、有りのままに申さざりける』」という問いに対して、その理由を「『……母を虚誕の者には、如何成し候ふべき』」と答えているので、イが適切。

問5　E　直後に「『腹の立つままに、この子を、打ちたると申し上げて侍りつれども、実にはさる事候はず』」とある。息子に殴られたと偽った自らの行為に対する後悔の念を「浅まし」としているので、アが適切。

F　直前に「『まめやかに御勘当候はん事は……』」とある。本当に息子が処罰されてしまうことに対する母のつらい思いなので、イが適切。

問6　文末に着目する。文末はそれぞれ「つれ」「め」「覚ゆれ」となっており、「つれ」は完了の助動詞「つ」の已然形、「め」は推量の助動詞「む」の已然形、「覚ゆれ」は動詞「覚ゆ」の已然形である。係り結びの法則により、文末が已然形になるのは、「こそ」が入るときである。

問7　「不便」には、かわいがっている、という意味がある。直前に「いみじき至孝の志深き者なり」という禅門の感嘆が示されているので、「大切にすべき者」とするアが適切。

問8　イは、本文最後に「『いみじき至孝の志深き者なり』とて、大きに感じて、別の所領を副へて給ひて、殊に不便の者に思はれけり」とあることと合致する。母をかばって虚偽の訴えを認めた行為に禅門が感心したのである。

問9　アの『雨月物語』は、江戸時代に成立した上田秋成による読本。イの『伊勢物語』は、平安時代前期に成立した歌物語。ウの『源氏物語』は、平安時代中期に成立した紫式部による長編物語。エの『平家物語』は、鎌倉時代に成立した軍記物語。

解答

一 1 オ　2 イ　3 ア　4 ウ　5 オ

二 問1 オ　問2 イ　問3 ア　問4 ア
問5 オ　問6 ウ　問7 エ

三 問1 a ア　b オ　c イ
問2 Ⅰ エ　Ⅱ ウ　Ⅲ オ
問3 エ　問4 オ　問5 ウ
問6 エ　問7 イ　問8 エ
問9 A イ　B ア　C ア　D ア

四 問1 ①　問2 (1) ②　(2) ③　問3 ④
問4 ①　問5 ④

配点
一 各2点×5
二 問2～問4　各3点×3　他　各4点×4
三 問1・問2　各2点×6　問5・問6・問8　各4点×3　他　各3点×7
四 問3・問4　各4点×2　他　各3点×4
計100点

解説

一（漢字の読み書き）

1 執行　ア 採る　イ 取る　ウ 捕る　エ 撮る　オ 執る

2 除く　ア 欠如　イ 除外　ウ 援助　エ 順序　オ 徐行

3 興す　ア 余興　イ 変更　ウ 自供　エ 矯正　オ 効能

4 感嘆　ア 担う　イ 淡い　ウ 嘆く　エ 鍛えて　オ 探す

5 生地　ア 暗礁　イ 省力化　ウ 交渉　エ 称号　オ 一生

二（論説文―大意・要旨、内容吟味、文脈把握）

問1 直後に「自分は周囲からどう見られているか、あるいは、……と大勢が悩む。とにかく、『嫌な思いを少しでもしないで生きていきたい』という願望を、誰もが持っている」とあり、さらに「人間関係においても、……」で始まる段落で「人間関係においても、『楽しさ』には、ある程度の苦労が必要となる。我慢をして初めて得られる、という関係だ」と説明されているので、オが適切。

問2 「両者」とは、「お金なんかいらない……と言う人」と「お金を儲けることに拘る人」を指す。直前で「お金なんかいらない、ただ自由気ままに生きていたい、と言う人もいるが、お金を儲けることに拘る人は、自由気ままに振る舞うためには金が必要だと考えているか、あるいは、その人の自由気ままな行為自体に金がかかる、ということであって、……『自由に生きたい』ということには変わりはない」と説明されているので、イが適切。

問3　直前で「たとえば、負けるよりも勝つ方が楽しく望ましいことだが、では、苦労もなく簡単に勝つことと、……どちらが良い気持ちになるかといえば、……」と具体例を示した後に、その内容を抽象化して「『楽しさというのは、苦労を重ねて勝ち取るものだ』」と、本質を述べる文脈なので、アが適切。

問4　ここでいう「幻想」とは、直前の「『楽しさというのは、苦労を重ねて勝ち取るものだ』というような感じになるだろうか。そのうち、勝ち取れる未来を見越して、その苦労の最中であっても楽しめるようになる」という「想像力」のことなので、「想像力」とは関係のないアはあてはまらない。

問5　直前に「その人の行動、過去の履歴などに基づいて、仮説を立て、『きっとこう考えているのだろう』と想像することで、理解ができる場合の方が多い。『そんなの勝手な理解だ』と言われるかもしれないが、そのとおり勝手な思い込みである。もしかしたら、まったくの誤解かもしれない。でも『まあ、良い方に考えて、ここは引き下がろう』といったジェントルな選択だってできる」とあるので、この内容と合致するオが適切。

問6　「人を理解すること」については、「人を……」で始まる段落以降に述べられているが、「ある程度の我慢をしなくてはならない」という内容は述べられていないので、ウはあてはまらない。「我慢」については、「人間関係においても、……」で始まる段落に「人間関係においても、『楽しさ』には、ある程度の苦労が必要となる。我慢をして初めて得られる、という関係だ」とあり、人間関係における「楽しさ」のために必要なこととして述べられている。

問7　Dは、「(非があるなら)自分自身の態度をあらためなければいけない」「一度話し合ってみるといい」という部分があてはまらない。筆者は、自分自身に非があるか否かについては言及していない。また、「人を……」で始まる段落では「人を理解するというのは、その人との対話によっても可能だが、会話があってもわからないときもあるし、また、会話がなくても、想像によって理解することもできる」と述べられている。

三

(小説―情景・心情、内容吟味、文脈把握、脱文・脱語補充、語句の意味、熟語)

問1　a　「悪態(あくたい)」は、悪口、ひどい言葉、という意味なので、アが適切。ここでは、「『どいつもこいつもマジうぜえ』『みんなで見てんじゃねえ。こんなくだらねえことやってられるか』」という言葉を指す。

b　「うっとうしい」には、煩わしい、という意味のほかに、心がふさいで晴れ晴れしない、という意味もある。ここでは、陸上部の顧問である上原と向かい合って食事をするのは気が進まない、という意味。

c　「丸め込む」には、丸めて中に入れる、という意味のほかに、相手を自分の思うとおりに操る、という意味がある。

問2　Ⅰ　直前に「俺が声を荒らげても、桝井は表情を変えなかった。悲しそうでもなく、あきれたふうでもなく、驚いてもいない。いつもそうだ」とあり、この様子にあてはまるものとしては、エの「冷静に」が適切。

Ⅱ　「『今さらやめたとか、ふざけたことぬかすなって』」と言うジローの様子にあてはまるものを選ぶ。この時のジローの様子は、後に「俺が胸倉を摑んでも、ジローは顔色さえ変えなかった。それどころか、俺の顔をじっと見据えている」とあるので、逃げずに立ち向かうさまを表す、ウの「堂々と」が入る。

Ⅲ　直前の「どこにも笑みのない」にあてはまるものとしては、オの「真剣な」が適切。

問3　この時の「俺」の心情は、直前の二段落で「だけど、俺はどうだろう。……怒られることはあっても、褒め称えられ、みんなに誇りに思われるような人間ではない」「全校みんながそんな俺を笑っているような気がした。もちろん……誰も何も言ってはいない。でも、……今更代表だとか笑わせるなと、腹の中で馬鹿にしているはずだ」と表現されているので、エが適切。駅伝大会の壮行会が行われ、激励の言葉を聞いているうちに、居たたまれないような気分になってきたのである。

問4　この時の「ジロー」については、後に「キレているのは、俺じゃなくてジローのほうだ。……ジローは本気で怒っている。だから、俺の様子なんか目に映っていないのだ」とあるので、オが適切。「俺（太田）」の壮行会での振る舞いに、本気で怒っているのである。

問5　直前に「『みんなで走ってきたんだろ？　それを今になってどうのこうの言うなよ。……明日なんだぜ。腹くくってやれよ』」「ジローはまっすぐに俺を見たままで言った。……言い返す言葉なんて一つもなかった」「当たり前のことを本気で怒鳴られた記憶はない。こんなふうに真正面から挑まれたことなんてない。今まで立ったことのない場面にひるみそうになった」とあるので、ウが適切。

問6　上原の言葉は「『……人生失敗が大事って、よく言うじゃん。……だけどさ、取り返しのつかないこともごくたまにはあるでしょ？　失敗しちゃだめな時って』」「『それが今だよ。今は正しい判断をする時だよ。妙な意地とかにとらわれないで、自分のためにも、手を差し伸べてくれている人のためにも。……』」というものである。人生において今は失敗してはいけない時なのだから、自分や周囲の人のためにも、妙な意地にとらわれず正しい判断をしてほしい、という内容なので、エが適切。オは、「大田のような人間にも誰かが声をかけるように」という部分が適切でない。

問7　前の段落に「残念ながら市野中学の応援団はここにはいない。駅伝は6区間あるのだ。わざわざ俺が走る区間を選んで応援するやつなんているわけがない」とあり、直前には「そのうち、後ろのやつへの声援も聞こえてきた。……ちきしょう。応援されて張り切りやがって」とあるので、たった一人で誰も助けてくれる人がいないこと、という意味の「孤立無援」が入る。応援の声が聞こえない場所を走る孤独感が読み取れる場面である。

問8　直後に「『お前は本当にやれるやつなんだからな！　走れ！』」「小野田は馬鹿みたいに叫んでいた。一つ覚えみたいに教師が口にする言葉。だけど、小野田のは少しだけ違う。本当はやれるやつじゃなくて、本当にやれるやつ」「ジローも渡部も小野田のクラスの生徒だ。でも、小野田はこの場所で応援することを選んでくれたんだ」とある。「本当にやれるやつ」という言葉や、自分が走る区間を選んで応援に来てくれたことをありがたく思う気持ちが読み取れるので、「感謝している」とあるエが適切。

問9　A　本文は、終始「俺」の視点で描かれているので誤り。

B・C　会話文が多用され、話す内容や様子から、それぞれの人物像が浮かび上がってくると言えるので正しい。

D　最初は駅伝選手として走ることに抵抗を感じていた「俺」が、駅伝部員や陸上部顧問、教師の言葉や応援によって、最後は「俺は吼えた。俺の最大限の力はこんなもんじゃない。もっともっと走れるんだ。俺は足がちぎれそうになるのを感じながら、身体を前に倒すように走り、そのまま三位の選手を捕らえた」「応えたい。小野田の声に、……桝井に、俺に襷を繋いでくれた設楽に。そして、ジローに襷を繋げたい」と必死に走り、さらに感謝の気持ちを抱く様子へと変化しているので正しい。

四（古文―文脈把握、指示語、語句の意味、文と分節、口語訳、文学史）

〈口語訳〉鳥羽僧正は近頃では飛び抜けた絵師である。法勝寺の金堂の扉の絵を描いた人である。いつごろのことだったか、寺院に納める米が納められないことがあった時に、絵に描かれた。つむじ風が吹いて、米俵をたくさん吹き上げたのであるが、ほこりや灰のように空に舞い上がるので、大童子や法師どもが走り回って、取り押さえようとするのを、さまざまにおもしろく筆をふるって描かれたのを、誰が院にその絵のことを教えたのであろうか、その絵を院がご覧になって、(院は)興味深く思われた。その絵の意味するところを僧正にお尋ねになると、「あまりにも寺院に納める米が納められず、本物の米は(俵の中に)入っておらず、酒かすとぬかだけが入って軽くなっているので、つむじ風に吹き上げられたのを、放ってはおけないと法師どもが取り押さえようとするのがおかしくて描きました」と申されると、(院は)「不都合なことである」とおっしゃって、それからは寺院に納める米の取り締まりが厳しくなり、(寺院に米が)納められないことはなかった。

問1 「並びなし」は、並ぶものがない、ずば抜けている、という意味。

問2 (1) 直前に「米の俵」とあるので、空にあがったのは、②の「供米の入った俵」が適切。

(2) 後に「『……実の物は入り候はで、糟糠のみ入りてかろく候ふゆゑに、……』」と説明されているので、「中身が糟糠だけで軽かった」とする③が適切。

問3 「誰がしたのであろうか」という意味。直後に「その絵を院御覧じて」とあることから、「した」ことにあてはまるのは、院に絵をお見せしたこと、となるので、「誰が院にその絵のことを教えたのであろうか」とする④が適切。

問4 直後に「『あまりに供米不法に候ひて、実の物は入り候はで、糟糠のみ入りてかろく候ふゆゑに、……』」と説明されているので、①の「米が寺へきちんと納められていないという訴え」が適切。

問5 鴨長明は、鎌倉時代の歌人。作品は『方丈記』『発心集』など。①の紀貫之は平安時代の歌人。『土佐日記』の作者で、『古今和歌集』の撰者の一人。②の清少納言は平安時代中期に成立した『枕草子』の作者。③の井原西鶴は江戸時代の俳人・浮世草子作家。作品は『世間胸算用』『日本永代蔵』など。

解答

一 問1 (ア) ウ (イ) エ (ウ) ア (エ) イ
問2 (a) ア (b) オ (c) イ 問3 エ
問4 オ 問5 ア 問6 エ 問7 ウ
問8 A イ B ア C エ D ウ
問9 イ 問10 エ 問11 ウ 問12 ウ
問13 オ 問14 ア 問15 イ

二 問1 イ 問2 エ 問3 ウ 問4 イ 問5 エ
問6 ア 問7 イ

三 問1 ア 問2 オ 問3 オ 問4 ウ 問5 イ

配点 一 問1・問2・問5・問11 各2点×9
問8 各1点×4 問10・問12～問15 各4点×5
他 各3点×5
二 問3・問7 各4点×2 他 各3点×5
三 各4点×5
計100点

解説

一 (論説文―大意・要旨、内容吟味、文脈把握、接続語、脱文・脱語補充、漢字の読み書き、語句の意味)

問1 (ア) 寄稿 ア 出航(出港) イ 高架 ウ 投稿 エ 降伏 オ 耕作(工作)
(イ) 添付 ア 個展 イ 回転 ウ 天賦 エ 添加物 オ 典拠
(ウ) 疎通 ア 過疎地 イ 素地 ウ 粗野 エ 組織的 オ 措置
(エ) 発揮 ア 気合い イ 指揮者 ウ 喜色満面 エ 三色旗 オ 軌道

問2 (a) 「コラボレーション」は、異なる分野の人が協力して何かを制作すること。「コラボ」と略すこともある。
(b) 「うかつ」は「迂闊」と書き、注意が足らず気づかないこと、うっかりしていること、という意味。
(c) 「段取り」には、手順、手配、などの意味がある。

問3 直前に「そんなの」とあることから、その前の内容を指すとわかる。同段落冒頭に「専門家というのは他の領域の専門家とコラボレートすることでしかその専門的職能を発キできません」とあり、以降にその説明が加えられる文脈なので、エが適切。

問4 『治療法』については、直前に「コミュニケーションを順調に前に進める能力というよりはむしろコミュニケーションが不調になって、意思ソ通がうまく成立しなくなったときに、コミュニケーションを蘇生させるための能力」と説明されているので、オが適切。

問5　挿入文に「僕はそうではないと思う」とあることから、筆者の考えとは違う考え方が直前に入るとわかる。《ア》の直前に「私たちはコミュニケーション能力というものを、……わかりやすい言葉で、相手に正しく伝わるように伝達する能力だというふうにとらえています」とあるのに対し、直後では「コミュニケーション能力というのは……コミュニケーションを蘇生させる能力ではないかと僕は考えている」とあるので、ここに入れるのが適切。

問6　直後で「医療設備がないところで怪我人が出たときに、外科医がホッチキスで傷口を縫いつけ、ガムテープで止血し、木の枝で副え木を作るのと一緒です。手近にあるもので何とかするしかない」と説明されている。本来の使用法とは違うものを、目的を達成するために用いるもののことだとわかるので、エが適切。

問7　同段落後半に「手持ちのものの潜在的な使用可能性を最大限まで想像できる力」を持つ「『ブリコルール』」とあり、「マトグロッソのインディオたち」は、その具体例として挙げられている。直後の段落には「コミュニケーション能力の高い人というのは、不調に陥ったコミュニケーション回路をその場の手持ちの材料だけでなんとか修復できる人、……コミュニケーションのブリコルールのことです」と説明されている。「マトグロッソのインディオたち」とコミュニケーションの修復ができる人には共通点がある、という文脈なので、ウが適切。

問8　A　直前の「限定的なものしか持ち運べない」と、直後の「『ブリコラージュ』能力は生き延びるために必須の資質」は、順当につながる内容といえるので、順接を表す「だから」が入る。

B　直前の「不調に陥ったコミュニケーション回路をその場の手持ちの材料だけで何とか修復できる人」を、直後で「コミュニケーションのブリコルール」と言い換えているので、言い換え・説明を表す「つまり」が入る。

C　直前に「誰も思いつかなかった用途を思いつく。それがブリコルールに求められる才能」とあり、直後で「定型的な考え方をいったん離れる力……『コードを破る力』」と付け加えているので、添加を表す「そして」が入る。

D　直前の「いつもその周波数を使って他者と送受信をしている」に対し、直後では「その周波数では送受信できないことがある」と相反する内容が述べられているので、逆接を表す「でも」が入る。

問9　直前に「『繋がる』周波数帯を探り当てなければならない」とあり、直後には「ダイヤルを回し、……『繋がる』周波数帯を探す。それができるのが『コミュニケーション能力の高い人』」と説明されている。ラジオのチューニングを合わせることと、相手と「繋がる」周波数帯を探し当てることは同じだ、と述べられているので、イが適切。

問10　直後の段落に「この話のかんどころは、竜馬が勝海舟の話した開国論のコンテンツに納得したわけではないということです。……竜馬は勝の開国論の適否を検証することができない。でも、『この人は本物だ』ということならわかる。『この人の言っていることには熱誠がある』ということはわかる」とある。さらに次の段落には「『この人は本物だ。ほんとうに無私の人だ』」とあるので、エが適切。

問11　「鬼面(きめん)人を驚かす」で、見せかけだけで、人を驚かそうとする、という意味になる。

問12　「山岡鐵舟」についてのエピソードは、「鐵舟は自ら……」で始まる段落にある。それを受けて、次の段落で「これはコミュニケーションの理想的なかたちの一つではないかと思います。『私は私のコードを破る。だから、あなたもあなたのコードを破って欲しい』というメッセージを発信した人がおり、それを受容した人がいる。……それによって、成立するはずのなかったコミュニケーションが成立する」と述べられているので、ウが適切。

問13 直後に「これは二人の侍がそれぞれの仕方で『コードを破った』のだと僕は解釈します」とあり、「これはコミュニケーションの……」で始まる段落には「それぞれが自分たちの『コードの檻』から外へ踏み出して、素の状態で向き合う。それによって、成立するはずのなかったコミュニケーションが成立する」と述べられているので、オが適切。

問14 「コード」について述べられている部分に着目する。「ブリコルールに……」で始まる段落では「定型的な考え方をいったん離れる力」「『ふつうはそうすることを、しない』ということ」を「『コードを破る力』」としていることから、定型的な考え方や、ふつうはすることなどにとらわれることを「『コードの檻』」と表現しているとわかるので、アが適切。

問15 「コミュニケーション能力の……」で始まる段落に「コミュニケーション能力の高い人というのは、不調に陥ったコミュニケーション回路をその場の手持ちの材料だけで何とか修復できる人、……ブリコルールのことです」とあり、さらに次の段落に「ブリコルールに求められる最もたいせつな能力は『定型的に考えない』ということです」とあることと、イが合致する。

二（小説―情景・心情、内容吟味、文脈把握、語句の意味）

問1 「うわごと」は、熱でうなされたときなどに無意識に発する言葉のこと。ここでは、特に謝らなければならないわけでもないのに、なぜか「『ごめんね、ごめん』」と言う様子なので、イが適切。

問2 直前に「自転車にまたがったシン君がこちらを振り返って大きく手を上げる」とあり、直後には「――ああ、やっぱりだめだ、私」「見る間に視界がにじみそうになる。こんなの、何でもない通過点としての卒業式のはずなのに」とあることから、「シン君」と離れ離れになる悲しみに襲われていることがわかる。本文の前には「アヤコは、自分の夢を追うシンの輝いている姿を見て特別な存在であると確信し、憧れを抱く」とあり、「やっぱりだめだ」という言葉からは後悔が読み取れるので、エが適切。

問3 これより前、「卒業式の間、……」で始まる段落に「卒業式の間、一度も泣きたくならなかったというのに、見る間に視界がにじみそうになる」とあり、さらに「――しまった、私に言ったんじゃなかったんだ！」「ほっぺたからどっと熱が落ちて、首の周りに汗が出る」とあることから、涙ぐんでいたことと恥ずかしさを感じていることが読み取れるので、ウが適切。

問4 前に「なんで別の高校なんか選んだんだろう。こうしてシン君と顔を突き合わせて考え直してみたら、いきなりバカな選択をしたような気分になった。……あそこを選んだら、なにものにも替えがたい高校生活を送れたのに」とあり、――部③の直前には「『一緒のガッコ行ければ、面白かったかもな』」「『よかった』なんていう漠然とした感じじゃなくて『面白かった』という言い方が本当っぽくて」とあるので、イが適切。同じ高校を選んでいれば、という思いで悲しくなったのである。

問5 前に「『俺は、その時、超有名なミュージシャンってことで。……』」「『マジ、十年後な。十年後の今日。三月十四日、ここっ』」とあり、直前には「『だったら、わかりやすく十時にしよう』と条件を付け足してから『ほんと』と言い切った」とあることから、「シン君」が自分の将来に自信を持っており、十年後に「アヤコ」と会うことを楽しみにしている様子が読み取れるので、エが適切。
問6　直後に「雪どけの水が染み込んでがたがたになった道を、不安定に走り出す。だんだん遠くなる」とある。「シン君」が未来に向かって走り出し、最初は不安定でも、しっかりと力強く進んで行く様子が描かれているので、アが適切。
問7　直前に「――シン君が振り返らなかったら、私たちは本当にここで会える。心の中で賭けをした。私が見ている間、シン君はついに振り返らなかった」とあることから、「アヤコ」は十年後に「シン君」に会えると確信したことがわかる。さらに「私は死ぬまで歩いていける。飛べなくたって、シン君の背中を追って、どこまでだって行けるんだ」と自信を得ている様子が描かれているので、イが適切。

三　(古文―大意・要旨、内容吟味、語句の意味、口語訳)

〈口語訳〉　平中は、いとしいと思う若い女を、妻のもとへ連れてきて(妻と一緒に)置いていた。(ところが、妻が)憎らしいことをあれこれと言って、妻は(その女を)とうとう追い出してしまった。(平中は)この妻の言いなりになっていたのだろうか。(その女を)かわいいと思いながらも、それを止めることができない。(しかも妻が)激しくののしるので、(その女の)そばにさえも近寄ることができないで、四尺の屏風に寄りかかって立ったまま言うには、「あなたとの仲がこのような思いがけないことになるとは、ここを出てよそでお暮らしになっても、忘れないで便りをください。私もそうしようと思います」と言った。この女は、包みにいろいろなものを包んで、車を取りに行くよう人をやって、それを待つところなのである。たいそうしみじみと悲しく思った。こうして女は去って行った。しばらくして、(女は歌を)送ってよこした。

私のことをお忘れにならないでください。私は決して(あなたのことを)忘れません。今朝、私が出てくるときに、あなたが立ったままで約束なさったことを。
問1　直前に「この妻にしたがふ……」とあることから、主語は「平中」。「らうたし」は、かわいい、かわいらしい、という意味の形容詞。「えとどめず」の「え～ず(打消し)」は不可能を表すので、「引き止めることができない」という意味になる。平中が「らうたし」と思う対象は「若き女」なので、アが適切。
問2　「世の中」には、世間、社会、人間関係、などの意味があるが、古文では特に、男女の仲、という意味で用いることが多い。「平中」が「若き女」に呼びかける場面であり、直後に「思ひ」とあるので、オの「男女の仲」とするのが適切。
問3　「あはれ」には、しみじみとした情趣、悲しい、さびしい、などの意味がある。妻の嫉妬によって「若き女」と不本意ながら別れることになった「平中」の心情なので、オが適切。
問4　「わすらるな」の「な」は禁止の終助詞で、「～してはいけない」という意味になる。「わすれやしぬる」は「や～連体形」の形で反語表現になるので、「忘れることがあろうか、いや忘れない(決して忘れない)」となる。「立ちながら」は、別れの時に平中が屏風のそばに立ったまま女に話しかけたことを指すので、ウが適切。
問5　本文中で「平中」は、愛する女性を手元に置くことができず、妻に威圧されて追い出してしまい、満足に見送りさえもできない弱い男性として描かれているので、イが適切。「薄志弱行(はくしじゃっこう)」とは、意志の強さや積極性に欠け、決断力や実行力が乏しいこと。

解答

一 問1 a 推奨 b 逸 c 無邪気 d 馴染
e 丁重 問2 1 エ 2 ア 3 オ 4 イ
問3 日本人 問4 自己主張にブレーキがかかる心
問5 もうひとつ 問6 ウ
問7 (例) 欧米では、自分の責任を基準に謝罪するが、日本では、相手の気持ちを基準に謝罪することがある。(45字)
問8 ア Y イ Z ウ X エ Y 問9 エ

二 問1 (ア) オ (イ) ウ (ウ) ア (エ) エ 問2 イ
問3 A ウ B イ C ア D オ 問4 ウ
問5 エ 問6 (a) イ (b) エ (c) ア
問7 オ 問8 イ 問9 オ 問10 ア 問11 ウ
問12 オ 問13 ウ 問14 ア 問15 エ

三 問1 a イ b ウ c エ d ア
問2 ア 問3 ウ 問4 エ 問5 ア
問6 エ 問7 ウ 問8 ウ

配点 一 問1・問2 各1点×9
問4・問5・問9 各3点×3
問7 6点 他 各2点×6
二 問2・問4・問5・問12〜問14 各3点×6
問8〜問11 各2点×4 他 各1点×13
三 問4・問5・問7 各3点×3 他 各2点×8
計100点

解説

一 (論説文—大意・要旨、内容吟味、文脈把握、接続語、脱文・脱語補充、漢字の読み書き)

問1 a 「推」を使った熟語はほかに「推移」「推察」など。訓読みは「お(す)」。

b 「逸」を使った熟語はほかに「逸材」「逸脱」など。

c 「邪」を使った熟語はほかに「邪推」「邪魔」など。「風邪(かぜ)」という読み方もある。

d 「染」の訓読みは「そ(まる)」「そ(める)」「し(みる)」「し(み)」。音読みは「セン」。熟語は「染色」「汚染」など。

e 「丁」をつかった熟語はほかに「丁寧」「装丁」など。音読みはほかに「チョウ」。熟語は「丁度」「落丁」など。

問2 1 直前の「自分の見方だけを一方的に主張するような自己チューな行動は取れない」という思いと、直後の「欧米式に遠慮なく自己主張する人物に対しては、『……見苦しい』と感じてしまう」という感じ方は、原因・理由と結果の関係になっているので、順接を表す「ゆえに」が入る。

2 直前の段落には「欧米などの自己中心の文化では……」とあり、直後では「日本のような間柄の文化では……」と比較しているので、比較を表す「一方」が入る。

3 「欧米人」について、直後で「自分の視点を絶対化しない。……自己主張にこだわることはできなくなる」と否定しているので、逆接を表す「だが」が入る。

4 直後で「間柄の文化について何もわかっていない」と、直前の内容を改めて説明し直しているので、文を説き起こす意味の「そもそも」が入る。

問3 小見出しに「自己主張をする人物を見苦しいと思う日本人」とあり、「私たちは、自己主張しないようにと意識しているわけではないが、……」と説明していることから、「日本人」を「私たち」と言い換えているとわかる。

問4 「自己主張」について、「自己主張する心を文化的に植えつけられている欧米人」とあるのに対し、直前では、「日本人」について「私たちは、……無意識のうちに自己主張にブレーキがかかる心の構造をもつ」とあるので、「自己主張にブレーキがかかる心」を抜き出す。

問5 直前に「自己主張」とあることに着目する。「自己主張」するのに「自己チューでみっともないといった感覚がある」ということについては、「もうひとつは、……」で始まる段落で「自分に非がないことをどこまでも主張するのは見苦しいと感じる心理、言いかえれば、自己正当化にこだわるのはみっともないし、大人げないと感じる心理である」と説明されている。

問6 直後の「自分勝手」と同義の言葉が入ると考えられるので、ウの「利己的」が適切。

問7 「謝罪」については、直後に「欧米などの自己中心の文化では、謝るかどうかは『自分が悪いかどうか』で決まる」とあり、その後の段落には「日本のような間柄の文化では、自分が悪いわけではなくても、相手の気持ちを配慮して謝るということがある」とある。自分が悪いかどうかで謝るかどうかを決める欧米、相手の気持ちを配慮して謝る日本、という対比をはっきりさせてまとめる。

問8 「自己中心的な文化」については、「欧米などの自己中心の文化では、自分が思うことを思う存分主張すればよい。何の遠慮もいらない。」とあるので、ウはXにあてはまる。「間柄の文化」については、「日本のような間柄の文化では、自分が悪いわけではなくても、相手の気持ちを配慮して謝るということがある。……被害を受けた人や今実際に困っている人の気持ちが救われないと感じれば、自分に責任がなくても、『すみません』と容易に謝る」「間柄の文化では、……間柄を大切にするために、自分に非がない場合でも、相手の気持ちや立場に想像力を働かせ、思いやりの気持ちから謝ることもある」と説明されているので、ア・エはYにあてはまる。イは、「日本人は自己主張が苦手だが、……ディベート・スキルを磨く練習をするなど、自己主張がスイショウされるようになってきた」とあり、日本でも欧米同様に自己主張のスキルを高める教育をしている。したがって、イは両方の文化の内容としてあてはまるので、Zが適切。

問9 エは、「自己主張する……」で始まる段落に「自己主張する心の構えは、もともと欧米流の自己中心の文化のものであり、……」とあることと合致する。

二

(小説―大意・要旨、情景・心情、内容吟味、文脈把握、指示語、接続語、脱文・脱語補充、漢字の読み書き、語句の意味、熟語、ことわざ・慣用句、品詞・用法、敬語・その他、文学史)

問1 (ア) 景気　ア 鶏口　イ 休憩　ウ 啓発
エ 家系図　オ 風景
(イ) 口調　ア 鳥獣　イ 帳消し　ウ 調停
エ 朝礼　オ 超越

第1回 第2回 第3回 第4回 第5回 第6回 第7回 第8回 第9回 第10回 解答用紙

(ウ) お辞儀　ア 地球儀　イ 個人技　ウ 犠牲　エ 議席　オ 偽造

(エ) 汚名　ア 先見の明　イ 命　ウ 迷路　エ 名案　オ 座右の銘

問2 「私」が「病人がふえる」と考えた根拠は何かを考える。「これ」は、直前の「皆の眼中には流行感冒などあるとは思えなかった」という様子を指すので、イが適切。

問3 A 後の「～ない」に呼応する語として、「まさか」が入る。

B 後の「～なら」に呼応する語として、「もし」が入る。

C 直前に「私は自分の思った事が間違いでなかった事は満足に感じていた」とあるのに対し、直後では「明瞭と嘘をいう石は恐ろしかった」とある。前後で異なる感情が表現されているので、逆接を表す「しかし」が入る。

D 直後の「お辞ギをした」を修飾する語としては、ひたすら、という意味の「ただ」が適切。

問4 X 「『……あしたの朝焚くだけの薪もないのか？』」と問い詰められて答える様子なので、恐がりながら、という意味の「恐る恐る」が入る。

Y 前の会話の内容から、小さな声で笑う様子を表す「くすくす」が入る。

問5 「二人」は、「私」と妻を指す。使用人のきみが、同じく使用人の石は「『(元右衛門のところへ)薪を頼みに参りました』」と言ったことについて、「私」は「『……石はきっと芝居へ行ったんだ。……それを頼みに出先へ行ったといって芝居を見に行ったんだ』」と考えているのに対し、妻は「『……そんな事はないと思いますわ』『……いくらなんでも……』」と言っているので、エが適切。

問6 (a) 「しきりに」は、絶えず、ひっきりなしに、何度も、という意味。

(b) 「腑に落ちない」は、納得がいかない、という意味。

(c) 「暇をやる」は「暇を出す」とも言い、使用人などに休みを与える、雇用や夫婦の関係を断つ、という意味がある。ここでは、後の「『石はもう帰そう。ああいう奴に守りをさしておくのは可恐いよ。今に荷を取りに来る』」という「私」の言葉から、仕事をやめさせるという意味だと判断できるので、アが適切。

問7 「飼犬」は、「飼われている犬」と、上の字が下の字を修飾する構成。アは、打消しの接頭語が付く構成。イは、似た意味の語を組み合わせる構成。ウは、対になる語を組み合わせる構成。エは、下の字が上の字の目的語になる構成。オは、上の字が下の字を修飾する構成。

問8 イの「李下に冠を正さず(りかにかんむりをたださず)」は、李(すもも)の木の下で冠をかぶり直せば、李を盗むのではないかと人から疑われかねない、という意味から、人に疑われるようなまぎらわしい行いは避けるべきだ、という戒めである。「瓜田に履を納れず(かでんにくつをいれず)、李下に冠を正さず」という。

問9 「抱かさないように」の「ように」は、目的を表す用法。アは、願望を表す用法。イは、例示を表す用法。ウは、たとえであることを示す用法。エは、指示する内容が同一であることを表す用法。オは、目的を表す用法。

問10 「お～なる」の形で相手への敬意を表すのは、「尊敬語」。

問11 「角(かど)が立つ」は、人間関係が穏やかでなくなること。ここでは、「『……関の家へはよくしてやって、石の家にはこんな事になった……』」ということについて言っている。不公平な対応をしたことになるのは穏やかでない、というのである。

問12 使用人の石に解雇を言い渡す場面で、「この不愉快な気持」とあるが、石の母がやってきて、「眼が涙を含んでいた。私は気の毒に思った」とあり、「私」の心情は、「今度の事はともかくも悪い、しかしこれまで石が不正な事をしたと思った事は一度もなかったし、……私は石に汚メイをつけて出したという事になるのは厭だ」というものなので、オの「憤怒」はあてはまらない。

問13 「きみ」については、「元右衛門の屋敷へ……」で始まる段落に「きみは泣いた後のような赤い眼をしていた。この事には全く関係がないはずなのに何故一緒に逃げたり泣いたりするのだろう」とあるので、ウが適切。

問14 「元右衛門のおかみさん」について、「『……元右衛門のおかみさんも風邪をひいて寝ていて、……つい話し込んでしまった……』と石が言っていたと妻から伝え聞いたが、後で石本人は「『元右衛門のおかみさんは風邪をひいてはいません』」と言っており、本当のところはわからないので、アが適切。

問15 志賀直哉の作品は、『小僧の神様』のほかに『暗夜行路』『清兵衛と瓢箪』『和解』など。アの『屋根の上のサワン』の作者は、井伏鱒二。イの『ごんぎつね』の作者は、新美南吉。ウの『赤い蝋燭と金魚』の作者は、小川未明。オの『風の又三郎』の作者は、宮沢賢治。

三 (古文―主題・表題、主語、文脈把握、脱文・脱語補充、文と文節、品詞・用法、文学史)

〈口語訳〉昔、中国に北叟という翁がいた。賢く強い馬を持っていた。この馬を人に貸し、自分も使って、生きていく手段にしていたところ、この馬はどうしたのだろうか、どこかへ行ってしまった。(馬がいなくなったことを)聞いた人が、(翁が)「どれほど嘆いていることだろう」と思って(翁の家を)訪ねると、(翁は)「残念ではない」とだけ言って、少しも悲しむことはなかった。不思議なことと思っていると、この馬が、同じような名馬をたくさん連れて戻ってきた。めったにないことなので、親しい者も、疎遠な者も、喜びを言う。そうであるけれども、また(翁は)「喜ばない」と言って、これも驚く様子がなくて、これらの馬をたくさん飼って、いろいろに使っていると、翁の子が、来たばかりの馬に乗って、落ちて右の腕を折ってしまった。(そのことを)聞いた人が、また驚いて訪れたが、やはり(翁は)「残念ではない」と言って、様子は相変わらず、何事もなかったように同じ様子で答えて過ごしているうちに、そのころ、突然国に戦争が起こって、兵士が集められ、国中の(戦争に)役に立ちそうな者が、すべて戦争に出て、みんな死んでしまった。この翁の子は、(身体が)不自由だったので、(兵役から)もれていたので、片手は折れたが、命は無事であった。これは、賢い例として言い伝えられてきた。今でもすぐれた人は、何事にも動ぜず、軽薄でないのは、この翁の心にかなっていると思われる。

問1 a 「世を渡る」は、世の中で生活していく、という意味。「たより」には、便宜、方便、という意味があるので、イが適切。

b 「つゆも」「つゆ」は、打消しの言葉を伴って、「少しも(〜ない)」、という意味になる。「嘆く」は、悲しむ、という意味なので、ウが適切。

c 「うとし」は「疎し」と書き、親しくない、関係が薄い、という意味。直前の「したしき(親しき)」と対の関係になっている。

d 「にはかに」は、突然に、急に、だしぬけに、という意味。

問2 Ⅰの主語は「北叟」、Ⅱの主語は「聞きわたる人」、Ⅲの主語は「翁が子」、Ⅳの主語は「兵」。

問3 X 直後の「つゆも嘆かざりけり」という様子にあてはまるものとして、「悔いず」が入る。

Y 直前の「かかれども」は、「そうではあるけれども」と、逆接の意味を表すので、その前の「喜びをいふ」とは逆になる「悦ばず(よろこばず)」が入る。

Z　直前に「翁が子、……右肘を突き折りにけり」とあり、直後には「気色もかはらず」とある。息子が骨折しても様子が変わらない、という態度にあてはまる語として「悔いず」が入る。

問4　直前に「この馬、同じさまなる馬を多く具して来にけり」とある。「具す」は、連れる、という意味なので、「数多くの名馬を連れて戻ってきた」とするエが適切。

問5　直前に「この翁の子、かたはになるによつて、もれにければ」と理由が示されており、その前には、「翁が子、……落ちて右肘を突き折りにけり」「そのころ、にはかに国にいくさおこりて、兵を集められける」とある。骨折したことによって、戦争が起きても兵としてとられることがなかった、という文脈なので、アが適切。

問6　直前の係助詞「ぞ」を受けて、係り結びの法則により「連体形」で結ばれている。

問7　本文の最後に「今もよき人は、毎事動きなく、心軽からぬは、この翁が心にかよへる」と述べられている。馬がいなくなっても、息子が骨折してしまっても残念がらず、また、いなくなった馬がたくさんの名馬を連れて戻ってきても大喜びしない、という翁の態度を教訓としているので、「目先の結果に一喜一憂すべきではない」とするウが適切。

問8　アは、室町時代に成立した軍記物語。イは、江戸時代に成立した松尾芭蕉による俳諧紀行。ウは、鎌倉時代に成立した鴨長明による随筆。エは、平安時代末期に成立した説話。

解答

一
問1 a イ b オ 問2 イ 問3 ア
問4 エ 問5 イ 問6 ウ 問7 エ
問8 a オ b ア

二
問1 a 有益 b 傍観 c 象徴 d 効率
問2 A エ B ウ C ア 問3 魚 問4 ア
問5 ② バラバラの私的な手話の経験(13字)
③ より複雑で高度な伝達機能を持つ共通の手話(20字)
問6 一対一で対話的に伝え合う重要性(15字)
問7 エ 問8 イ

三
問1 1 オ 2 イ 3 ウ 4 エ
問2 a エ b ウ 問3 まっすぐな道 問4 イ
問5 (例) 芳賀高校は、東京にありながら宇都宮会場にエントリーするという奇策で勝ち上がった。(40字)
問6 1 (例) 文芸部員の一人(7字)
2 (例) 俳句甲子園に出場できなくなった(15字)
問7 ア 問8 オ 問9 ウ 問10 オ

四
問1 a イ b イ c ア d イ e ウ
問2 エ 問3 ア 問4 ウ 問5 イ
問6 ア 問7 エ

配点

一 問1 各1点×2 他 各2点×8
二 問1・問2 各1点×7 問3・問7 各2点×2 他 各3点×5
三 問3・問6 各3点×3 問5 4点 他 各2点×11
四 問7 1点 他 各2点×10
計100点

解説

一 (漢字の読み書き、熟語、ことわざ・慣用句、文と文節、敬語・その他、文学史、漢文)

問1 a 均質 ア 近郊 イ 均整 ウ 禁止 エ 緊張 オ 金脈
b 潤沢 ア 純粋 イ 順応 ウ 遵守(順守) エ 上旬 オ 利潤

問2 「舌が回る」は、すらすらとよどみなく話す、話術が巧みである、という意味。

問3 アは「朝令暮改」、イは「森羅万象」、ウは「八方美人」、エは「五里霧中」、オは「二律背反」となる。

問4 アは「おっしゃった」ではなく「申した」、イは「申し上げた」ではなく「おっしゃった」、ウは「参上した」ではなく「いらっしゃった」、オは「いただいて」ではなく「お受け取り」とする。

問5 「自宅に」は、「きてくれた」を修飾しているので、修飾・被

第1回 第2回 第3回 第4回 第5回 第6回 第7回 第8回 第9回 第10回 解答用紙

修飾の関係。

問6　ウの『舞姫』は、森鷗外の作品。

問7　月の異称は、一月は「睦月(むつき)」、二月は「如月(きさらぎ)」、三月は「弥生(やよい)」、四月は「卯月(うづき)」、五月は「皐月(さつき)」、六月は「水無月(みなづき)」、七月は「文月(ふづき・ふみづき)」、八月は「葉月(はづき)」、九月は「長月(ながつき)」、十月は「神無月(かんなづき)」、十一月は「霜月(しもつき)」、十二月は「師走(しわす)」。

問8　レ点は一字返って読み、一・二点は、一を読んでから二を読む。aは、BとCにレ点がついているので、ADCBの順に読む。bは、AとEにレ点、Bに二点、Dに一点がついているので、AはBの次、EはFの次に読む。BはDの後になるので、CDBAFEの順に読む。

二 （論説文―大意・要旨、内容吟味、文脈把握、接続語、脱文・脱語補充、漢字の読み書き、語句の意味）

問1　a「有」を使った熟語はほかに「有能」「有償」など。音読みはほかに「ウ」。熟語は「有象無象」「有頂天」など。訓読みは「ある」。

b「傍」を使った熟語はほかに「傍若無人」「傍聴」など。訓読みは「かたわ(ら)」。

c「象徴」は、目に見えない物事を、形のあるもので端的に表すこと。「象」を使った熟語はほかに「具象」「抽象」など。「徴」をつかった熟語はほかに「特徴」「徴候」など。

d「効」を使った熟語はほかに「効果」「有効」など。訓読みは「きく」。「率」の音読みはほかに「ソツ」。熟語は「引率」「軽率」など。訓読みは「ひき(いる)」。

問2　A　直前に「個人的な対話の経験を持っていたことが、その後の社会的なコミュニケーションの土台になった、という例」とあり、直後で「音楽大学の学生は、……」とその具体例の内容が示されているので、例示を表す「たとえば」が入る。

B　直後の「東ドイツとの間を往き来していました」を修飾する語としては、何度も、という意味の「しばしば」が適切。

C　文末の「ように」に呼応する語として、「まるで」が入る。

問3　「水を得た魚」とは、自分にふさわしい場所を得て、大いに活躍することを言う。

問4　直前の「それらのこと」が指すのは、その前の「対話の持つ平等性、相互性、話し手の感情や主観を排除しない人間的全体性、勝ち負けのない対話の中から生まれるものへの尊敬」を指すので、イ・ウ・エは「対話の魅力」を述べたものとして適切。「競争が話し手に保障されている」とあるアはあてはまらない。

問5　――部②の「個人的な対話の経験」については、同じ段落の少し前に、聴覚障害を持つ子どもたちの「私的な手話の経験」という具体例が示されている。――部③の「社会的なコミュニケーションの土台」については、直前に「より複雑で高度な伝達機能を持つ共通の手話に完成されていった」と説明されているので、ここから指定字数に合わせて抜き出す。

問6　「音楽大学の学生」について、「実業界からの求人も多い」と述べられていることをおさえる。理由については、直前に「一対一の指導によって音楽を勉強しているので、一対一で対話的に伝え合う重要性がよく分かっていて、卒業生が音楽以外の職業についた場合にもその特質を理解している有意義な人材として認められ」と説明されているので、「一対一で対話的に伝え合う重要性(をよく理解している)」とするのが適切。

問7　――部⑤は「解放」と書き、束縛を取り除いて、自由な行動ができるようにすること、という意味。アは「開放」と書き、開け放つ、という意味。イは「快方」と書き、病気やけがなどがよくなってくること。ウは「介抱」と書き、病人やけが人の世話をすること。エは「解放」と書き、——部⑤と同じ意味。

問8　本文は、聴覚障害を持つ子どもの手話による対話の例、音楽大学の学生が対話の重要性を理解している例、筆者自身が見た東ドイツでの対話の例、敗戦後の日本での対話の例などを挙げ、対話の魅力や楽しさ、重要性について論じたものなので、イが適切。アの「問題点」、ウの「歴史的な経過」、エの「在り方について問題提起」については述べられていない。

三

(小説—大意・要旨、情景・心情、内容吟味、文脈把握、脱文・脱語補充、語句の意味、ことわざ・慣用句)

問1　1　「『だが、おれの句じゃ駄目だろ。……』」と不安げな潤に対し、「『心配ない。……』」と否定しているので、オが適切。

2　俳句甲子園大会出場が決まって校内で話題になる中、「『いろいろ言われてるけどさ、勝ったもんが正義よ』」と軽く口にしているので、イが適切。

3　前に、佐藤から呼びかけられていた潤が「逃げるように校門を出る」とある。逃げ出しているときに、「もしかしたら……」と何かに思い当たったので、アが適切。

4　「『おお、そうだ。佐々木、いよいよその気になったか……』」と上機嫌で話す様子なので、エが適切。

問2　a　「辛辣(しんらつ)」は、手厳しい、痛烈、という意味。ここでは、「自由律俳句」を詠んだ潤に対する厳しい評価を指す。

b　「うそぶく」は、そらとぼける、おおげさなことを言う、という意味。ここでは「高校生といっても、……事情を抱えているのだ」と言う様子なのでウが適切。

問3　直後の「『……寂しくないか』」に着目する。帰宅後の場面で、「ツボにはまる言葉を投げてきやがって」「山頭火みたいなセリフで説得するんだもんな」とあり、佐藤の言葉が潤の心に響いていたことがわかる。その山頭火の俳句は、「まっすぐな道でさみしい」というものであることから、「まっすぐな道」が入る。

問4　直前に「潤は眼を丸くして」とあることから、驚いている様子がわかるのでイが適切。この時の潤の驚きは、佐藤が「何も狙わずに、潤のツボにはまる言葉を投げて」きたことに対するものである。

問5　「いろいろ」とは、「東京にありながら宇都宮会場にエントリーするという奇策で勝ち上がった」ことを指すので、主語を「芳賀高校は」にして書き直せばよい。

問6　潤が佐藤に詰め寄っている内容は、「『今年の文芸部員についても調べさせてもらった。水泳部との兼部が一人いるな。……おれが校長でもインターハイに行けって言うな。いや、俳句の方はそいつじゃなくてもほかに誰か人数合わせの人間さえ引っ張ってくりゃすむだろう、誰でもいいからいないのか？　そんなことを言われたのかな、……』」というものなので、1は「文芸部員の一人(7字)」、2は「俳句甲子園に出場できなくなった(15字)」などとする。

問7　直後で「『その金曜日。インターハイとかぶるよな』」と佐藤に向かって発言しており、後に「追い詰めたつもりだった」とあるので、アが適切。

問8　潤の問い詰めに対して、佐藤は「冷静な返事」をしており、その後、「奇策」や潤の推測が真実とは異なることを話している。さらに本文最後の発言から、人員確保や勝利という目的以外に、佐藤は潤と全国大会に出場したいという思いをもっており、そのためにこれまでの佐藤の言動や行動があったのだということが読み取れるので、オが適切。

問9　「そういう奴がいちゃいけないか?」という佐藤の問いに「いけないとは言っていない。でも……」と歯切れの悪い返事をしており、佐藤の言い分を聞きはしたが、納得はしていないことがわかるので、ウが適切。

問10　佐藤については、「今にして思えば、板挟みになった佐藤は大変だっただろう」「佐藤は大真面目だ」「山頭火みたいなセリフで説得するんだもんな」などとある。また、佐藤は「『……お前が気を悪くしたらまずいなって……』」と、時機を見て様々な事情を伝えていることからも、文芸部の部長としての責任感の強さや配慮が読み取れるので、オが適切。

四

〔古文―主題・表題、文脈把握、指示語、品詞・用法、口語訳、文学史〕

〈口語訳〉（高倉天皇の）御在位の頃、（天皇は）御年十歳ほどにおなりになり、たいそう紅葉を愛でなさって、内裏の北門に小山を築かせ、ハゼノキや楓の美しく紅葉するのを植えさせて、紅葉の山と名付けて、一日中ご覧になられていてもなお満足なさらない。ところがある夜暴風が激しく吹いて、紅葉をみな吹き散らし、落葉してしまい、たいそう乱雑（な様子）となった。宮中の庭掃除の下級役人が朝に掃除をしようとこれら（落ち葉）をすべて掃き捨ててしまった。残っていた枝や散った葉をかき集めて、風が冷たかった朝なので、縫殿で、酒を温めて飲む（ための）薪にしてしまったのだった。紅葉の山の世話係の蔵人が、天皇がいらっしゃるより先にと急いで行ってみると（紅葉は）跡形もなかった。「どうしたことか」と（蔵人が）尋ねると（下級役人は）これこれと（事の次第を）言う。蔵人は大いに驚いて、「ああとんでもない。天皇があれほどまでに大切にお思いになられている紅葉を、このようにした情けなさよ。わからない、お前たち、すぐに禁獄流罪になるかもしれない、我が身もどんなお怒りを受けることになるのやら」と嘆くところに、天皇がいよいよご寝所をお出になられ、そこ（の紅葉の山）へお出かけになられて紅葉をご覧になられるのに、（紅葉が）なかったので、「どうしたことか」とお尋ねがあったので、蔵人は申し上げるしかなかった。ありのままに申し上げる。天皇のご機嫌は（良く）気持ちよさげにお笑いになって、「『林間に酒を煖めて紅葉を焼く』という詩の心を、あの者に誰が教えたのか。優雅なことだな」と、かえってお褒めをいただいて、何のお咎めもなかった。

問1　a　「あきだる」は「飽き足る」と書き、満足する、という意味。後で「給はず」と打ち消しているので、満足なさることがなかった、見飽きることがなかった、という意味になる。

b　「あした」は、朝、という意味。「すさまじ」は、程度がはなはだしい、ひどい、のほかに、冷たい、という意味があるので、イが適切。

c　「あな」は、ああ、という感嘆詞。「あさまし」は、あきれるほどひどい、嘆かわしい、情けない、という意味なので、アが適切。

d　「逆鱗（げきりん）」は、天子の怒り、という意味。

e　「うち」は、ちょっと、ふと、という意味。「ゑむ」は「笑む」と書くので、ウが適切。

問2　直前の「落葉頗る狼籍なり。……薪にこそしてんげれ」という内容を指すので、エが適切。

問3　Ⅰ　言い切りの形が「大きなり」となる形容動詞。

Ⅱ　終止形が「なし」となる形容詞。

Ⅲ　「御たづね」は、「（が）ある」に接続しているので名詞。

問4 ②「君」は、天皇の意味。ここでは、直後に「さしも執しおぼしめされつる紅葉」とあるので、紅葉を愛でている高倉天皇のことだとわかる。

③ 前に「奉行の蔵人」とあり、直後に「いかなる逆鱗にかあづからんずらん」とある。紅葉を掃き捨てて薪にしたことで、どのようなお怒りを受けることになるのだろう、と「奉行の蔵人」が嘆いているのである。

問5 直前に「『林間煖酒焼紅葉』といふ詩の心をば、……やさしうも仕りける物かな」とある。漢詩にあるような風流な行いだとして感心しているので、イが適切。

問6 本文には、紅葉を掃き捨てて薪にしてしまった下級役人の行いを咎めず、「やさしうも仕りける物かな」と褒めた、というエピソードが描かれているので、アが適切。

問7 ア『おらが春』は、江戸時代に成立した小林一茶による俳文集。

イ『徒然草』は、鎌倉時代に成立した兼好法師による随筆。

ウ『伊勢物語』は、平安時代に成立した歌物語。

エ『太平記』は、南北朝時代に成立した軍記物語。

解答

一 問1 1 ウ 2 ア 問2 ウ 問3 エ
問4 イ 問5 ア 問6 ア
問7 ア 問8 イ 問9 エ
問10 エ 問11 イ 問12 エ

二 問1 (ア) ④ (イ) ④ 問2 ④ 問3 ③
問4 ② 問5 ① 問6 恋人の家で鼻血が出る
問7 ④ 問8 ② 問9 ⑤

三 問1 a 問2 エ 問3 此処元～ける。
問4 (例) 真正直であるところ(9字)
問5 ア 問6 物事正 問7 イ・エ

配点
一 問1 各2点×2
問4・問5・問8・問10・問12 各4点×5
他 各3点×6
二 問1 各2点×2 問4～問6 各3点×3
他 各4点×5
三 問4 4点 他 各3点×7
計100点

解説

一 (論説文—大意・要旨、情景・心情、内容吟味、文脈把握、指示語、漢字の読み書き、熟語、文と文節)

問1 1 履修 ア 理路整然 イ 利便性 ウ 履行
エ 離散
2 起源 ア 財源 イ 紀元前 ウ 刻限
エ 機嫌

問2 「決して」は呼応の副詞で、打消しの語と呼応するので、打消しの形容詞「なく(ない)」を含む「学識や技術だけでなく」にかかる。

問3 「ふつふつと」は、煮えたぎるように思いが湧き出る様子を表す。ここでは、直後にある「疑問」が冒頭の「今、勉強していることって自分たちの将来に何の意味があるのか?」を指しているので、エが適切。

問4 「おもしろい」といえる理由については、直後の段落に「君たちが今勉強していることが、将来の仕事に直接結びついていたりしたら、つまらなくないかい?……目的や未来を限定されずに、自由に学ぶことが許されている」とあるので、イが適切。直接的な結びつきがないからこそ、何を学んでも将来の職業が限定されることはないのである。

問5 イは、「『リベラル(liberal)』は……」で始まる段落に「明治以降、西欧から輸入された文明的、学問的な考え方で、……」とあることと合致する。ウは、「つまりリベラルアーツを……」で始まる段落に「リベラルアーツを学ぶということは、人々が自由を獲得すること。この自由とは、学ぶことの自由であり、人間としてよりよき人生を送ることの自由である」とあることと合致する。エは、「このリベラルアーツの……」で始まる段落に「欧米では、専門教育の前提としての基礎教育と位置づける『学問の基礎』でもある」とあることと合致する。アの、「自分の好みに合わせて学ぶ」という説明は本文にないのであてはまらない。

問6 「オタク」については、直前の段落で「今ここで使っている『オタク』とは、ある特定の分野に対する強い興味やこだわり、あるいは、『一芸に秀でること』」と説明されており、続けて「とにかく、たった一つのことでもいい。世界に通用する一芸を持っていれば救われる。だから何だっていい。自分が『これだ』と思って熱中して取り組める何かを見つけてほしい」と述べられている。

問7 「益川敏英さん」については、直後で「完全なる物理オタク」と表現したうえで、「ぼくでも……」から始まる段落で「そこまでの『苦手』があったとしても、益川さんは自分の得意分野をとことん伸ばしたからこそ、革新的な研究結果を残した」と、業績を紹介しているので、アが適切。エの「慚愧の念」は、反省して深く恥じ入る気持ちのこと。

問8 直前の「……『専門』」という言葉には意味がなかった」という言葉に感動したのである。さらに、直後で「つまりリベラルアーツとは『専門』に断片化された知性のあり方ではなく、総合的な知のあり方である」と説明されているので、「リベラルアーツ」という「総合的な知のあり方」を知って感動したのだとわかる。「リベラルアーツ」にあてはまるものとしては、「仕事に直結するようなものではなく、人間に必要な教養を身につけるもの」とするイが適切。

問9 「井の中の蛙」は「井の中の蛙大海を知らず」の略で、ちっぽけな井戸にすむ蛙は、大きな海や広い世界があることを知らない、という意から、考えや見識が狭いことをいう。エの「夜郎自大(やろうじだい)」は、自分の力量をわきまえずに、仲間うちだけで大きな顔をして威張っていること。どちらも狭い世界の中で生きていることを意味する。アの「厚顔無恥(こうがんむち)」は、厚かましく恥を知らないこと。イの「曲学阿世(きょくがくあせい)」は、真理に反した説を唱え、人気や時勢におもねること。ウの「猪突猛進(ちょとつもうしん)」は、目標に向かって猛烈な勢いで突き進むこと。

問10 二つ前の段落に「リベラルアーツとは……『知のプラットホーム』と呼べるものなのだ」とあり、「リベラルアーツ」は「総合的な知のあり方」「『学問のあり方の基礎』であり、……『学問の基礎』である」と説明されている。また、――部Hの後に「そのホームは……ありとあらゆる行き先への列車が入ってきては出発する。君はプラットホームで出発に備えて、旅支度をととのえればいい」とある。ここでの「旅支度」は、その「総合的な知性」や「幅広い教養」を身につけることを指しているので、エが適切。

問11 「そんな」が指す「湯川さんが育った家庭」環境は、直前で詳しく説明されている。直後にもあるように、そのような環境にいたから、「湯川さんは……総合的な知性の持ち主」で「幅広い教養の持ち主だった」と筆者は考えている。

問12 最終段落で「普段はその意味も重要性もわからなかったとしても、記憶の奥深く、自分の脳に、ヒントのもととなる多様な知識や経験をできるだけたくさん蓄えておく。それら目には見えない記憶を手繰り寄せ、いつしか歴史的な成功をつかむものなのだ」と述べられていることと、エが合致する。

二（小説―大意・要旨、情景・心情、内容吟味、文脈把握、脱文・脱語補充、漢字の読み書き、語句の意味、文学史）

問1　(ア)　紛らわす　①　憤慨　②　奮闘　③　粉砕　④　紛糾　⑤　噴出

(イ)　感傷　①　意匠　②　焦土　③　照会　④　傷害　⑤　賞味

問2　直前で、体育館で活動しているバレーボール部のことが気になっている「私」の様子が描かれ、さらに「だめだ。バレーボールのことを考えていると」ともあるように、苦い思い出のあるバレーボールのことは考えまいとする、相反する心情が描かれているので、④が適切。

問3　直前に「私にうるさく言われて」とある。「私」に「『……どうして文芸部なの？』」「『……一人きりでこんなことをしていると息が詰まらない？』」「『野球とかサッカーとかバスケとか。そういうのやりたくなんないの？』」「『じゃあ何よ。……わざわざ文系のクラブに入るなんておかしすぎるよ』」などと言われた垣内君の反応は、「『文学が好きだからです』」「本から目を離さずに答えた」「『いえ、楽しいですよ』」「あまり興味なさそうに私と会話を進めた」というものなので、「怒りを感じている」とする③はあてはまらない。

問4　川端康成の作品は、『伊豆の踊子』のほかに『雪国』『古都』『千羽鶴』『みづうみ』など。①『斜陽』は太宰治、③『友情』は武者小路実篤、④『城の崎にて』は志賀直哉、⑤『細雪』は谷崎潤一郎の作品。

問5　「面食らう」は、予想もしなかったことに驚きとまどう、という意味なので、思いがけない出来事にあわてふためく、という意味の①の「狼狽する」が適切。②の「我を忘れる」は、夢中になって理性を失うこと。③の「脱帽する」は、相手に敬意を示し感服すること。④の「窮地に陥る」は、苦しい状況に追いつめられること。

問6　「爆笑してしまった」理由は、直後に「『突然、恋人役の女の子が鼻血を出すんだけど。それも主人公の家でよ』」と説明されている。同様のことは、後に「『まさか。……恋人の家で鼻血が出るのはきついね。嫌がられちゃうよ』」とあるので、「恋人の家で鼻血が出る」を抜き出す。

問7　直前の「『こんな風に読むと、また、川端康成も愉快ですね。一人で読書していると、川端文学なんてくすりとも笑えないけど、こうやってクラブで読むと大笑いできる』」という垣内君の態度を表す語が入るので、心が広く思いやりがある、という意味の④の「寛大さ」が適切。「私」だったら「……腹が立つに違いない」と、垣内君の心の広さに感心しているのである。

問8　「文芸部」の魅力については、垣内君の言葉に「『こんな風に読むと、また、川端康成も愉快ですね。……こうやってクラブで読むと大笑いできる』」とあるので、②が適切。①の「作者の心に近づける」、③の「内に秘めた思いが解放される」、④の「お互いを高め合うことができる」、⑤の「コミュニケーション能力が高まる」という内容は、本文にないのであてはまらない。

問9　「私」は、文学が好きだと言う垣内君に対し、「『まさか』」「『……一人きりでこんなことをしていると息が詰まらない？』」「『じゃあ何よ。……わざわざ文系のクラブに入るなんておかしすぎるよ』」などと言い、「私は腑に落ちなかった。サッカーより面白いわけがない。……一人で文学を研究することがやりがいがあるわけがない」とあるように、思い込みが強く、思ったことを躊躇せず口にする人物として描かれている。垣内君は、そんな「私」の一方的な質問に「本から目を離さずに答えた」とあり、「閑散とした図書室で、本に囲まれて毎日一人で二時間近くを過ごす。……ただ本を読む」と、文学に没頭する人物として描かれているので、⑤が適切。①の「相手の言葉に全く聞く耳を持たない」、②の「集中力に欠ける」「文学以外の話題には一切関心も持たず」、③の「部員と距離を縮めようとする」「文芸部員として責任感を持ち」、④の「真っ向から否定する心無い人物」「人との交わりを避け」は、いずれも本文に描かれていない内容なのであてはまらない。

三 （古文―主題・表題、大意・要旨、内容吟味、文脈把握、指示語）

問1 ～～～部aの「難波人」は「大坂の人」のこと。それ以外はすべて「あたりの男」を示す。

問2 直前に「東の山里より、紅茸のうるはしきを、おくりける折から」とあることから、難波人は本当は「紅茸」であると知りながら「霊芝」だと言っているとわかる。「男」の様子は「ありがたさうに手にも取らず見物する、律儀者なり」というもので、「男」の様子があまりにも真剣で真面目なので、からかってやろうと思ったのだと考えられる。

問3 「亭主心もとなく……」で始まる段落の、亭主と「男」の会話に着目する。「……と申せば、」の後に返答が入ると考えられる。直後の「此処元へまゐつて、五匁七匁、先をれの小刀、または秤のおもり・かたし目貫、何やかや取り集めて、四百色程拾ひける。」が「男」の言葉になる。

問4 「男」については、これより前に「律儀者なり」とあり、現代語訳では「真正直な男」となっている。「『……どのような商売がよろしいでしょうか。』」と尋ねた「男」に、難波人が「『今日では金を拾うことがまだしもよろしい。』」と答えたところ、「男はこれを本当だと思って」とある。真正直に人の言うことを本当だと思うところを「これ」と指示しているので、「真正直であるところ」などとする。

問5 直前に「『これためしもなき事なり。はるばる正直にくだる心ざし、咄しの種に拾はせよ。』」とある。江戸の亭主は「男」の行いに腹を抱えて笑いながらも、「珍しいお客だ」と興味を持ち、話の種に拾わせようと思った、とあるので、アが適切。

問6 作者の感想は、冒頭で「物事正直なる人は、天も見捨てたまはず」と述べられている。

問7 本文に描かれているのは、主人公の「男」が、難波人にからかわれているとは思わず、真正直に言われた通りに金を拾っているうちに富裕になった、という内容なので、正直でいるのが最もよい手段だという意味のイ、正直な人には神からの加護があるという意味のエが適切。「正直の頭に神宿る（しょうじきのこうべにかみやどる）」は、神様は正直者を見守ってくださり、必ずその加護がある、ということのたとえで、「正直者が馬鹿を見る」とは反対の意味。

解答

一 問1 1 エ 2 イ 3 オ 4 ア
問2 a イ b ウ 問3 皮肉 問4 身体を使わない 問5 あ 怠惰 い 徹底 う 効率
問6 なく 問7 同時にウイ 問8 エ
問9 (例) 身体を動かすことを前提として思考し直す(19字)
問10 イ 問11 エ 問12 欠かせない運動が適度に備わっていた(17字) 問13 イ

二 問1 (a) ア (b) イ (c) オ 問2 ウ 問3 エ
問4 エ 問5 ア 問6 エ 問7 イ
問8 ア 問9 ア 問10 ウ 問11 エ

三 問1 1 歓心 2 のりと 3 陥れる
問2 イ 問3 オ・キ

四 問1 エ 問2 ウ 問3 ウ 問4 ア 問5 ウ
問6 ア 問7 ア 問8 ウ 問9 ウ 問10 エ

配点
一 問1 各1点×4
問4・問9・問10・問12・問13 各3点×5
他 各2点×10
二 問6・問9・問10 各3点×3 他 各2点×10
三 各2点×6
四 各2点×10 計100点

解説

一 (論説文―大意・要旨、内容吟味、文脈把握、接続語、脱文・脱語補充、熟語、文と文節、品詞・用法)

問1 1 直前に「……否定する人はまずいないでしょう」とあるのに対し、後で「……自動で開く必要がどこにあるのでしょうか」と疑問を投げかける内容が続いているので、逆接を表す「しかし」が入る。

2 直前の「アイデア」を直後で「付加価値」と言い換えているので、言い換え・説明を表す「つまり」が入る。

3 直前に「便利ウイルスが、……悪さをしているのではと疑いたくもなるのです」とあり、直後で「このウイルスは……文化までをもボロボロにしてしまいました」と付け加えているので、累加を表す「そして」が入る。

4 直前に『便利』のメリット」とあり、直後で「洗濯機・冷蔵庫・テレビ」と、具体例が示されているので、例示を表す「例えば」が入る。

問2 a 「行きさえすれば」の「さえ」は、それと限定する用法で、「だけ」と言い換えることができる。ア・ウ・エは、他を類推させる用法。イは、限定の用法。オは添加の用法で、「までも」と言い換えることができる。

b 「糸飾りの付けられた」の「の」は、その文節が主語であることを示す用法。ア・イ・オは、その文節が連体修飾語であることを示す用法。連体修飾語であることを示す場合は「体言＋の

＋体言」の形をとる。ウは、「が」に置き換えることができるので、その文節が主語であることを示す用法。エは、「今日の日のように」と置き換えることができるので、体言と同格にする用法。

問3　直前に「さらに人の営みを善くするために知恵を使うのは、我々に与えられた素晴らしい能力なのです」とあり、直後には「その素晴らしい能力ゆえに便利を追い求めたがため、身体的には厄介事が次々に起こってきてしまいました」とある。人の営みをよりよくするために知恵を使ったのに厄介事が生じた、つまり、期待とは裏腹な結果になった、ということを意味することばが入るとわかる。「よくよく……」で始まる段落に「まるで人知を皮肉ったパロディー映画」とあるので、ここから「皮肉」を抜き出す。

問4　直前の段落の終わりに「なんとしても、身体を動かすことを前提に便利を思考し直す必要が絶対にあると思えてならないのです」とあり、その後「では、……」と前の話題を受け続けているので、Yには、「身体を動かすこと」とは反対の意味のことばが入るとわかる。「少し話が……」で始まる段落に「ラクをして身体を使わないようにするのは楽しいことだ」とあるので、ここから「身体を使わない」を抜き出す。

問5　あ　直後の「『楽をする』」という意味を含む語が入るとわかるので、なまけおこたる、という意味の「怠惰」が適切。

い　直前に「よほど」とあることから、程度を表す語が入るとわかるので、「徹底」が適切。「徹底」は、行動・態度・思想などが中途半端でないこと。

う　直前の「手作業による物造り」とは対照的な、「資本主義と技術革新」による「大量生産」にあてはまる語が入るとわかるので、「効率」が適切。

問6　文節は「むろん／技術と／経済を／否定するのでは／なく」と分けられる。いうまでもなく、という意味の副詞「むろん」は、形容詞「なく」を修飾する。

問7　脱落文に「生活を一変させるメリット」とある。「 4 ……」で始まる段落に「一日中家事に追われていた主婦にも外出し、仕事に就き、読書をするなどの時間が生まれ、……」と、「便利」の普及による「メリット」が示されているので、この直後に入れるのが適切。

問8　直後に「遡ってみると」とあり、「結果として半自動の『便利』がそここにありました。……半自動の中に人体に欠かせない運動が適度に備わっていたように思うのです」とあるので、「身体を動かし使う観点」とするエが適切。

問9　「身体的」な「厄介事」については、「しかしながら、……」で始まる段落に「肥満、糖尿病、高脂血症など挙げればきりがないほど、現代病は行動量と反比例して増えてきました」とあり、「なんとしても、身体を動かすことを前提に便利を思考し直す必要が絶対にあると思えてならないのです」と筆者の考えが述べられている。

問10　後に「ところが人は本来、身体を動かすことで環境を把握しながら『自分』の存在やその輪郭を認識してきたのです。このまま過剰な便利が加速すると、『自分』の認識すら希薄になっていくしかない」とあるので、イが適切。

問11　「ウイルス」とは病原体のことで、本文中では、人々に害をもたらすもの、という意味で使われている。エの「個人の欲望を増大させてしまった」という内容は、本文で述べられていないのであてはまらない。本文中では、「一日中家事に追われていた主婦にも外出し、仕事に就き、読書をするなどの時間が生まれ」たということを、「『便利』のメリット」としている。

問12　「ちょうどいい『便利』」について、「身体」「半自動という『便利』」を手がかりに探すと、同じ段落の中に「結果として半自動の

『便利』がそこここにありました」「半自動の中に人体に欠かせない運動が適度に備わっていたように思うのです」とある。

問13「しかしながら、……」で始まる段落に「なんとしても、身体を動かすことを前提に便利を思考し直す必要が絶対にあると思えてならないのです」とあることと、最終段落に「むろん技術と経済を否定するのではなく、このちょうどいい『便利』に立ち返ることでこれからを考えていく方途が確実にあるはずなのです」とあることが、イの内容と合致する。

二

(小説─大意・要旨、情景・心情、内容吟味、文脈把握、指示語、脱文・脱語補充、語句の意味)

問1 (a)「引(け)目」には、他に比べて自分が劣っていると感じて持つ心の弱み、という意味があるので、アが適切。

(b)「煩」には、わずらわしい、という意味があるので、イが適切。「煩」の訓読みは「わずら(わしい)」。

(c)「吝嗇」は、過度に物惜しみすること、けち、という意味。

問2「あの人」については、前に「傲慢」「阿呆なくらいに自惚れ屋」とあり、否定的な表現が続いている。また、「……ひとから見られたくてたまらない」とあるので、他人の目を何より気にする、という意味の「見栄っ張り」が適切。「見栄」は、他人を意識し、自分をよく見せようとすること、体裁を繕うこと、という意味。

問3 直前の「なんにも出来やしない」という様子にあてはまる語としては、年若く経験の乏しい男、という意味の「青二才」が適切。

問4「無理難題(むりなんだい)」は、解決や回答がほとんど不可能な問題、非常識で困難な要求、という意味。

問5 同様のことは、直前に「奇跡の手伝い」と表現されているので、「実現する可能性が極めて低い」とするアが適切。

問6 直前に「私はあの人を、美しい人だと思っている。私から見れば、子供のように欲が無く、……」とあるので、「欲がなく、自分の理想にまっすぐな人」とするエが適切。

問7 Y・Zの前に「寂しいときに、寂しそうな面容をする」とあり、Zの前後には「寂しさを人にわかって貰おうとして、ことさらに……を変えて」とあるので、Zは「顔色」とするのが適切。Yは、寂しさをわかってほしくて顔色を変えて見せる人、という意味の語が入るので、「偽善者」が適切。「偽善者」は、表面だけよいことをしているように見せる人、という意味。

問8 直前に「あの人」の言葉として、「『……寂しさを、人にわかって貰わなくても、どこか眼に見えないところにいるお前の誠の父だけが、わかっていて下さったなら、それでよいではないか。……』」とあるのに対し、直後には「いいえ、私は天の父にわかって戴かなくても、また世間の者に知られなくても、ただ、あなたお一人さえ、おわかりになっていて下さったら、それでもう、よいのです」とある。「私」がどこかで期待していた優しい言葉の一つもかけてくれず、うちのめされたようになっているのである。

問9 前に「誰よりも愛しています」「あなたについて歩いたって、なんの得するところも無いということを知っています。それでいながら、私はあなたから離れることが出来ません」とあり、さらに直後には「生きていることが出来ません」とある。「私」が不満を述べながらも「あの人」のことを愛し、必要としているということがわかる。

問10 前に「私はあの人の美しさを、純粋に愛している。それだけだ。私は、なんの報酬も考えていない」とあるので、「私」が「あの人」の近くにいることに何の見返りも求めていないとわかる。「右大臣、左大臣になってやろう」は、高い地位に就きたい気持ちのたとえである。

問11　本文中に「お母のマリヤ様」とあることから、「キリスト」だと判断できる。また、本文中に出てくる、ペテロ・ヤコブ・ヨハネ・アンドレ・トマス・シモンは、すべてキリストの十二人の弟子(十二使徒)の名前である。本文は、使徒の一人で、キリストを裏切ったとされるユダの視点で描かれている。

三

(知識問題―漢字の読み書き、文と文節、品詞・用法)

問1　1　「歓心を買う」は、人の機嫌をとる、という意味。「歓」を使った熟語はほかに「歓迎」「歓喜」など。

2　「祝詞(のりと)」は熟字訓で、神官が神前で唱える言葉のこと。

3　「窮地に陥れる」は、苦しい立場に追いやること。「陥」の訓読みは「おちい(る)」「おとしい(れる)」。音読みは「カン」。熟語は「陥没」「欠陥」など。

問2　単語分けすると「親ゆずり(名詞)・の(助詞)／無鉄砲で(形容動詞)／子供(名詞)・の(助詞)／とき(名詞)・から(助詞)／損(名詞)・ばかり(助詞)／し(動詞)・て(助詞)／いる(動詞)」となるので、文節イの「無鉄砲で」は助詞を含まない。

問3　ア　「涼真君のように」の「ように」は、例示を表す助動詞。

イ　「できない」の「ない」は、動詞の未然形に接続する、打消しを意味する助動詞。

ウ　「もてるらしい」の「らしい」は、推定を意味する助動詞。

エ　「同じクラスで」の「で」は、断定の助動詞「だ」の連用形。

オ　「実力テストで」の「で」は、基づくものを表す助詞。

カ　「悪かった」の「た」は、過去を意味する助動詞「た」の連体形。

キ　「おもしろくない」の「ない」は、「ぬ」に置き換えることができないので形容詞。

四

(知識問題―漢字の読み書き、筆順・画数・部首、語句の意味、同義語・対義語、ことわざ・慣用句、品詞・用法、表現技法、文学史)

問1　「基準」の「準」の部首は「氵(さんずい)」。「午」の部首は、「十(じゅう)」。「隼」の部首は「隹(ふるとり)」。「雑」の部首は「隹(ふるとり)」。「溝」の部首は「氵(さんずい)」。

問2　「固唾」は、緊張したときに口の中にたまる唾液のこと。それを呑み込んでじっと見守る様子を表す。

問3　ウの「優柔」の対義語は「剛毅(ごうき)」。

問4　アの「欠伸」は「あくび」と読む。

問5　アの「カオス」は混沌、イの「シニカル」は皮肉、エの「パトス」は一時的な感情、という意味。

問6　アの「筋金入り(すじがねいり)」は、鍛えられ、しっかりとした信念を持っている、という意味。イの「鉄面皮(てつめんぴ)」は、厚かましく恥を知らないこと。ウの「鉄は熱いうちに打て」は、柔軟性のある若いうちに鍛えておくべきで、大人になってからでは思うような効果が上がらないことのたとえ。エの「寸鉄(すんてつ)、人を刺す」は、短く鋭い言葉で人の急所を突く、という意味。

問7　「確かなことらしい」の「らしい」は、推定の意味を表す助動詞。アの「うそつきらしい」の「らしい」は、推定の意味を表す助動詞。イの「男らしい」、ウの「わざとらしい」、エの「憎らしい」の「らしい」はすべて、形容詞の一部。

問8　陰暦では七月から九月までが秋。「麦踏(むぎふみ)」は春、「風鈴(ふうりん)」は夏、「七夕(たなばた)」は秋、「足袋(たび)」は冬の季語。

問9　アの「あをによし」は「奈良」「国」、イの「たらちねの」は「母」「親」、ウの「ちはやぶる」は「神」、エは「ひさかたの」は「光」「天」などにかかる枕詞。

問10　エの『草枕』の作者は、夏目漱石。

解答用紙

一

問1

問2

問3

問4 (a) (b)

問5 A B C D

問6 (i) (ii) (iii) (iv)

問7

問8

問9

問10

問11

問12

問13

問14

問15

二

問1

問2

問3

問4

問5

問6

問7

問8

問9

問10

三

問1

問2

問3 C F

問4

問5 ア イ

問6

問7

四

問1 1 ・ 2 ・ 3 ・ 4 ・ 5 ・ 6 ・

問2 1 2 3 4

一 /42

二 /22

三 /20

四 /16

/100

60

第2回 解答用紙

一

問1

問2

問3

問4

問5

問6

問7

問8

問9

問10

二

問1

問2

問3

問4 A

B

C

問5

問6 イ

ロ

問7

問8

三

問1 a

b

c

d

e

問2 Ⅰ

Ⅱ

Ⅲ

問3

問4 (1)

(2)

問5 A

B

問6 (1)

(2) 三年生の間では

問7

四

問8

問9

問10

問11

問1

1

4

問2

問3

問4

問5

問6

問7

問8

問9

一	二	三	四	
/10	/29	/39	/22	/100

解答用紙

一

問1 (1) (2) (3)
問2 (1) (2)
問3
問4 (1) (2)
問5

二

問1 (ア) (イ)
問2 Ⅰ Ⅱ Ⅲ
問3
問4 【Ⅰ】 【Ⅱ】

三

問1 問2 問3 問4 問5
問6 問7 問8 問9 問10
問11 問12 問13 問14 問15

四

問1 記号 主語
問2
問3 ② ⑤
問4
問5
問6 ③ ⑥
問7 〜
問8 ・

一	二	三	四	
／18	／18	／37	／27	／100

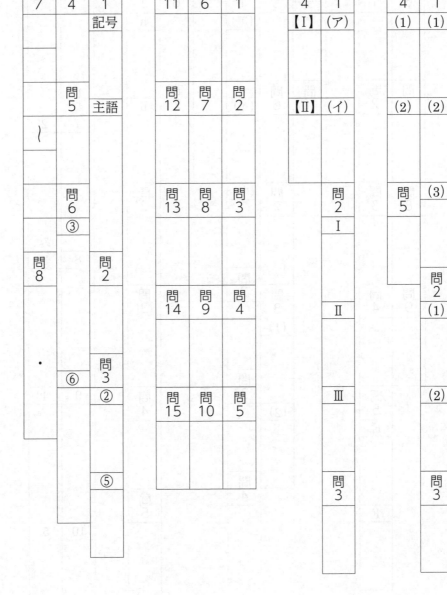

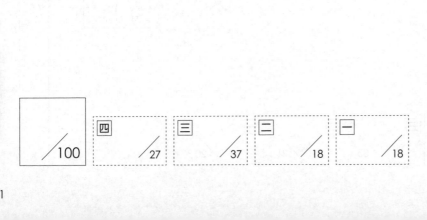

60 第4回 解答用紙

一

6 1
しむ 7 2
み 8 3
9 4
す 10 5

二

問1 a b
問2
問3
問4
問5
問6
問7

三

問1 (ア) (イ) (ウ)
問2
問3
問4
問5
問6
問7
問8 (1) (2)
問9
問10

四

問1
問2
問3
問4
問5 E F
問6
問7
問8
問9

一	二	三	四	
／20	／21	／35	／24	／100

60 第5回 解答用紙

一
1
2
3
4
5

二
問1
問2
問3
問4
問5
問6
問7

三
問1
a
b
c
問2
I
II
III
問3
問4
問5
問6
問7
問8
問9
A
B
C
D

四
問1
問2
(1)
(2)
問3
問4
問5

一	二	三	四	
/10	/25	/45	/20	/100

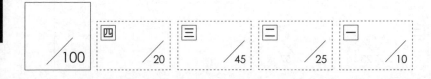

60

第6回 解答用紙

一

問1 (ア) (イ) (ウ) (エ)

問2 (a) (b) (c)

問3

問4

問5

問6

問7

問8 A B C D

問9

問10

問11

問12

問13

問14

問15

二

問1

問2

問3

問4

問5

問6

問7

三

問1

問2

問3

問4

問5

一	二	三	
/57	/23	/20	/100

一

問1 a b c d e

問2 1 2 3 4

問3

問4

問5

問6

問7

問8 ア イ ウ エ

問9

二

問1 (ア) (イ) (ウ) (エ)

問2

問3 A B C D

問4

問5

問6 (a) (b) (c)

問7

問8

問9

問10

問11

問12

問13

問14

問15

三

問1	a
	b
	c
	d
問2	
問3	

問4	
問5	
問6	
問7	
問8	

一 /36	二 /39	三 /25	/100

60 第8回 解答用紙

一

問1 a b

問2

問3

問4

問5

問6

問7

問8 a b

二

問1 a b c d

問2 A B C

問3

問4

問5 ② ③

問6

問7

問8

三

問1 1 2 3 4

問2 a b

問3

問4

三

問5

問6
1
2

問7

問8

問9

問10

四

問1
a
b
c
d
e

問2

問3

問4

問5

問6

問7

一 ／18

二 ／26

三 ／35

四 ／21

／100

一

問1 1 2
問2
問3
問4
問5
問6
問7
問8
問9
問10
問11
問12

二

問1 (ア) (イ)
問2
問3
問4
問5
問6 こと
問7
問8
問9

三

問1 〜
問2
問3
問4
問5
問6
問7 ・

一	二	三	
/42	/33	/25	/100

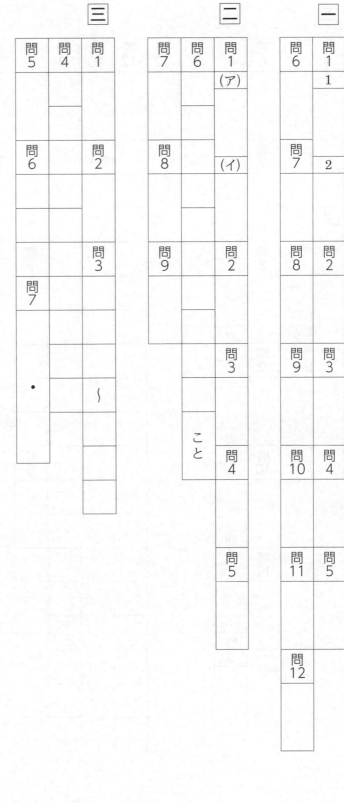

60 第10回 解答用紙

一

問1
1
2
3
4

問2
a
b

問3

問4

問5
あ
い
う

問6

問7

問8

問9

問10

問11

問12

問13

二

問1
(a)
(b)
(c)

問2

問3

問4

問5

問6

問7

問8

問9

問10

問11

三

問1
1
2
3

問2

問3
・

四

問1	問6
問2	問7
問3	問8
問4	問9
問5	問10

/100	四 /20	三 /12	二 /29	一 /39

高校入試実戦シリーズ
実力判定テスト10 改訂版　国語　偏差値60

2020年 5月13日　初版発行
2022年11月10日　3刷発行

発行者　佐藤　孝彦
発行所　東京学参株式会社
〒153-0043　東京都目黒区東山2−6−4
URL　http://www.gakusan.co.jp/
編集部　TEL　03 (3794) 3002
FAX　03 (3794) 3062
E-mail　hensyu@gakusan.co.jp
※本書の編集責任はすべて弊社にあります。内容に関するお問い合わせ等は、編集部まで、なるべくメールにてお願い致します。
営業部　TEL　03 (3794) 3154
FAX　03 (3794) 3164
E-mail　shoten@gakusan.co.jp
※ご注文・出版予定のお問い合わせ等は営業部までお願い致します。
印刷所　株式会社ウイル・コーポレーション

ISBN 978-4-8141-1660-7